公路桥梁

施工与养护研究

张明成　管二博　姜晓东◎主编

中国商业出版社

图书在版编目（CIP）数据

公路桥梁施工与养护研究 / 张明成，管二博，姜晓东主编. -- 北京 : 中国商业出版社，2024. 6. -- ISBN 978-7-5208-2972-4

Ⅰ. U448.145

中国国家版本馆CIP数据核字第2024FH4867号

责任编辑：许启民

策划编辑：武维胜

中国商业出版社出版发行

（www.zgsycb.com　100053　北京广安门内报国寺 1 号）

总编室：010-63180647　编辑室：010-83128926

发行部：010-83120835/8286

新华书店经销

武汉市卓源印务有限公司印刷

*

710 毫米 × 1000 毫米　16 开　13 印张　200 千字

2024 年 6 月第 1 版　2024 年 6 月第 1 次印刷

定价：68.00 元

****

（如有印装质量问题可更换）

编委会成员

主　编

张明成　烟台市公路事业发展中心

管二博　烟台市公路事业发展中心

姜晓东　烟台市公路事业发展中心

前　言

公路工程施工项目的特点是规模大、变动因素多、施工单位流动性强、行业竞争激烈，这就要求公路施工企业不仅要做好项目的管理工作，按照项目管理要求设置施工组织机构，组建施工队伍，还要使工程进度、质量、劳动、机械、材料、成本、安全、环境、资料、竣工验收等方面相互协调，并得到很好的控制，以保证项目顺利完成。

随着国家大力发展经济，运输业变得尤为重要，特别是公路工程和公路桥梁建设占据了其中很大的比例，随着国家明确“将加快交通运输发展作为事关国民经济全局的战略性和紧迫性任务”，公路工程建设迎来了大发展的历史机遇。公路桥梁工程与项目管理对有效提升工程质量及综合效益有重要意义。本书以“公路桥梁工程施工与养护”为主题，针对公路和桥梁工程施工与养护应用问题展开分析，力图采取有效的针对措施，完善项目管理的模式，确保公路桥梁项目体系的健全，有效协调促进其内部各个应用环节的有序运行。

公路桥梁在使用过程中，其路基、路面及交通工程设施和服务设施等，会因行车荷载及环境因素的作用而逐渐损坏，这将造成公路桥梁服务水平的逐步下降。因此，在公路桥梁交付使用后，仍需继续投入大量的资金对公路桥梁进行维护，使公路桥梁保持较高的服务水平。当前，公路桥梁事业正进入发展的关键时期，既面临加快基础设施建设的重大机遇，又面临筹融资困难、养护资金短缺、公路桥梁等级不高及结构性矛盾突出等问题与挑战，同时还受到体制、机制变革带来的各种影响。本书以公路桥梁施工、公路及桥梁养护为出发点，介绍了公路和桥梁工程的概况，并对公路桥梁的养护管理、维修等进行了重点阐述，让读者从基本概念、特点、发展等方面更深刻透彻地了解这一关乎国计民生的重大工程，为深入了解公路桥梁工程的设计、维修、养护奠定扎实的基础。全书讲求理论与实践相结合，通俗易懂，易于应用，既可供从事公路桥梁养护管理、维修加固设计和施工的工程技术人员借鉴参考，也可供相关专业师生学习使用。

目录

CONTENTS

第一章　公路桥梁工程概论

第一节　公路发展概况及基本组成

一、公路发展概况

中国公路的发展大体经历了以下三个阶段。

（一）古代道路（公元前 2000 ～公元 1911 年）

公元前 2000 年左右，我国已经出现可行驶牛车、马车的道路。秦朝时期，强调“车同轨，书同文”。公元前 2 世纪，我国通往中亚细亚和欧洲的丝绸之路发展起来。唐代是我国古代道路发展的鼎盛时期，初步形成了以城市为中心的四通八达的道路网。清代道路系统分为三等，即“官马大路”“大路”“小路”。“官马大路”分东北路、东路、西路和中路四大干线，全长 2000 多千米。①

（二）近代道路（1912 ～ 1949 年）

我国第一条公路是 1908 年在广西南部边防兴建的龙州至那甚公路，长 30 千米。截至 1927 年，全国公路通车里程约 29000 千米。1937 ～ 1945 年，由于战争的影响和破坏，公路发展缓慢。截至 1946 年 12 月，全国公路总里程只有 130307 千米。截至中华人民共和国成立前夕，全国通车里程只有 75000 千米。

（三）现代公路（1949 年以后）

1949 年以后，全国从上到下成立了公路管理机构，并组建了设计、施工和养护的专业队伍。同时，国家还颁布了一系列有关公路建设的重要法规，进行了全国公路普查，恢复并改善了原有公路。截至 1976 年底，全国公路里程达 82.3 万千米，有路面里程达 57.9 万千米，桥梁 11.7 万座（293 万延米），公路绿化里程达

① 杨光耀，杨新，郑胜利 . 公路桥梁施工与维修养护研究 [M]. 长春：吉林科学技术出版社，2022.

25.4 万千米。

1978 ～ 1985 年，国民经济逐渐恢复，交通紧张问题凸显，交通运输系统结构不合理问题逐渐暴露，国家开始着力调整国民经济结构，加强以铁路为中心的运输基础设施的建设，对公路建设也给予相应重视。1981 年经国务院授权，中华人民共和国国家计划委员会（现中华人民共和国国家发展和改革委员会）、中华人民共和国国家经济贸易委员会、中华人民共和国交通运输部联合颁布了《国家干线公路网（试行方案）》，确定了首都放射线 12 条、南北纵线 28 条、东西横线 30 条共 70 条国道，并采取措施加快发展公路建设，如允许省、自治区、直辖市调整养路费收费费率，增加用于公路改造的费用。此阶段末期，国家开始利用国际金融组织贷款修建国际标准高速公路，允许利用贷款、集资修路，并收取车辆通行费以偿还贷款。

改革开放特别是党的十八大以来，我国公路发展取得了举世瞩目的成就。《国家公路网规划（2013 年—2030 年）》明确，国家高速公路网由“7 射、11 纵、18 横”（以下简称“71118”）等路线组成，总规模约 13.6 万公里；普通国道网由“12 射、47 纵、60 横”等路线组成，总规模约 26.5 万公里。经各方共同努力，截至 2021 年底，国家高速公路已建成 12.4 万公里，基本覆盖地级行政中心，在建约 1 万公里、待建约 2.8 万公里，分别占 77%、6% 和 17%；普通国道通车里程达到 25.8 万公里，基本覆盖县级及以上行政区和常年开通的边境口岸。此外，随着交通量的增长，预计未来约有 3 万公里繁忙路段需要扩容改造。普通国道目前一级公路约 5.9 万公里、二级公路约 15.6 万公里、三级公路约 4.7 万公里、四级公路约 2.2 万公里、等外及无路路段约 15 万公里，二级及以上公路占比约为 72%、三级和四级公路占比约为 23%、等外及无路路段占比约为 5%。预计未来约有 11 万公里普通国道需要建设和改造。

二、公路的组成及功能分析

公路是设置在大地表面供各种车辆行驶的一种线形带状结构物。

（一）线形组成

路线是指公路的中线。公路线形指公路中线的空间几何形状和尺寸。受自然条件和现状地物的限制，路线在平面上有转折，在转折点两侧相邻直线处，为了满足车辆行驶顺畅、安全和速度的要求，必须用一定半径的曲线连接。可见，公路中线是一条三维空间曲线，路线平面由直线和曲线组成。

公路线形设计是从平面线形、纵面线形和空间线形（又称为平纵组合线形）三个方面着手研究的。

（二）结构组成

公路的结构组成主要包括路基、路面、桥涵、隧道及沿线设施等。

1. 路基

路基是按照路线的位置和一定的技术要求修筑的，作为路面基础的带状构造物。路基一般由砂、石按照一定的结构尺寸要求构成，承受由路面传递下来的行车荷载。路基使公路连续，它构成车辆及行人通行的部分。

路基横断面的组成。沿公路中线的法线方向切路基得到的图形称为路基横断面。路基横断面由行车道、中间带、路肩、边沟、边坡、截水沟、碎落台、护坡道等部分组成。

路基横断面的形式。路基横断面通常有路堤、路堑、半填半挖路基三种基本形式。路堤是指路基顶面高于原地面时，在原地面上进行填筑构成的路基。路堑是指路基顶面低于原地面时，将原地面下挖而构成的路基。在一个横断面内，部分为路堤、部分为路堑的路基称为半填半挖路基。路基结构必须稳定、坚实并符合规定的尺寸，以承受汽车和自然因素的作用。

路基防护。路基防护是指在横坡较陡的山坡上或沿河一侧路基边坡受水流冲刷威胁的路段，为保证路基的稳定，加固路基边坡所修建的构造物。常见的路基防护工程有填石路基、砌石护坡、挡土墙、护脚及护面墙等。

路基排水。为保持路基稳定而设置的地面和地下排水设施称为公路排水系统。公路排水系统按其排水方向可分为纵向排水系统和横向排水系统。常见的纵向排水系统有边沟、截水沟、排水沟等；常见的横向排水系统有路拱、桥涵、透水路堤、过水路面、急流槽、渡水槽（桥）等。

排水系统按其排水位置不同可分为地面排水和地下排水两部分。地面排水用于排除危害路基的雨水、积水及外来水等地面水。在地下水位较高的地段还应设置地下排水系统，盲沟是常见的地下排水结构物。

2. 路面

路面是在路基表面用各种材料分层铺筑的结构物，以供车辆在其上以一定速度安全、舒适地行驶。其主要作用是加固行车部分，使之具有一定的强度、平整度和粗糙度。路面按其使用性能、材料组成和结构强度可分为高级路面、次高级路面、中级路面、低级路面；按其力学性能可分为柔性路面和刚性路面两大类。常用的路面材料有沥青、水泥、碎（砾）石、砂、黏土等。

3. 桥涵

道路在跨越河流、沟谷和其他障碍物时所使用的构筑物称为桥涵。当桥涵的单孔跨径 $L_0 \geqslant 5\mathrm{m}$，多孔跨径总长 $L_0 \geqslant 8\mathrm{m}$ 时称为桥梁；反之则称为涵洞。

4. 隧道

公路穿越山岭、置于地层内的结构物称为隧道。隧道能避免翻山越岭，可缩短里程，保证行车快捷，是山区公路中采用的特殊构造物之一。

隧道按施工方法分为明洞和暗洞。其中，明挖岩（土）体后修筑棚式或拱式洞身，再覆土建成的隧道称为明洞。明洞常用于地质不良或土层较薄的地段。

5. 沿线设施

为保证行车的安全、舒适，并增加路容美观度，公路除设置基本构造物和特殊构造物外，还需要设置各种沿线设施。沿线设施是公路沿线交通安全、管理、服务、环保等设施的总称。

交通安全设施。为保证行车与行人安全、充分发挥公路的作用而设置的设施称为交通安全设施，具体包括人行地下通道、人行天桥、标牌、标线、交通信号灯、栏、防眩板、隔音墙、防护网、反光标志、照明等设施。

交通管理设施。为保障良好的交通秩序、防止事故发生而设置的各种设施称为交通管理设施。这些设施包括公路交通标志（又可分为主标志和辅助标志两大类。主标志中有警告标志、禁令标志、指示标志、指路标志四种）、路面标线、路面标志、紧急电话、公路情报板、公路监视设施、交通控制设施等。

防护设施。为防治公路上的塌方、泥石流、坠石、滑坡、积雪、雪崩、积沙、水毁等灾害而设置的设施和构造物称为防护设施，如抗滑坡构造物、防雪走廊、防沙棚等。

停车设施。为了方便旅客和保证旅客的安全，在公路沿线适当地点设置的停车场、汽车站、回车道等设施称为停车设施。

渡口码头。三级、四级公路跨越较大河流、湖泊、水库，因交通量不大暂时不需建桥而设置的船渡设施称为渡口码头。渡口通常包括引道、码头、渡船及附属设施等部分。

路用房屋及其他沿线设施。其包括养护房屋、营运房屋、收费站、加油站等设施。

绿化。绿化是公路不可缺少的部分，有稳定路基、隐蔽路面、美化路容、增加行车安全和促进用材林发展的功能。有一些地区的绿化还能减轻积沙、积雪、洪水等对公路的危害。

第二节　公路设计的依据与程序

一、公路设计依据

公路设计的控制要素和依据很多，但是最基本的是与汽车性能有关的因素和反映车辆这些特性的要求和条件，即设计车辆、设计速度、交通量。[①]

（一）设计车辆

设计车辆是指道路设计时所采用的具有代表性的车辆。道路上行驶的车辆主要是汽车，混合交通的道路上还有一部分非机动车。汽车的行驶性能、外廓尺寸以及行驶于道路上不同种类车辆的组成对于道路的几何设计具有决定性作用。例如，确定路幅组成、车道宽度、弯道加宽、纵坡大小、行车视距等都与设计车辆有密切关系。因此，选择有代表性的车辆作为道路设计的依据是必要的。

道路上行驶车辆的种类很多，按使用目的、结构或发动机的不同可分成各种类型，作为道路设计依据的车辆可分为小客车、载重汽车、鞍式列车三类。

（二）设计速度

1. 设计速度的概念

设计速度是指当气候条件良好、交通密度小、汽车运行只受道路本身条件（几何要素、路面、附属设施等）影响时，中等驾驶技术的驾驶者能保持安全顺畅行驶的最大行驶速度。

① 李涛，冯虎，王理民．公路施工与养护管理基础工作研究 [M]. 长春：吉林科学技术出版社，2019.

设计速度是决定道路几何形状的基本依据。道路的曲线半径、超高、视距等与设计速度有关，也对车道宽度、中间带宽度、路肩宽度等指标的确定产生影响。

汽车在道路上行驶时，驾驶者根据道路沿途的地形条件、道路条件、交通条件以及自身的驾驶技术而实际采用的速度称为行驶速度。根据定义，行驶速度与设计速度并非一致，在实际行驶过程中，驾驶者往往不是以设计速度行驶的，而是选择适合的行驶速度驾驶汽车。在设计速度较低的路段，当路线本身的几何要素超过安全行驶的需要，交通密度、地形、气候等外部条件较好时，实际行驶速度常接近或超过设计速度。设计速度越低，出现这种可能性的概率就越高。考虑到上述特点，同一等级的道路按不同的条件可以采用不同的设计速度。设计师在公路设计中应根据公路的功能、等级及交通组成，结合沿线地形、地物、地质状况等，确定合适的设计速度。

2. 设计速度的相关规定

公路设计速度的选用应符合下列要求：（1）高速公路作为国家及省属干线公路或位于地形、地质良好的平原、丘陵地段时，经技术经济论证，宜采用 120km/h 或 100km/h 的设计速度；受地形等自然条件限制时，经论证可采用 80km/h 的设计速度；个别特殊困难地段因修建公路可能诱发灾害时，经论证并报主管部门批准，其局部路段可采用 60km/h 的设计速度，但其长度不宜大于 15 千米或仅限于相邻互通式立体交叉之间的路段。（2）一级公路作为国家及省属干线公路，且纵、横向干扰小时，经技术经济论证，其设计速度宜采用 100km/h 或 80km/h，同时必须采取确保较高运行速度和安全的措施；作为大、中城市城乡接合部混合交通量大的集散公路时，应结合平面交叉的数量、安全措施等进行论证，其设计速度可采用 80km/h 或 60km/h，且应设置相应设施以确保通行能力和通行安全。（3）二级公路作为国家及省属干线公路或城市间的干线公路时，其设计速度可选用 80km/h；作为城乡接合部混合交通量大的集散公路或位于地形等条件受限制的路段时，其设计速度宜选用 60km/h。（4）三级公路作为干线公路时，其设计速度可采用 40km/h；作为县乡公路或位于地形等条件限制路段时，其设计速度宜选用 30km/h。（5）地形、地质等自然条件复杂的山区或交通量很小的路段，可采用设计速度为 20km/h 的四级公路。

（三）交通量

交通量是指单位时间内通过公路上某一横断面处的往返车辆数，其单位为辆 / 日或辆 / 小时。交通量的大小与社会经济发展速度、气候、物产、文化生活水平等多个因素有关，且随着时间、地点的不同而随机变化。其具体数值可通过交通调查和交通预测确定。

1. 年平均日交通量

交通量通常用年平均日交通量（AADT）来表达，即一年 365 天观测到的交通量的平均值。

2. 规划交通量

规划交通量也称设计交通量，是指拟建道路到预测年限时所能达到的年平均日交通量（辆 / 日），其值需根据历年交通观测资料预测求得，目前多按年平均增长率计算确定。

预测年限规定：国家及省属重要干线公路的规划交通量应按 20 年预测；国家及省属干线公路的规划交通量应按 15 年预测，但国家及省属干线的高速公路和一级公路应按 20 年预测；县公路的规划交通量宜按 10 年预测。另外，规划交通量的预测起算年应为该项目可行性研究报告中的计划通车年；当提交可行性研究报告年到公路通车年超过 5 年时，在编制初步设计前应对规划交通量予以核对。

规划交通量对确定道路等级、论证道路的计划费用或各项结构设计等有重要作用，但不宜直接用于道路几何设计。因为一年中的每月、每日、每小时的交通量都在变化，在某些季节、某些时段可能高出年平均日交通量数倍，因此不宜作为具体设计的依据。

3. 设计小时交通量

小时交通量（辆 / 小时）是以小时为计算时段的交通量，是确定车道数、车道宽度和评价道路服务水平的依据。大量交通统计表明，全年期间，每小时交通量的变化是相当大的。如果用一年中最高峰的小时交通量作为设计依据会造成浪费，但如果采用日平均小时交通量则不能满足交通需求，会造成交通拥挤或阻塞。因此，为使设计交通量的取值既能保证交通安全畅通，又能使工程造价经济、合理，可借助一年中每小时交通量的变化曲线来指导、确定合乎使用需求的小时交通量。

在确定设计小时交通量时，应根据平时的观测资料绘制各条路线交通量的变化曲线，没有观测资料的路段可参考性质相似、交通情况相仿的其他道路的观测资料。

4. 交通量换算

道路上行驶的车辆种类较多，其速度、行驶规律以及占用道路的净空差异较大，但作为道路设计时的交通量应折算成某种标准车型。对于非机动车占较大比重的混合交通道路，自行车、行人、畜力车等作为横向干扰因素，不参与交通量折算。

二、公路设计程序

（一）公路工程基本建设

公路建设应该按照一定的程序进行，我国公路工程基本建设程序如下：一是根据长远规划或项目建议书进行可行性研究；二是根据可行性研究编制计划任务书（也称设计计划任务书）；三是根据批准的计划任务书进行现场勘测，编制初步设计文件和概算文件；四是根据批准的初步设计文件编制施工图和施工图预算；五是列入年度基本建设计划；六是进行施工前的各项准备工作；七是编制实施性施工组织设计及开工报告，报上级主管部门审批；八是严格执行有关施工的规程和规定，维持正常施工秩序，做好施工记录，建立技术档案；九是编制竣工图表和工程决算，办理竣工验收。

（二）公路工程可行性研究

可行性研究是基本建设前期工作的一项重要内容，是建设程序的组成部分，是建设项目决策和编制计划任务书的科学依据，有学者将其定义为论证工程（或产品）项目技术上的可能性和经济上的合理性，并论证何时修建及分期修建，提供决策依据，保证工程的经济效果的研究。

公路建设必须严格遵守国家规定的基本建设程序。所有大中型项目都应根据批准的项目建议书（或委托书）进行可行性研究，可行性研究工作完成后应进行评估。

公路可行性研究一般包括下列内容：①总论（或概述）。论述建设项目的任务依据、历史背景和研究范围，提出可行性研究的主要结论。②现有公路技术状况的评价。调查及论述建设地区综合运输网的交通现状和建设项目在交通运输网中的地位与作用，论述现有公路的工程技术状况及适应程度等。③发展预测。进行全面的交通调查和经济调查，论述建设项目所在地区的经济特征，研究建设项目与经济发展的内在联系，预测交通运输量的发展情况。④公路建设标准和规模。论述项目建设规模、采用的等级及其主要技术指标。⑤建设条件和方案选择。调查建设项目所处地理位置的地形、地质、地震、气候、水文等自然特征，建筑材料的来源及运输条件；进行路线方案的比选，提出推荐方案的走向和主要控制点；评价建设项目对环境的影响，并编制环境影响报告书。⑥投资估算与资金筹措。包括主要工程数量、公路建设用地和拆迁、单价拟定、投资估算及资金筹措等。⑦工程建设实施计划。包括勘测设计和工程施工的计划及要求、工程管理和技术人员的培训等。⑧经济评估。包括运输成本等经济参数的确定，建设项目的直接经济效益和费用的估算，经济评价敏感性分析，建设项目的间接经济效益分析。收费公路还需做财务分析，经过综合分析，提出投资少、效益好的建设方案。

可行性研究是交通建设综合管理的手段，必须从运输生产的目的出发。研究技术可行性必须与经济效益相结合，研究经济效益必须考虑采用新技术的可能，重视运输领域的综合效益。

可行性研究应附有必要的图表，其中包括路线方案及比较方案图、历年工农业总产值与客货运量统计表、公路客货运量表、交通量预测表、效益计算表等。

在进行可行性研究时，应分析环境影响，即根据工程性质、路线位置、资源利用、环境影响等对工程进行宏观分析，确定项目是否成立。在计划任务书下达、进行初步设计的同时，应编制环境影响评价书，即根据预测工程对环境的影响，提出对环境污染和破坏的防治措施。

（三）计划任务书

公路勘测设计工作是根据批准的计划任务书进行的。设计任务书一般由提出计划的主管部门下达或由下级单位编制后报批。计划任务书应包括下述内容：①建设的依据和意义。②路线的建设规模和修建性质。③路线的基本走向和主要控制点。④工程技术等级和主要技术标准。⑤勘测设计的阶段划分及各阶段的完成时间。⑥建设期限，投资估算，需要钢材、木材、水泥的数量。⑦施工力量的原则安排。

计划任务书经上级批准后，如建设规模、期限、技术等级标准及路线走向等重大问题有变更，应报原批准机关审批同意。

（四）设计阶段

1. 设计阶段的划分

公路工程基本建设项目设计可以采用一阶段设计、两阶段设计或三阶段设计3种方式。

一阶段设计即施工图设计，适用于技术简单、方案明确的小型公路工程。即进行一次详细的定测，据以编制施工设计和工程预算。

两阶段设计即初步设计和施工图设计，适用于一般建设项目。

三阶段设计即初步设计、技术设计和施工图设计三个阶段，适用于技术复杂、基础资料缺乏或不足的建设项目或建设项目中的个别路段、特大桥、互通式立体交叉、隧道等。

2. 各设计阶段的主要内容

设计文件是公路勘测设计的最后成果，经审查批准后成为公路施工的依据。其组成、内容和要求因设计阶段的不同而不同。

初步设计。两阶段设计和三阶段设计中的初步设计应根据批准的可行性研究报告、设计任务书（或测设合同）和初测资料编制。初步设计阶段的目的是确定设计方案，主要内容包括拟定修建原则、选择设计方案、计算工程数量和主要材料数量、提出施工方案、编制设计概算、提供文字说明及图表资料。初步设计在选定方案时，应对路线走向、控制点和方案进行现场核查，征求沿线地方政府和建设单位的意见，基本落实路线布置方案。一般应进行纸上定线，赴实地核对，落实并放出必要的控制线定桩位。对复杂困难地段的路线、互通式立体交叉、隧道、特大桥、大桥的位置等，一般应选择两个或两个以上的方案进行比选，提出推荐方案。

初步设计文件由总说明、总体设计、路线、路基路面及排水、桥梁涵洞、隧道、路线交叉、交通工程及沿线设施、环境保护、渡口码头及其他工程、筑路材料、施工方案、设计概算共13篇及附件组成。

技术设计。三阶段设计中的技术设计应根据批准的初步设计和定测资料编制。技术设计阶段的目的是针对重大、复杂的技术问题进一步落实设计方案。其主要内容包括：通过科学试验、专题研究，加强勘探调查及分析比较，解决初步设计中未解决的问题，落实技术方案；计算工程数量，提出修正的施工方案，修正设计概算。

施工图设计。一阶段设计中的施工图设计应根据批准的可行性研究报告、设计任务书（或测设合同）和定测资料编制；两阶段设计中的施工图设计应根据批准的初步设计和定测资料编制；三阶段设计中的施工图设计应根据批准的技术设计和补充定测资料编制。

施工图设计阶段的目的是对批准的推荐方案进行详细设计，以满足施工的要求。其主要内容包括对审定的修建原则、设计方案进行具体的设计，确定各项工程数量，提出文字说明和图表资料以及施工组织计划，并编制施工图预算，满足施工要求。

施工图设计文件由总体设计、路线、路基路面、桥梁涵洞、隧道、路线交叉、交通工程及沿线设施、环境保护与景观设计、渡口码头及其他工程、筑路材料、施工组织设计、施工图预算共 12 篇及附件（基础资料）组成。其表达形式有文字说明、设计图和设计表格 3 种。

第三节　桥梁发展概况与组成

桥梁是指架设在江河湖海上，使车辆行人等能顺利通行的建筑物。它的主要作用是供公路、铁路、渠道、管线和人群跨越江河、山谷或其他障碍物，它是交通线的重要组成部分，是公路、铁路中的关键工程。我国古代桥梁的辉煌成就举世瞩目，曾在东西方桥梁发展史中占有崇高的地位，为世人所公认。

近代以来，由于科技的快速发展，道路与桥梁成为一门专业学科，其技术进步更是突飞猛进，形式更为复杂多样，其内涵和引申义也大为丰富。然而，无论现代桥梁如何先进发达，若追究其根源，均未超出古人所创造的梁桥、浮桥、拱桥和索桥几大类。这几种基本桥式都是总结前人积累下的丰富技术成果的结果。

一、桥梁的发展概况

（一）桥梁的发生与发展

在人造桥梁之前，自然界因地壳运动或其他自然现象的影响，形成了不少天然的桥梁形式。如浙江天台山横跨在瀑布上的石梁桥，江西贵溪因自然侵蚀而成的石拱桥（仙人桥），小河边因自然倒下的树干而形成的“独木桥”以及两岸藤蔓纠结在一起而构成的天然“悬索桥”等。人类从这些天然桥中得到启示，便在生存过程中不断仿效自然。开始时利用一根木料在小河或氏族聚居群周围的壕沟上搭起一些独木桥；或在窄而浅的溪流中，用石块垫起一个接一个略高出水面的石蹬，构成一种简陋的“跳墩子桥”（园林中多仿此原始桥式，称“汀步桥”“踏步桥”）。这些“独木桥”“跳墩子桥”便是人类建筑中较为原始的桥梁，后来随着社会生产力的发展，技术不断由低级演进为高级，才逐渐产生各种各样的跨空桥梁。①

（二）桥梁发展历程

桥梁是道路的组成部分。从工程技术的角度来看，桥梁发展可分为古代、近代和现代三个阶段。

1. 古代桥梁

人类在原始时代是利用自然倒下来的树木、自然形成的石梁或石拱、溪涧突出的石块、谷岸生长的藤萝等跨越水道和峡谷的。人类有目的地伐木为桥或堆石、架石为桥始于何时，已难以考证。据史料记载，中国在周代（公元前 11 世纪～前 256 年）已建有梁桥和浮桥。

古巴比伦王国在公元前 1800 年建造了多跨的木桥，桥长达 183 米。古罗马在公元前 621 年建造了跨越台伯河的木桥，在公元前 481 年架起了跨越赫勒斯旁海峡的浮船桥。古代美索不达米亚地区，在公元前 4 世纪建起挑出石拱桥（拱腹为台阶式）。

古代桥梁在 17 世纪以前，一般是用木、石材料建造的，并按建桥材料把桥分为石桥和木桥。

石桥的主要形式是石拱桥。据考证，我国早在东汉时期（公元 25 ~ 220 年）就出现了石拱桥，如出土的东汉画像砖刻上就刻有拱桥图形。现在尚存的赵州桥（又名安济桥），建于公元 605 ~ 617 年，净跨径为 37 米，首创在主拱圈上加小腹拱的空腹式（敞肩式）拱。中国古代石拱桥拱圈和墩一般都比较薄，比较轻巧，如建于公元 816 年的宝带桥，全长 317 米，薄墩扁拱，结构精巧。

古罗马帝国灭亡后数百年，欧洲桥梁建筑进展不大。11 世纪以后，尖拱技术由中东和埃及传到欧洲，欧洲开始出现尖拱桥，如法国在 1178 ～ 1188 年建成的

① 张国祥，陈金云，张好霞 . 公路与桥梁施工技术及管理研究 [M]. 北京：文化发展出版社，2020.

阿维尼翁桥，为 20 孔、跨径达 34 米的尖拱桥；英国在 1176 ～ 1209 年建成的泰晤士河桥为 19 孔、跨径约 7 米的尖拱桥；西班牙在 13 世纪建了不少拱桥，如托莱多的圣马丁桥。拱桥除圆拱、割圆拱外，还有椭圆拱和坦拱。1542 ～ 1632 年，法国建造的皮埃尔桥为 7 孔不等跨椭圆拱，最大跨径约 32 米。1567 ～ 1569 年，在圣托里尼搭建了三跨坦拱桥，其矢高同跨度比为 1∶7。11 ～ 17 世纪建造的桥，有的会在桥面两侧设商店，如意大利威尼斯的里亚尔托桥。

石梁桥是石桥的又一形式。我国陕西省西安附近的灞桥原为石梁桥。11 ～ 12 世纪，南宋泉州地区先后建造了几十座较大型的石梁桥，其中有洛阳桥、安平桥。安平桥（五里桥）原长 2500 米，362 孔；现长 2070 米，332 孔。英国达特穆尔现存的石板桥，有的已有 2000 多年的历史。

早期木桥多为梁桥，如秦代在渭水上建的渭桥，即为多跨梁式桥。木梁桥跨径不大，伸臂木桥可以加大跨径。

出现较早的拱桥，是公元 104 年在匈牙利多瑙河上建成的特拉杨木拱桥，共有 21 孔，每孔跨径为 36 米。我国河南开封修建的虹桥净跨约为 20 米，也是木拱桥，建于 1032 年。

我国西南地区有用竹篾缆造的竹索桥。著名的竹索桥是四川灌县珠浦桥，桥为 8 孔，最大跨径约 60 米，总长 330 余米，建于宋代以前。

2. 近代桥梁

18 世纪，铁的生产和铸造为桥梁提供了新的建造材料。但铸铁抗冲击性能差，抗拉性能也低，易断裂，并非良好的造桥材料。19 世纪 50 年代以后，随着酸性转炉炼钢和平炉炼钢技术的发展，钢材成为重要的造桥材料。钢的抗拉强度大，抗冲击性能好，尤其是 19 世纪 70 年代出现的钢板和矩形轧制断面钢材，为桥梁的部件在厂内组装创造了条件，钢材应用日益广泛。

18 世纪初，出现了用石灰、黏土、赤铁矿混合煅烧而成的水泥。19 世纪 50 年代，人们开始在混凝土中放置钢筋以弥补水泥抗拉性能差的不足。19 世纪 70 年代，建成了钢筋混凝土桥。

近代桥梁建造促进了桥梁科学理论的兴起和发展。1857 年，圣沃南在前人对拱理论、静力学和材料力学研究的基础上，提出了较完整的梁理论和扭转理论。在这个时期，连续梁和悬臂梁的理论建立起来，桥梁桁架分析方法（如华伦桁架和豪氏桁架的分析方法）也得到发展。19 世纪 70 年代后，经德国人库尔曼、英国人兰金和麦克斯韦等人的努力，结构力学获得很大的发展，能够对桥梁各构件在荷载作用下发生的应力进行分析。这些理论的逐渐完善，推动了桁架、连续梁和悬臂梁的发展。19 世纪末，弹性拱理论已较完善，促进了拱桥的发展。20 世纪 20 年代土力学的兴起，推动了桥梁基础的理论研究。

近代桥梁按建桥材料划分，除木桥、石桥外，还有铁桥、钢桥、钢筋混凝土桥。

16 世纪前已有木桁架。1750 年，在瑞士建成多座木桥，如赖谢瑙桥，跨径为 73 米。在 18 世纪中叶～ 19 世纪中叶，美国建造了不少木桥，如 1785 年在佛蒙特州贝洛兹福尔斯的康涅狄格河建造的第一座木桁架桥，桥共两跨，各长 55 米；1812 年在费城斯库尔基尔河上建造的拱和桁架组合木桥，跨径达 104 米。壁架桥省掉拱和斜撑构件，简化了结构，因而得到广泛应用。桁架理论的发展，使各种形式桁架木桥相继出现。

由于木结构桥用铁件量很大，不如全用铁经济，因此 19 世纪后期木桥逐渐为钢铁桥所代替。

铁桥包括铸铁桥和锻铁桥。铸铁性脆，宜于受压，不宜受拉，适宜作为拱桥建造材料。世界上第一座铸铁桥是英国科尔布鲁克代尔厂所造的塞文河桥，建于 1779 年，为半圆拱，由 5 片拱肋组成，跨径 30.7 米。锻铁抗拉性能较铸铁好，19 世纪中叶，跨径 60 ～ 70 米的公路桥都是采用的锻铁链吊桥。铁路因吊桥刚度不足而采用梁桥，如 1845 年～ 1850 年英国建造布列坦尼亚双线铁路桥，为箱式锻铁梁桥。19 世纪中期以后，梁的定理和结构分析理论相继建立，推动了桁架桥的发展，并出现多种形式的析梁。但那时人们对桥梁抗风的认识不足，桥梁一般没有采取防风措施。1879 年 12 月，建成 18 个月的苏格兰阳斯的泰湾铁路锻铁桥被大风吹倒，就是因为桥梁没有设置横向连续抗风构造。

我国于 1705 年修建的四川大渡河泸定铁链吊桥，桥长 100 米，宽 2.8 米，至今仍在使用。欧洲第一座铁链吊桥是英国的蒂斯河桥，建于 1741 年，跨径 20 米，宽 0.63 米。世界上第一座不用铁链而用铁索建造的吊桥，是瑞士的弗里堡桥，建于 1830 ～ 1834 年，桥的跨径为 233 米。这座桥用 2000 根钢丝就地放线，悬在塔上，锚固于深 18 米的锚碗坑中。

1855 年，美国建成尼亚加拉瀑布公路铁路两用桥。这座桥是采用锻铁索和加劲梁的吊桥，跨径为 250 米。1869 ～ 1883 年，美国建成纽约布鲁克林吊桥，跨度为486米。这些桥的建造，积累了用加劲重架来减弱震动的经验。此后，美国建造的长跨吊桥均用加劲梁来增大刚度，如1937年建成的旧金山金门桥（主孔长为1280米，边孔为344米，塔高为228米），以及同年建成的旧金山奥克兰海湾桥（主孔长为704米，边孔为354米，塔高为152米），都是采用加劲梁的吊桥。

19世纪中期，出现了根据力学原理设计的悬臂梁。英国人根据我国西藏木悬臂桥式，提出锚跨、悬臂和悬跨三部分的组合设想，并于1882～1890年在英国爱丁堡福斯河口建造了铁路悬臂梁桥。这座桥共有6个悬臂，悬臂长为206米，悬跨长为107米，主跨长为519米。

1875 ~ 1877年，法国园艺家莫尼埃建造了一座人行钢筋混凝土桥，跨径16米，宽4米。1890年，德国不来梅工业展览会上展出了一座跨径40米的人行钢筋混凝土拱桥。1898年，修建了沙泰尔罗钢筋混凝土拱桥。这座桥是三铰拱，跨径52米。1905年，瑞士建成塔瓦纳萨桥，跨径51米，是一座箱形三铰拱桥，矢高5.5米。

1928年，英国在贝里克的罗亚尔特威德建成了4孔钢筋混凝土拱桥，最大跨径为110米。1934年，瑞典建成跨径为181米、矢高为26.2米的特拉贝里拱桥；1943年，又建成跨径为264米、矢高近40米的桑德拱桥。

3. 现代桥梁

20世纪30年代，预应力混凝土和高强度钢材相继出现，材料塑性理论和极限理论的研究、桥梁振动的研究、空气动力学的研究以及土力学的研究等取得了重大进展，为节约桥梁建筑材料、减轻桥重、预计基础下沉深度和确定其承载力提供了科学依据。现代桥梁按建桥材料可分为预应力钢筋混凝土桥、钢筋混凝土桥和钢桥。

预应力钢筋混凝土桥。1928年，法国工程师尤金·弗雷西内经过20年的研究，用高强钢丝和混凝土制成预应力钢筋混凝土。这种材料克服了钢筋混凝土易产生裂纹的困难，使桥梁可以用悬臂安装法、顶推法施工。随着高强钢丝和高强混凝土的不断发展，预应力钢筋混凝土桥的结构不断改进，跨度不断提高。

预应力钢筋混凝土桥有简支梁桥、连续梁桥、悬臂梁桥、拱桥、钢架桥、斜拉桥等桥型。简支梁桥的跨径多在50米以下。连续梁桥如1966年建成的法国奥莱隆桥，是一座预应力混凝土连续梁高架桥，共有26孔，每孔跨径为79米。1982年建成的美国休斯敦船槽桥，是一座中跨229米的预应力混凝土连续梁高架桥，用平衡悬臂法施工。悬臂梁桥如1964年联邦德国在柯布伦茨建成的本多夫桥，其主跨为209米；1976年建成的日本滨名桥，主跨240米；我国于1980年完工的重庆长江大桥，主跨174米。

钢筋混凝土桥。1945年以后，世界上修建了多座较大跨径的钢筋混凝土拱桥，如1963年通车的葡萄牙亚拉达拱桥，跨径270米，矢高50米；1964年完工的澳大利亚悉尼港的格莱兹维尔桥，跨径305米。

我国于1964年创造发明了钢筋混凝土双曲拱桥，桥由拱肋和拱波组成，纵向和横向均有曲度，横向也用拱波形式。

钢桥。1945年以后，随着强度高、韧性好、抗疲劳和耐腐蚀的钢材的出现，以及用焊接平钢板、角钢、板钢材等加劲所形成的轻而高强的正交异性板桥面的出现，高强度螺栓的应用等，钢桥有了很大发展。

其他。钢板梁和箱形钢梁同混凝土相结合的桥型，以及把正交异性板桥面同箱形钢梁相结合的桥型，在大、中跨径的桥梁上被广泛运用。1951年，德国建成的杜塞尔多夫至诺伊斯桥，是一座正交异性板桥面箱形梁桥，跨径206米。1957年，德国建成的杜塞尔多夫北桥，是一座6孔72米钢板梁结交梁桥。1957年，南斯拉夫建成的位于贝尔格莱德的萨瓦河桥，是一座钢板梁桥，其中主跨为3孔，跨径分别为75米、261米、75米，为倒U形梁。1966年，美国完工的俄勒冈州阿斯托里亚桥，是一座连续钢桁架桥，跨径达376米。1966年，日本建成的大门桥，是一座连续钢桁架桥，跨径达300米。1968年，我国建成的南京长江大桥，是一座公路铁路两用的连续钢桁架桥，正桥9墩10跨，长1576米，最大跨度160米，全桥长6772米。1972年，意大利建成的斯法拉沙桥，跨径达376米，是当时世界上跨径最大的钢斜腿钢架桥。1973年，法国建成的马蒂格斜腿钢架桥，主跨为300米。

二、桥梁的基本组成

桥梁一般由上部结构、下部结构、支座和附属设施等几部分组成。

上部结构指线路中断时跨越障碍的主要承重结构，是桥梁支座以上（无铰拱起拱线或钢架主梁底线以上）跨越桥孔的总称。跨越幅度越大，上部结构的构造越复杂，施工难度也相应增加。

下部结构包括桥墩、桥台和基础。桥墩和桥台是支撑上部结构并将其传来的恒载和车辆等活载再传至基础的结构物，设置在桥跨中间部分的称为桥墩，设置在桥跨两端与路堤相衔接的部分称为桥台。除了上述作用外，桥台还具有抵御路堤的土压力及防止路堤滑塌等作用。

桥墩和桥台底部的奠基部分，称为基础。基础承担了从桥墩和桥台传来的全部荷载，这些荷载包括竖向荷载，以及地震力、船舶撞击墩身而引起的水平荷载。基础往往深埋于水下地基中，因此基础是桥梁施工中难度较大的一个部分，也是确保桥梁安全的关键。

支座是设在墩（台）顶，用于支撑上部结构的传力装置，它不仅要传递很大的荷载，还要保证上部结构按设计要求能产生一定的变位。

基本附属设施包括桥面系、伸缩缝、桥梁与路堤衔接处的桥头搭板和锥形护坡等。

以下是一些与桥梁布置和结构有关的主要尺寸和术语名称。

净跨径：对于梁式桥，是指设计水位相邻两个桥墩（或桥台）之间的净距；对于拱式桥，是指每孔拱跨两个拱脚截面最低点之间的水平距离。

总跨径：是多孔桥梁中各净跨径之和，它反映了桥下泄洪的能力。

计算跨径：对于设有支座的桥梁，是指桥跨结构相邻两个支座中心之间的距离；对于拱式桥，是指两相邻拱脚截面形心点之间的水平距离，用 l 表示。桥跨结构的力学计算是以 l 为基准的。

桥梁全长（简称桥长）：对于有桥台的桥梁，是指两岸桥台后端点之间的水平距离；对于无桥台的桥梁，是指桥面行车道的长度。

桥梁高度（简称桥高）：指桥面与低水位之间的高差，或指桥面与桥下线路路面之间的距离（指跨线桥）。桥高在某种程度上反映了桥梁施工的难易性。

桥下净空：指为了满足通航、行车或行人等需要，并保证桥梁结构安全，而对上部结构底缘以下所规定的净空间的界限。

桥面净空：指路、铁路和城市桥梁行车道、人行道上方应保持的净空间界限。

桥梁建筑高度：指上部结构底缘至桥面顶面的垂直距离。线路定线中确定的桥面标高与桥下净空界限顶部标高之差，称为桥梁的容许建筑高度。因此，桥梁设计的建筑高度不得大于容许建筑高度，否则就不能满足桥下通航或行车等要求。

净矢高（对拱桥而言）：指从拱顶截面下缘至相邻两跨拱脚截面下缘最低点之连线的垂直距离。

计算矢高：指拱顶截面形心至相邻两拱脚截面形心连线的垂直距离。

第四节　桥梁的总体规划设计

一、桥梁总体规划原则和基本设计资料

（一）桥梁设计应遵循的基本原则

桥梁的设计，根据其使用任务、性质和所在线路的远景发展需要，除应符合技术先进、安全可靠、适用耐久、经济合理的要求外，还应充分考虑建造技术的先进性以及环境保护和可持续发展的要求。桥梁建设应遵循的各项原则分述如下。[①]

1. 安全

应保证所设计的桥梁结构，在制造、运输、安装和使用过程中有足够的强度、刚度、稳定性和耐久性，并有一定的安全储备。根据桥上交通和行人情况，应考虑在桥面设置人行道、缘石、护栏、栏杆等设备，以保证行人和行车安全。

2. 适用

桥梁宽度应满足车辆和人群的交通流量要求，并应满足今后规划年限内交通流量增长的需要。桥下应满足泄洪、通航或通车等要求。桥梁两端要方便车辆进出，以防止出现交通堵塞。此外，还要便于检查和维修。

3. 经济

在桥梁设计中，经济性是首先要考虑的因素。桥梁设计应遵循因地制宜、就地取材和方便施工的原则，综合考虑发展远景和将来的养护维修，使其造价和养护费用综合起来最低。

4. 美观

一座桥梁应具有优美的外形，结构布置必须精练，并在空间上有和谐的比例。合理的结构布局和轮廓是使桥梁美观的主要因素。桥型应与周围环境相协调，城市桥梁和游览地区的桥梁可较多地考虑建筑艺术上的要求。另外，施工质量对桥

① 张少华．公路桥梁工程与项目管理 [M]. 北京：北京理工大学出版社，2019.

梁美观也有重大影响。

（二）桥梁设计的步骤

一座桥梁的规划设计涉及很多因素，特别是工程比较复杂的大、中桥梁，是一项综合性的系统工程。因此，必须建立一套严格的管理体制和有序的工作程序。在我国，基本建设程序分为前期工作和正式设计两个大步骤，以下为它们的主要内容及要求。

1.“预可”阶段

“预可”研究形成的“预工程可行性研究报告书”（简称“预可报告”），应从经济、政治、国防等方面详细阐明建桥理由以及工程建设的必要性和重要性，同时初步探讨技术上的可行性。对于区域性线路上的桥梁，应以建桥地点（渡口等）的车流量调查为立论依据。

“预可”阶段的主要工作目标是解决建设项目的上报立项问题，因而，在“预可报告”中应编制几个可能的桥型方案，并对工程造价、资金来源、投资回报等问题有初步估算和设想。

设计方将“预可报告”交业主后，由业主据此编制“项目建议书”报主管上级审批。

2.“工可”阶段

“工可”阶段与“预可”阶段的内容和目的基本一致，只是研究的深度不同。在预可报告被审批确认后，可着手“工可”阶段的工作。在这一阶段，着重研究和制定桥梁的技术标准，包括设计荷载标准、设计车速、桥面坡度和曲线半径等。同时，应与河道、航运、规划等部门共同研究，以协商确定相关的技术标准。

此阶段应提出多个桥型方案，并按交通运输部现行的《公路工程建设项目投资估算编制办法》估算造价，落实资金来源和投资回报等问题。

3. 初步设计

初步设计阶段应根据批复的可行性研究报告、测设合同、初测初勘或定测详勘资料确定设计方案。此阶段应通过多个桥型方案的比选推荐最优方案，报主管上级审批。在编制各个桥型方案时，应提供平、纵、横布置图，标明主要尺寸；估算工程数量和主要材料数量，提出施工方案的意见；编制设计概算，提供文字说明和图表资料。初步设计经批复后，成为施工准备、编制施工图设计文件和控制建设项目投资等的依据。

4. 技术设计

对于技术上复杂的特大桥、互通式立交桥或新型桥梁结构，须进行技术设计。技术设计应根据初步设计批复意见、测设合同的要求，对重大、复杂的技术问题进行科学试验、专题研究、加深勘探调查及分析比较，进一步完善批复的桥型方案及施工方案，并修正工程概算。

5. 施工图设计

两阶段（或三阶段）设计中的施工图设计应根据初步设计（或技术设计）批复意见、测设合同，进一步对所审定的修建原则、设计方案、技术决定加以具体和深化。在此阶段，必须对桥梁各种构件进行详细的结构计算，并且确保强度、稳定、刚度、裂缝、构造等各种技术指标满足规范要求。同时，绘制施工详图，提出文字说明及施工组织计划，并编制施工图预算。国内桥梁通常采用两阶段设计，即初步设计和施工图设计，对于技术简单、方案明确的小桥，也可采用一阶段设计，即施工图设计。

（三）桥梁设计的基本资料

设计者在设计之前首先要选择合理的桥位，这是影响桥梁设计、施工和使用的关键。对于所选定的桥位，必须进一步调查研究，只有详细分析建桥的具体情况，才能做出合理的设计方案。现将一般桥梁设计中需要进行的资料调查工作分述于下。

第一，调查研究桥梁的使用任务。即调查桥上的交通种类和行车、行人的往来密度，以确定桥梁的荷载等级和行车道、人行道宽度等；调查桥上是否需要铺设电缆或输水、输气管道等，如需铺设应设置专门的构造装置。

第二，调查和测量河流的水文情况，包括调查河道性质（如河床及两岸的冲刷和淤积、河道的自然变迁等）；收集和分析历年的洪水资料；绘制河床断面图；调查河槽各部分的形态标志；通过计算确定各种特征水位、流速、流量；与航运部门协商确定通航水位和通航净空；了解河流上有关水利设施对新建桥梁的影响等。

第三，测量桥位附近的地形，绘制地形图，供设计和施工使用。

第四，调查和收集桥位处的地震资料，确定桥梁的抗震设防烈度。

第五，探测桥位的地质情况，包括土壤的分层标高、物理力学性能、地下水等，并将钻探资料绘成地质剖面图，作为基础设计的重要依据。对于遇到的地质不良现象，如滑坡、断层、溶洞、裂隙等，应详加注明。为使地质资料更接近实际，可以根据初步拟定的桥梁分孔方案将钻孔布置在墩台附近。

第六，调查和收集有关气象资料，包括气温、雨量及风速（或台风影响）等情况。

第七，调查当地建筑材料（沙、石料等）的来源，水泥、钢材的供应情况，以及水陆交通的运输情况。

第八，调查了解施工单位的技术水平、施工机械等装备情况，以及施工现场的动力设备和电力供应情况。

第九，调查新建桥位上、下游有无老桥，其桥型布置和使用情况等。很明显，选择桥位需要一定的地形、地质和水文等资料，选定桥位后，又需要为进一步的桥梁设计提供更为详尽的依据资料。以上各项工作往往是互相渗透、交错进行的。

二、桥梁平面、纵断面、横断面的设计

（一）桥梁平面的设计

桥梁的线形与桥头引道要保持平顺，使车辆能平稳通过。高速公路、一级公路上的各类桥梁除特大桥外，其线形布设应满足路线总体布设的要求。而特大桥应尽量顺直，以方便桥梁结构的设计。二级、三级、四级公路上的中桥、小桥与涵洞的线形及其与公路的衔接也应符合路线总体布设的要求。

二级、三级、四级公路上的特大桥、大桥桥位选择的余地较小，成为路线控制点时，路线线位应兼顾桥位。

（二）桥梁纵断面的设计

桥梁纵断面设计包括确定桥梁的总跨径、桥梁的分孔、桥道的高程、桥上和桥头引道的纵坡，以及基础的埋置深度等。

1. 桥梁总跨径的确定

对于一般跨河桥梁，总跨径通常根据水文计算来确定。一方面，桥梁的总跨径必须保证桥下有足够的排洪面积，使河床不致遭受过大的冲刷；另一方面，根据河床土壤的性质和基础的埋置情况，设计者应视河床的允许冲刷深度，适当缩

短桥梁的总长度，以节约总投资。由此可见，桥梁的总跨径应根据具体情况经过全面分析后加以确定。例如，对于深埋基础，一般允许较大的冲刷，总跨径可以适当减小。而平原区稳定的宽滩河段一般流速较小，漂流物也少，主河槽较大，这时可以对河滩的浅水流区段进行较大的压缩。但必须慎重校核，压缩后桥梁的壅水不得危及河滩路堤以及附近农田和建筑物。

2. 桥梁的分孔

对于一座较长的桥梁，应当分成若干孔。孔径的大小不仅影响使用效果、施工难易等，而且在很大程度上影响桥梁的总造价。跨径越大，孔数越少，上部结构的造价就越大，而墩台的造价就越小；反之，则上部结构的造价降低，而墩台造价将提高。通常采用最经济的分孔方式，即使上部、下部结构的总造价趋于最低。因此，当桥墩较高或地质不良，基础工程较复杂而造价较高时，桥梁跨径就应选得大一些；反之，当桥墩较矮或地基较好时，跨径就可以选得小一些。在实际工作中，应对不同的跨径布置进行粗略的方案比较，以选择最经济的跨径和孔数。

对于通航河流，在分孔时首先应满足桥下的通航要求。桥梁的通航孔应布置在航行最方便的河域。对于变迁性河流，考虑航道可能发生变化，应多设几个通航孔。

在平原区宽阔河流中的桥梁，通常在主河槽部分按需要布置较大的通航孔，而在两侧浅滩部分按经济跨径进行分孔。如果经济跨径比通航要求大，则通航孔也应取用较大跨径。

在山区深谷中、水深流急的江河中修桥，或需在水库中修桥时，为了减少中间桥墩数量，应加大跨径。如果条件允许，甚至可以采用特大跨径的单孔跨越。

对于河流中存在不利的地质段，如岩石破碎带、裂隙、溶洞等，在布孔时要将桥基位置移开，或适当加大跨径。

在有些体系中，为了结构受力合理和用材经济，分跨布置时要考虑合理的跨径比例。例如，为了使钢筋混凝土连续梁桥的中跨和相邻边跨的跨中最大、正弯矩接近相等，其中跨和相邻边跨的跨径比值，对于三跨连续梁约为 1：0.8，对于五跨连续梁约为 1：0.9：0.65。

跨径的选择还与施工能力有关，有时选用较大跨径虽然在经济上是合理的，但是限于现有的施工技术能力和设备条件，也只能将跨径减小。对于大桥施工，基础工程往往对工期起控制作用，在此情况下，从缩短工期出发，就应减少基础数量而修建较大跨径的桥梁。

总之，对于大、中型桥梁来说，分孔问题是设计中最基本、最复杂的问题，必须进行深入全面的分析，才能得出比较完美的方案。

3. 桥道标高的确定

对于跨河桥梁，桥道的标高应满足桥下排洪和通航的需要；对于跨线桥，则应确保桥下安全行车。在平原区建桥时，桥道标高的抬高往往伴随着桥头引道路堤土方量的显著增加。在修建城市桥梁时，桥过高会使两端引道延伸，影响市容，或者需要设置立体交叉或高架栈桥，导致造价提高。合理的桥道标高必须根据设计洪水位、桥下通航（通车）净空的需要，结合桥型、跨径等因素后，才能确定。

为保证桥下流水净空，梁底一般应高出设计洪水位（包括壅水和浪高）不小于 50cm，高出最高流冰水位 75cm；支座底面应高出设计洪水位 25cm，高出最高流冰水位不小于 50cm，如果支座部分有围护隔水者可不受此限。当河流有形成流冰阻塞的危险或有漂浮物通过时，应按实际调查的数据，在计算水位的基础上，结合当地具体情况预留一定富余量，作为确定桥下净空的依据。对于有沉积的河流，桥下净空应适当增加。

在不通航和无流筏的水库区域建桥，桥梁底面或拱顶底面离开水面的高度不应小于计算浪高的 75% 加上 0.25m。

在通航及通行木筏的河流上建桥，必须设置保证桥下安全通航的通航孔。通航孔桥跨结构下缘的标高，应高出自设计通航水位算起的通航净空高度。所谓通航净空，就是在桥孔中垂直于水流方向所规定的空间界限，任何结构构件或航运设施均不得伸入其内。

综上所述，全桥位于河中的各跨的桥道标高应首先满足流水净空的要求；对于通航或桥下通车的桥孔还应满足通航净空或建筑净空限界的要求。另外，还应考虑桥的两端是否能够与公路或城市道路顺利衔接等。因此，全桥各跨的桥道标高是不相同的，必须综合考虑和规划，一般将桥梁的纵断面设计成具有单向或双向坡度的桥梁，这样既利于交通，又便于桥面排水（对于长度较短的小桥，可以做成平坡桥），还十分美观。但桥上纵坡不宜大于 4%，桥头引道纵坡不宜大于 5%。对于位于市镇混合交通繁忙处的桥梁，桥上纵坡和桥头引道纵坡均不得大于 3%，并应在纵坡变更的地方按规定设置竖曲线。

（三）桥梁横断面的设计

桥梁横断面的设计，主要是决定桥面的宽度和桥跨结构横截面的布置。桥面宽度取决于行车和行人的交通需要。

在可能的条件下，在高速公路、一级公路上，一般以建上行、下行两座分离的独立桥梁为宜。

高速公路上的桥梁应设检修道，不宜设人行道。一级、二级、三级、四级公路上桥梁的桥上人行道和自行车道的设置应根据需要而定，并应与前后路线布置协调。人行道、自行车道与行车道之间，应设分隔设施。一个自行车道的宽度为1.0m，当单独设置自行车道时，不宜小于两个自行车道的宽度。人行道的宽度宜为0.75m或1.0m，大于1.0m时，按0.5m的级差增加。当设路缘石时，路缘石高度可取用0.25～0.35m。漫水桥和过水路面可不设人行道。

高速公路、一级公路上的桥梁必须设置护栏。二级、三级、四级公路上特大桥、大桥、中桥应设护栏（或栏杆）和安全带，小桥和涵洞可仅设缘石或栏杆。不设人行道的漫水桥和过水路面应设标杆或护栏。

第二章　公路施工技术

第一节　土方工程施工

一、基坑挡土支护技术

（一）浅基坑（槽）支撑

当开挖基坑（槽）的土体因含水量大而不稳定，或基坑较深，或受到周围场地的限制而需要较陡的边坡或直立开挖土质较差时，应采用临时性支撑加固，基坑、基槽底部每边的宽度应为基础宽加 100 ～ 150mm，设置支撑加固结构。[①]

当开挖较窄的沟槽时，常采用横撑式土壁支撑。横撑式上壁支撑根据挡板土的不同可分为以下几种形式。

1. 间断式水平支撑

间断式水平支撑，是指两侧挡土板水平旋转，用工具或木横撑借木楔顶紧，挖一层土，支顶一层。这种方式适用于保持立壁的干土或天然温度的黏土。要求地下水很少、深度在 2m 以内。

2. 断续式水平支撑

断续式水平支撑，是指挡土板水平，并有间隔，挡土板内侧竖向木方，用横撑顶紧。这种方式适用条件同上，深度在 3m 以内。

3. 连续式水平支撑

连续式水平支撑，是指挡土板水平，无间隔，立竖木方用横撑加木楔顶紧。这种方式适用于松散的干土或天然温度的黏土，要求地下水很少，深度在 3 ～ 5m。

4. 连续式或间断式垂直支撑

连续式或间断式垂直支撑，是指挡土板垂直，连续或间隔，设水平木方用横

---

① 邓小军，李若军．公路施工技术 [M]. 沈阳：东北大学出版社，2014.

撑顶紧。这种方式适用于较松散或温度很高的土，要求地下水较少、深度不限。

（二）深基坑挡土支护结构

1. 深基坑挡土支护结构分类及适用范围

支护结构主要可分为以下几类：放坡开挖及简易支护结构、悬壁式支护结构、重力式支护结构、内撑式支护结构、拉锚式支护结构、土钉墙式支护结构、其他支护结构。

部分支护结构适用范围如下。

悬臂式支护结构适用基坑侧壁安全等级为一、二、二级的场地；悬臂式结构在软土场地中不宜大于 5 米；当地下水位高于基坑底面时，宜采用降水、排桩加截水帐幕或地下连续墙。

水泥土重力式结构适用基坑侧壁安全等级为二、三级的场地；水泥土桩施工范围内地基土承载力不宜大于 150kPa ；基坑深度不宜大于 6 米。

内撑式支护结构适用范围广，适用于各种土层和基坑深度。

拉锚式支护结构较适用于沙土。

土钉墙支护结构适用基坑侧壁安全等级为二、三级的非软土场地；基坑深度不宜大于 12 米；当地下水位高于基坑底面时，应采用降水或截水措施。

2. 挡土桩

悬臂挡土的钢筋混凝土灌注桩，常用桩径为 500 ～ 1000 毫米，由计算确定；形式上可以是单排桩，顶部浇筑钢筋混凝土圈梁。双排桩悬臂挡墙是一种新型支护结构形式，由两排平行的钢筋混凝土桩以及在桩顶的帽梁连接砌成。它虽为悬臂式结构形式，但其结构组成又有别于单排的悬臂式结构，与其他支护结构相比，具有施工方便、不用设置横向支点、挡土结构受力条件较好等优点。

钢筋混凝土灌注桩作为支护桩的类型有冲（钻）孔灌注桩、沉管灌注桩、人工挖孔灌注桩等。布桩间距视有无防水要求而定。如已采取降水措施，支护桩无防水要求时，灌注桩可一字排列；如土质较好，可利用桩侧“土拱”作用，间距可为 2.5 倍桩径。如对支护桩有防水要求时，灌注桩之间可留有 100 ～ 200mm 间隙，间隙之间再设止水桩。止水桩可采用树根桩。有时将灌注桩与深层搅拌水泥土桩组合应用，前者抗弯，后者作为防水帐幕起挡水作用。

圆形截面钢筋混凝土桩的配筋形式有两种，一种是将钢筋集中放在受压及受拉区，另一种是将钢筋均匀放在四周。

钢筋混凝土灌注桩作为支护结构，它们的施工与工程桩施工相同。

3. 土层锚杆施工

锚杆的构造。基坑围护使用的锚杆大多是土层锚杆。基坑周围土层以主动滑动面为界，可分为稳定区与不稳定区。每根锚杆位于稳定区部分的为锚固段，位于不稳定区部分的为自由段。土层锚一般由锚头、拉杆与锚固体组成。

锚杆施工。土层锚杆施工包括钻孔、拉杆制作与安装、灌浆、张拉锁定等工序。施工前需做必要的准备工作。

钻孔、钻机的选择。旋转式钻机、冲击式钻机和旋转冲击式钻机均可用于土层锚杆的钻孔。具体选择何种钻机应根据钻孔孔径、孔深、土质及地下水情况而定。

国内目前使用的土层锚杆钻孔机具，一部分是土锚专用钻机，另一部分是经适当改装的常规地质钻机和工程钻机。专用锚杆钻机可用于各种土层，非专用钻机若不能带套管钻进，则只能用于不易塌孔的土层。

钻孔机具选定之后再根据土质条件选择造孔方法。常用的土锚造孔方法有以下两种。

螺旋钻孔作业法。由钻机的回转机构带动螺旋钻杆，在一定钻压和钻削下，将切削下的松动土体顺螺杆排出孔外。这种造孔方法宜用于地下水位以上的黏土、粉质黏土、沙土等土层。

压水钻进成孔法。土层锚杆施工多用压水钻进成孔法。其优点是，可一次完成钻孔过程中的钻进、出渣、固壁、清孔等工序，可防止塌孔，不留残土，软、硬土都适用。

应当注意，土层锚杆钻孔要求孔壁平直，不得坍塌松动，不得使用膨润土循环泥浆护壁，以免在孔壁形成泥皮，降低土体对锚固体的摩擦力。

在沙性土地层，孔位处于地下水位以下钻孔时，由于静水压力较大，水和沙会从外套管与预留孔之间的空隙向外涌出，一方面，会造成继续钻进困难；另一方面，水、沙石流失过多会造成地面沉降，从而造成危害。为此，必须采取防止涌水、涌沙措施，一般采用孔口上水装置，并快速钻进，快速接管，入岩后再冲洗。这样既能保证成孔质量，又能解决钻进过程中涌水、涌沙问题。同样在注浆时，也可采用高压稳压注浆法，用较稳定的高压水泥浆压住流沙和地下水，并在水泥浆中掺外加剂，使之速凝止水。拔外套管到最后两节时，可将压浆设备从高压快速挡调成低压慢速挡，并在浆液中调整外加剂，增加水泥浆稠度，待水泥浆把外套管与预留孔之间空隙封死，并使水泥浆呈初凝状态后，再拔出外套管。

钻孔的允许偏差。目前，国内对土层锚杆的钻孔允许偏差尚未做出统一规定。因此可以将英国对土层锚杆的有关规定作为参考：孔位允许误差 ±75mm；孔径可以大于但不得小于规定的直径；钻孔倾角允许误差 ±2.5°；孔长允许误差小于孔长的 1/30；下倾斜孔允许超钻 0.3 ～ 0.7m。

扩孔方法。为了提高锚杆的抗拔能力，往往采用扩孔方法扩大钻孔端头。扩孔有四种方法：机械扩孔、爆炸扩孔、水力扩孔以及压浆扩孔。目前国内多采用爆炸扩孔法与压浆扩孔法。扩孔锚杆的钻孔直径一般为 90 ～ 130mm，扩孔段直径一般为钻孔直径的 3 ～ 5 倍。扩孔锚杆主要用于松软地层。

拉杆制作及其安装。国内土层锚杆用的拉杆，承载力较小的多用粗钢筋，承载力较大的多用钢绞线。

拉杆的防腐处理。土层锚杆用的钢拉杆，加工前应先消除铁锈与油脂。在锚固段内的钢拉杆，靠孔内灌水泥浆或水泥砂浆，并留有足够厚度的保护层来防腐。在无腐蚀性物质环境中，这种保护层厚度不得小于 25mm；在有腐蚀性物质环境中，保护层厚度不得小于 30mm。非锚固段内的钢拉杆，应根据不同情况采取相应的防腐措施：在无腐蚀性土层中，使用期 6 个月以内的临时性锚杆，可不必做防腐处理，一次灌浆即可；使用期在 6 个月以上 2 年以内的，须经一般简单的防腐处理，如除锈后刷 2 ～ 3 道富锌漆或铅底漆等耐湿、耐久的防锈漆；对使用 2 年以上的锚杆，则须做认真的防腐处理，如除锈后涂防锈油膏，并套聚乙烯管，两端封闭，在锚固段与非锚固段交界处大约 20cm 范围内浇注热沥青，外包沥青纸以隔水。

拉杆制作。钢筋拉杆由一根或数根粗钢筋组合而成，如果为数根粗钢筋，则应绑扎或电焊连成一体。钢拉杆长度为设计长度加上张拉长度。为了将拉杆安置在钻孔中心，并防止入孔时搅动孔壁，应沿拉杆体全长行隔 1.5 ～ 2.5m 布设一个定位器。粗钢筋拉杆若过长，为了安装方便可分段制作，并采用套筒机械连接法或双面搭接焊法连接。若采用双面搭接焊法，则焊接长度不应小于 8d（d 为钢筋直径）。

注浆。钻孔注浆是土层锚杆施工的重要工序之一。注浆的目的是形成锚固段，并防止钢拉杆腐蚀。此外，压力注浆还能改善锚杆周围土体的力学性能，使锚杆具有更大的承载能力。

锚杆注浆用水泥砂浆，宜用强度等级不低于 42.5MPa 的普通硅酸盐水泥，其细骨料、含泥量、有害物质含量等均应符合相应规范的要求。注浆常用水灰比 0.40 ～ 0.45 的水泥浆，或灰砂比为 1∶1 ～ 1∶1.2、水灰比为 0.38 ～ 0.45 的水泥砂浆、必要时可加入一定量的外加剂或掺和料，以改善其施工性能以及与土体的黏结。锚杆注浆用水、水泥及其添加剂应注意氯化物与硫酸盐的含量，以防止对钢拉杆的腐蚀。注浆方法有一次注浆法和两次注浆法两种。

一次注浆法：用泥浆泵通过一根注浆管自孔底起开始注浆，待浆液流出孔口时，将孔口封堵，继续以 0.4 ～ 0.6MPa 的压力注浆，并稳压数分钟，注浆结束。

两次注浆法：锚孔内同时注入两根注浆管。注浆管可以用直径 20mm 镀锌铁管制成。两根注浆管分别用于一次注浆与二次注浆。一次注浆管的管底出口用黑胶布封住，以防沉放时管口进土。开始注浆时管底孔直径 50cm 左右，随一次浆注入，一次注浆管可逐步拔出，待一次浆量注完即予以回收。二次注浆用注浆管，管底出口封堵严密，从管端起向上沿锚固段全长每隔 1 ～ 2m 做一段花管，花管段用黑胶布封口。花管段长度及孔眼间距需要专门设计。一次注浆可注水泥浆或水泥砂浆，注浆压力为 0.3 ～ 0.5MPa。待一次浆初凝后，即可进行二次注浆。二次注浆压力为 2MPa 左右，要稳压 2min，二次注浆实为壁裂注浆。二次浆液冲破一次注浆体，沿锚固体与土的界面，向土体挤压使壁裂扩散，使得锚固体直径加大，径向压力也增大，周围一定范围内土体密度及抗压强度均有不同程度增加。因此，二次注浆可显著提高土锚的承载能力。

张拉和锁定。土层锚杆灌浆后，预应力锚杆还须张拉锁定。张拉锁定作业在铺固体及台座的混凝土强度在 15MPa 以上时进行。在正式张拉前，应取设计拉力值的 0.1 ～ 0.2 倍预拉一次，使其各部位接触紧密，杆体完全平直。对于永久性锚杆，钢拉杆的张拉控制应力不应超过拉杆材料强度标准值的 0.6 倍；对于临时性锚杆，不应超过 0.65 倍。钢拉杆张拉至设计拉力的 1.1 ～ 1.2 倍，并维持 10min（在沙土中）或者 15min（在黏土中），然后卸载至锁定荷载予以锁定。

在土层锚杆工程中，试验是必不可少的。因为决定土层锚杆承载能力的因素有很多，诸如土层性状、材料性质、施工因素等，而目前的理论还不能全面考虑这些因素，因此，无法精确计算土层锚杆的承载力。试验的主要目的是确定在其土体中的抗拔能力，以此验证土层锚杆设计及施工工艺的合理性，或检查土层锚杆的质量。

二、降水与排水技术

降水与排水的常用方法有明沟排水法和人工降低地下水位法，现分述如下。

（一）明沟排水法

明沟排水法，系在开挖基坑的一侧、两侧或四侧，或在基坑中部设置排水明（边）沟，在四角或每隔 20 ～ 30m 设一口集水井，使地下水流汇集于集水井内，再用水泵将地下水排出基坑外。

排水沟、集水井应在挖至地下水位以前设置，并应设在基础轮廓线以外，排水沟边缘应离开坡角不小于 0.3m。排水沟深度应始终保持比挖土面低 0.4 ～ 0.5m；集水井应比排水沟低 0.5 ～ 1.0m，或深于抽水泵进水阀的高度，并随基坑的挖深而加深，保持水流畅通，地下水位低于开挖基坑底 0.5m。一侧设排水沟，应设在地下水的上游。一般小面积基坑排水沟深 0.3 ～ 0.6m，底宽应不小于 0.2 ～ 0.3m，水沟的边坡为 1.1 ～ 1.5m，沟底设有 0.2% ～ 0.5% 的纵坡，以使水流不致阻塞。较大面积基坑排水，集水井截面为 0.6m × 0.6m ～ 0.8m × 0.8m，井壁用竹笼、钢筋笼或木方、木板支撑加固。至基底以下井底应填充 20cm 厚碎石或卵石，水泵抽水龙头应包以滤网，防止泥沙进入水泵。抽水应连续进行，直至基础施工完毕，回填土后再停止。如对于渗水性强的土层，水泵出水管口应远离基坑，以防抽出的水再渗回坑内；另外，抽水时可能使邻近基坑的水位相应降低，可利用这一条件，同时安排数个基坑一起施工。

本法施工方便，设备简单，管理维护较易，应用最为广泛，通用于土质情况较好、地下水不旺的一般基础及中等面积基础群和建（构）筑物基坑（槽、沟）的排水。

（二）人工降低地下水位法

深基础或深的构筑物施工，在地下水位以下含水丰富的土层开挖大面积基础时，采用一般的明沟方法排水，常会遇到大量地下涌水，难以排干。当遇粉、细沙层时，还会出现严重的翻浆、冒泥、流沙现象，使基坑无法挖深，而且会造成大量水土流失，使边坡失稳或附近地面出现塌陷，严重影响邻近建筑物的安全。

因此，一般应采用人工降低地下水位方法施工。人工降低地下水位常用的方法为各种井点排水法，它是在基坑开挖前，沿开挖基坑的四周，或一侧、两侧，埋设一定数量深于坑底的井点滤水管或管井，以总管连接或直接与抽水设备连接从中抽水，使地下水位降落到基坑底 0.5 ～ 1.0m，以便在无水干燥的条件下开挖土方和进行基础施工。现以轻型井点排水法为例进行说明。

1. 主要机具设备

轻型井点系统主要机具设备由井点管、连接管、集水总管及抽水设备等组成。

井点管。直径 38 ～ 55mm 的钢管（或镀锌钢管），长度 5 ～ 7m，管下端配有滤管和管尖。滤管直径常与井点管相同，长度不小于含水层厚度的 2/3，一般为 0.9 ～ 1.7m。管壁上呈梅花形钻直径为 10 ～ 18mm 的孔，管壁外包两层滤网，内层为细滤网，采用网眼 30 ～ 50 孔 /cm^2 的黄铜丝布、生丝布或尼龙丝布；外层为粗滤网，采用网眼 3 ～ 10 孔 /cm^2 的铁丝布或尼龙丝布或棕皮。为避免滤孔淤塞，在管壁与滤网间用铁丝绕成螺旋状隔开，漏网外面再围一层 8 号粗铁丝保护层。滤管下端放一个锥形的铸铁头。井点管的上端用弯管与总管相连。

连接管与集水总管。连接管用塑料透明管、胶皮管或钢管制成，直径为 38 ～ 55mm。每个连接管均宜装设阀门，以便检修井点。集水总管一般用直径为 75 ～ 100mm 的钢管分节连接，每节长 4m，一般每隔 0.8 ～ 1.6m 设一个连接井点管的接头。

抽水设备。轻型井点根据抽水机组类型不同，分为真空泵轻型井点、射流泵轻型井点和隔膜泵轻型井点三种。真空泵轻型井点设备由一台真空泵、两台离心式水泵（一台备用）和一台气水分离器组成。这种设备形成真空度高（67 ～ 80kPa）、带井点数多（60 ～ 70 根）、降水深度较大（5.5 ～ 6.0m），但设备较复杂，易出故障，维修管理困难，耗电量大，适用于重要的较大规模工程降水。射流泵轻型井点设备由离心水泵、射流器（射流泵）、水箱等组成，系由高压水泵供给工作用水，经射流泵后产生真空，引射地下水流；设备构造简单，易于加工制造，效率较高，降水深度较大（可达 9m），操作维修方便，经久耐用，耗能少，费用低，应用广。隔膜泵轻型井点分真空型、压力型和真空压力型三种。前两者由真空泵、隔膜泵、气液分离器等组成；真空压力型隔膜泵则兼有前两种特性，可一机代二机，设备也比较简单，易于操作维修，耗能较少，费用较低，但形成真空度低（56 ～ 64kPa），所带井点较少（20 ～ 30 根），降水深度为 4.7 ～ 5.1m，适用于降水深度不大的一般性工程。

2. 轻型井点施工

井点布置。井点布置根据基坑平面形状与大小、地质和水文情况、工程性质等而定。当基坑（槽）宽度小于6m，且降水深度不超过6m时，可采用单排井点，布置在地下水上游一侧；当基坑（槽）宽度大于6m或土质不良，渗水系数较大时，宜采用双排井点，布置在基坑（槽）的两侧；当基坑面积较大时，宜采用环形井点；挖土运输设备出入道可封闭，间距可达4m，一般留在地下水下游方向。井点管距坑壁不应小于1m，距离太小，易漏气，大大增加了井点数量。间距一般为0.8～1.6m，最大可达2m。集水总管标高宜尽量接近地下水位线，并沿抽水水流方向有0.25%～0.5%的上仰坡度，水泵轴心与总管齐平。

一套抽水设备的总管长度一般不大于120m。当主管过长时，可采用多套抽水设备。井点系统可以分段，各段长度应大致相等，宜在拐角处分段，以减少弯头数量，提高抽吸能力；分段宜设阀门，以免管内水流紊乱，影响降水效果。

真空泵连接井点造成的真空度，理论上为760m水银柱（101.3kPa），相当于10.3m水头高度，但由于管道接头漏气、土层漏气等原因，真空度只能维持在53.3～66.6kPa，相应的吸程高度为5.5～6.5m。当所需水位降低值超过6m时，一级轻型井点不能满足降水深度要求，一般应采用明沟排水与井点相结合的方法，将总管安装在原有地下水位线以下，或采用二级轻型井点排水（降水深度可达10m），即先将第一级井点排干的土挖至二级井点标高处，然后再在坑内布置埋设第二级井点，以增加降水深度，最后挖土至施工要求的标高。抽水设备宜布置在地下水的上游，并设在总管的中部。

井点施工工艺程序。放线定位→铺设总管→冲孔→安装井点管→填沙砾滤料→上部填黏土密封→用弯联管将井点管与总管接通→安装抽水设备与总管连通→安装集水箱和排水管→开动真空泵排气，再开动离心水泵抽水→测量观测井中地下水变化。

井点管埋设。井点管埋设可根据土质情况、场地和施工条件，选择适用的成孔机具和方法，其工艺方法基本都是用高压水枪冲刷土体，用冲管扰动土壤助冲，将土层冲成圆孔后埋设井点管，只是冲管构造有所不同。

所有井点管在地面以下0.5～1.0m的深度，用黏土填实，以防漏气。井点管埋设完毕，将总管与抽水设备连通，接头应严密，并进行试抽水，检查有无漏气、淤塞等情况，出水是否正常，如有异常情况，则检修后方可使用。

井点管使用。使用井点管时，应保持连续不断地抽水，并备有双电源，以防断电。一般在抽水 3 ～ 5 天后水位下降，漏斗基本趋于稳定。正常出水规律是“先大后小，先浑后清”，如不上水，或水一直较浑，或出现清后又浑等情况，应立即检查纠正。真空度是判断井点系统良好与否的尺度，应经常观测，一般应不低于 55.3 ～ 66.7kPa，如真空度不够，通常是由于管路漏气引起，应及时修好。井点管淤塞，可通过听管内水流声，手扶管壁感受振动，夏冬期手摸管子冷热、潮干等简便方法进行检查。如井点管淤塞太多，严重影响降水效果时，应逐个用高压水枪反复冲洗井点管或拔出重新埋设。

地下构筑物竣工并回填土后，方可拆除井点系统，拔出可借助于倒链成杠杆式起重机，所留孔洞用沙或土堵塞。对地基有防渗要求时，地面下 2m 应用黏土填实。井点水位降低时，应对水位降低区域内的建筑物进行沉陷观测，发现沉陷或水平位移过大时，应及时采取防护技术措施。

3. 轻型井点计算

轻型井点计算的主要内容包括：根据确定的井点系统的平面和竖向布置图计算单井井点涌水量和群井（井点系统）涌水量，计算确定井点管数量与间距，校核水位降低数值，选择抽水设备，确定抽水系统（抽水机组、管路等）的类型、规格和数量，以及进行井点管的布置等。由于井点计算受水文地质和井点设备等多种因素的影响，计算的结果只是近似的，对重要工程的计算结果应通过现场试验进行修正。

第二节　地基处理

一、特殊土地基的工程性质及处理原则

（一）饱和淤泥土

工程上将淤泥和淤泥质土称为软土。软土是以黏粒为主的土，是在静水或非常缓慢的流水环境中沉积而成的。软土含水量大，压缩性高，透水性小，承载力低，呈软塑、流塑状态，多分布在我国东南沿海、沿江和湖泊地区。软土中分布

量大、面广的是淤泥类土，它属于低强度、高压缩性的有机土，是事故多发、难以处理的地基土。其工程性质如下。①

压缩性高，沉降量大。据对建在淤泥类土上的砖石结构统计，二层民用房屋沉降幅度为 15 ～ 30cm，四层为 25 ～ 60cm，五层以上多超过 60cm，以福州、中山、宁波、新港、温州等地沉降最大。这些地区四层房屋下沉超过 50cm，有的在 60cm 以上。沉降大的原因：一是孔隙比大，压缩性高；二是淤泥土层厚。因此淤泥土地区，上部结构存在高差、平面形状复杂的房屋因沉降差异发生开裂的甚多。

由黏粒、粉粒构成，黏粒含量最高，且含有有机质，渗透性低，使土的固结时间很长，房屋沉降稳定，历时达数年至数十年。按正常的施工速度，超过两层的房屋，施工期间沉降占总沉降的 20% ～ 30%，其余的沉降可延长 20 年以上。在新开发区修筑道路时，可发现道路填土过多造成路基不均与下沉现象。由于不均匀下沉造成人行道路面脱空开裂，虽经修复但仍难以复原，其原因在于填土引起的沉降需要较长时间才能稳定。

快速加荷可引起大量下沉、倾斜及倾倒。饱和淤泥类土的承载力与加荷排水条件关系甚大。加荷速率过快，土中水不能排出，将引起土中孔隙水压增强，当外荷超过允许承载力 50% 时，地基中出现塑性变形，大量土处于流塑状态，向外挤出，引起基础下沉，严重者地基失稳。加拿大特朗斯康谷仓交付使用后不久倾倒，下沉 880cm，就是著名的例子。地理作用属瞬间周期性水平荷载，它直接增加了地基中的剪应力。在瞬间加荷情况下，土中水立即出现高孔隙水压，随即产生土的塑性挤出，其地基工作状态与快速增加垂直静载完全相同。例如，唐山大地震期间，新港、汉沽等高烈度地区出现了大量建筑物震沉现象，二层住宅平均下沉 18cm，四层住宅平均下沉 25.1cm，均伴有倾斜。

土的抗剪强度很低，易滑坡。饱和扰动的淤泥强度接近于零。饱和结构性淤泥土的强度决定于黏聚力值，在 10 ～ 20kPa。所以地基的允许承载力最高为 100kPa，低者为 30 ～ 40kPa。软土边坡的稳定坡度值很低，只有 1∶5（坡高与坡长之比），地震时为 1∶10，降水后有所提高，但预压后，地基承载力可提高 1 倍。

（二）杂填土

杂填土由堆积物组成，一般为含有建筑垃圾、工业废料、生活垃圾、弃土等

① 廖正环．公路施工技术与管理 [M]. 北京：人民交通出版社，2006.

杂物的填土。杂填土下多为形状不规则的池塘、洼地。堆积物的成分、堆积时间、地点等极无规律，且有些堆积物与水、塘泥混杂。发现杂填土也很不容易，有些在勘查阶段发现，有些在开挖基坑时发现，也有些则在事故出现后才发现。

杂填土堆积时未经人工控制和处理，成分复杂，均匀性差；堆积时间各异；粗骨料较多，经过多年堆积及雨淋渗流作用，有的较密实，有的含有不规则空洞；渗透系数一般较大，动力夯击一般不会出现橡皮土现象。因此，杂填土是压缩性极不均匀，强度差异很大，部分为高压缩性的软弱地基土，但不能和软土混为一谈。杂填土未经处理，不得做地基，必须慎重对待。

（三）湿陷性黄土

湿陷性黄土是一种特殊的黏性土，浸水便会产生湿陷，使地基出现大面积或局部下沉，造成房屋损坏。它广泛分布于我国的河南、河北、山东、山西、陕西等地区。其工程性质如下。

具有大孔结构，孔隙比为 1，孔隙率为 45%，粉粒含量占 60% 以上；天然含水量接近塑限。含有大量可溶性盐类。可溶性盐类遇水浸湿后溶解，使得土粒结构被破坏，迅速产生沉陷，土体强度大幅度降低，在自重压力或附加压力作用下，产生压密下沉。

（四）膨胀土

膨胀土是一种黏粒成分，主要由亲水性矿物组成，是具有较大胀缩的高塑性黏土。它强度较高，压缩性很差，具有吸水膨胀、失水收缩和反复胀缩变形的特点，性质极不稳定，故又称为胀缩性土。膨胀土主要分布于我国湖北、广西、云南、安徽、河南等地。膨胀土的工程特性主要表现如下。

膨胀土在天然状态下呈坚硬或硬塑状态，裂隙中多充填有灰绿、灰白色黏土，裂面有蜡样光泽，可观察到土体相对移动的擦痕，自然坡度平缓，浅层滑坡发育，基坑坑壁在旱季易出现干裂，遇雨则崩塌。

土质极不均匀，常伴有非膨胀土。主要黏粒矿物为具有很强吸附能力的蒙脱石。由于蒙脱石含量有差别，因此它吸水膨胀的能力也有较大差别。同时，膨胀土具有结构性、不透水性，在长期浸泡下，表层 20cm 以上浸水软化，形成不透水层。沿着裂隙流动的水，常滞留在基岩岩面形成软弱层面。当岩面倾斜时，土体顺岩面滑动，会出现罕见的平坦地形土体水平位移的现象。

膨胀土上的低层房屋常成群开裂，这是由重量轻，基础浅埋，易受胀缩影响所致。随着层数增加，开裂现象减少，四层以上基本完好。裂缝以倒八字为主，其次为交叉裂缝、水平裂缝。外墙多下沉外倾，内墙斜裂缝比较普遍，随着季节性循环，裂缝加宽、加多，直至破坏。

地坪鼓裂脱空，散水滑移比较普遍。有热源处地面下沉，未经处理的道路路面常出现纵向裂缝。

膨胀土地区的地下水多为上层滞水和裂隙水，随季节性气候变化，土中水分发生剧烈变化引起地基不均匀胀开或闭合。土的胀缩使底层或上升或下降，从而损坏房屋。

二、特殊土地基的处理方法

在特殊土地基上建造建（构）筑物时，由于这类地基土强度低，压缩性高，易引起上部结构开裂或倾斜，一般都需要进行地基处理。施工中应按照上部结构对地基的要求，对地基进行必要的加固或改良，提高地基土的承载力，保证地基稳定，减少沉降。地基处理的方法甚多，且仍在不断地涌现和完善。现介绍几种常见的处理方法。

（一）灰土垫层

灰土垫层是采用石灰和黏性土拌和均匀后，分层夯实而成。石灰与土的配合比一般采用体积比，比例为 2∶8 或 3∶7，其承载能力可达到 300kPa，适合于地下水位较低、基槽经常处于较干状态下的一般黏性土地基的加固。本施工方法简便，取材容易，费用较低。

材料要求。灰土中的土料可采用基坑中挖出的原土，也可用有机质含量不大的黏性土，不宜采用表面耕植土。土粒应先过筛，粒径不宜大于 15mm。灰土中的生石灰必须在使用前一天用清水充分粉化并过筛，其粒径不得大于 5mm，不得掺有未熟化的生石灰，也不得含有过多水分。

施工要点。施工前应验槽，将积水、淤泥清净，夯实两遍，待其干燥后方可铺灰土。

灰土施工时，应适当控制其含水量，以用手紧握土料成团，指轻捏能碎为宜，如土料水分过多或不足时可以晾干或洒水润湿。应拌和均匀，颜色一致，拌好后及时铺好夯实。内槽（坑）铺土应分层进行，壁上预设标志控制。

每层灰土应夯打遍数，根据设计要求的干密度在现场试验确定。一般夯打（或碾压）不少于四遍。

灰土分段施工时，不得在墙角、柱墩及承重窗间墙下接缝，上下相邻两层灰土的接缝间距不得小于0.5m，接缝处的灰土应充分夯实。当灰土垫层地基高度不同时，应做成阶梯形，每阶宽度不少于0.5m。

在地下水位以下的基槽、坑内施工时，应采取排水措施，在无水状态下施工。入槽的灰土，不得隔口夯打。夯实后的灰土两天内不得受水浸泡。

灰土打完后，应及时进行基础施工，并及时回填土，否则就要做相应遮盖，防止日晒雨淋。刚打完毕或尚未夯实的灰土，如遭受雨淋浸泡，则应将积水及松软灰土除去并补填夯实；受浸泡的灰土，应在晾干后再使用。

冬季施工时，不得采用冻土或拌有冻土的土料，并应采取有效的防冻措施。

质量检查可用环刀法取样，测定其干密度。质量标准可按压实系数λ（即施工时实际达到的干密度与其最大的干密度之比）鉴定，一般为0.93～0.95。

（二）砂垫层和砂石垫层

当地基土较软时，常将基础下面一定厚度的软土层清除，用砂或砂石垫层来代替，以起到提高基础土地基承载力，减少沉降，加速软土层排水固结的作用。一般用于具有一定透水性的黏土地基加固，但不用于湿陷性黄土地基和不透水的黏性土地基的加固，以免引起地基大量下沉，降低其承载力。

材料要求。砂垫层、砂石垫层宜用颗粒级配良好、质地坚硬的中粗砂、卵石和碎石；也可以采用细砂，但宜掺入一定数量的卵石或碎石，其掺入量按设计规定（含石量不超50%）。此外，石屑、工业废料等，经过试验合格后亦可作为垫层的材料。兼起排水固结作用的垫层材料含泥量不宜超过3%，碎石或卵石粒径不宜大于50mm。

施工要点。施工前应验槽，先将浮土清除，基槽（坑）的边坡必须稳定，槽底和两侧如有孔洞、沟、井和墓穴等，应在未做垫层前加以处理。

人工级配的砂、石材料，应按级配拌和均匀，再行铺填捣实。

砂垫层和砂石垫层的底面宜铺设在同一标高上，如深度不同时，施工应按先深后浅的程序进行。上面应挖成台阶或斜坡搭接，搭接处应注意捣实。

分段施工时，接头应做成斜坡，每层错开0.5～1.0m，并充分捣实。

采用砂石垫层时，为防止基坑底面的表层软土发生局部破坏，应在基坑底部及四侧先铺一层砂，然后再铺一层碎石垫层。

冬季施工时，不得采用夹有冰块的砂石做垫层，并应采取措施防止砂石内水分冻结。

质量检查。在捣实后的砂垫层中，用容积不小于 200cm^2 的环刀取样，测定其干密度，以不小于通过试验所确定的该砂料在中密状态时的干密度数值为合格。如系砂石垫层，可在垫层中设置纯砂检查点，在同样施工条件下取样检查。中砂在中密状态的干密度一般为 1.55 ～ 1.60g/cm^3。

（三）碎砖二合土垫层

碎砖二合土垫层是用石灰、砂、碎砖（石）和水搅拌均匀后，分层铺设夯实而成。配合比应按设计规定，一般用 1∶2∶4 或 1∶3∶6（消石灰∶砂性或黏性土∶碎砖∶体积比）。碎砖粒径为 20 ～ 60mm，不得含有杂质；砂性黏性土中不得含有草根、贝壳等有机物；石灰用未粉化的生石灰块，使用时临时加水化开。施工时，按体积量好材料，倒在拌和板上浇水拌匀，然后用铁锹铲入基槽中。

（四）强夯法

强夯法适用于碎石土、砂土、低饱和度的黏性土、粉土以及湿陷性黄土等地基的深层加固。地基经强夯加固后，承载能力提高 2 ～ 5 倍，压缩性可降低 200% ～ 1000%，其影响深度在 10m 以上，且这种施工方法具有施工简单、速度快、节省材料、效果好等优点，因而受到工程界的广泛重视，但强夯所产生的振动和噪声很大，对周围建筑物和其他设施有影响，在城市中心不宜采用，必要时应采取挖防震沟等防震措施。

（五）灰土挤密桩

灰土挤密桩是以振动或冲击的方法成孔，然后在孔中填以 2∶8 或 3∶7 灰土并夯实而成，适用于处理松软沙类土、素填土、杂填土、湿陷性黄土等。将土挤密或消除湿陷性后的效果是显著的，处理后，地基承载力可提高 1 倍以上，同时具有节省大量土方，降低造价 70% ～ 80%，施工简便等优点。

材料及构造要求。桩身直径一般为 300 ~ 450mm，深度为 4 ~ 10m，平面多呈等边三角形布置。桩距（D）按有效挤密范围，一般取 2.5 ~ 3.0 倍桩直径，排距为 0.866D；地基的挤密面积应每边超出基础宽 0.2 倍；桩顶一般设 0.5 ~ 0.8m 厚的灰土垫层；石灰应充分熟化并过筛，土应采用基底原状土，并粉碎过筛，拌和时，比例要控制准确，湿度适宜，拌和均匀。

施工要点。施工前应在现场进行成孔、夯填工艺和挤密效果试验，以确定分层填料厚度、夯击次数和夯实后干密度等要求。

灰土的土料和石灰质量要求及配制工艺要求同灰土垫层。填料的含水量超出或低于最佳值 3% 时，宜进行晾干或洒水润湿。

桩施工一般先将基坑挖好，预留 20 ～ 30cm 土层，然后在坑内施工灰土桩，基础施工前再将已搅动的土层挖去。

桩的施工顺序应先外排后里排，同排内应间隔一两个孔，以免因振动挤压造成相邻孔产生缩孔或坍孔。成孔达到要求深度后，应立即夯填灰土，填孔前应先清底夯实、夯平。夯击次数不少于 8 次。

桩孔内灰土应分层回填夯实，每层厚 350 ～ 400mm，夯实可用人工或简易机械进行，桩顶应高出设计标高约 150mm，挖土时应将高出部分铲除。

如孔底出现饱和软弱土层时，可加大成孔间距，以防由于振动而造成已打好的桩孔内挤塞；当孔底有地下水流入时，可井点抽水后再回填灰土或向桩孔内填入一定数量的干砖渣和石灰，经夯实后再分层填入灰土。

（六）砂桩

材料和构造要求。砂可用天然级配的中砂、粗砂或其他有良好渗水性的代用材料，粒径以 0.3 ～ 3mm 为宜，含泥量不大于 5%。构造上要求砂桩直径一般为 220 ～ 320mm，最大可达 700mm，间距宜为 1.8 ～ 4.0 倍桩径，桩深度应达到压缩层下限处。如在压缩层范围内有密实的下层，则只加固软土层部分。砂桩布置宜呈梅花形。最外排砂桩桩轴线至基础边缘距离应不小于 1.5 倍砂桩直径或 1/10 砂桩有效长度，以防止基土塑性变形或减轻冻胀的影响。在加固饱和软土地基时，桩顶应设一层厚度不小于 200mm 的砂垫层，布满整个基底，以起到扩散应力和排水的作用。

施工要点。打砂桩时地基表面会产生松动或隆起，在底标高以上宜预留 0.5 ～ 1.0m 的土层，待打完桩后再将预留土层挖至设计标高。若仍不够密实，可再辅以人工夯实或机械压实。

砂桩的施工顺序应从外围或两侧向中间进行。如砂桩间距较大，亦可逐排进行。

打砂桩通常用振动沉桩机将带活瓣桩尖、与砂桩同直径的钢桩管沉下、灌砂、振动拔管。振动力以 30 ～ 70kN 为宜，不应过大，避免过分扰动软土。拔管速度应控制在 1 ～ 1.5m/min，以免中断、颈缩，造成事故。对特别软弱土层亦可进行二次沉管灌砂，形成扩大砂桩。

灌砂时，砂的含水量应加以控制，对饱和水的土层，砂可呈饱和状态，亦可用水冲法灌砂；对非饱和水的土、杂填土或能形成直立的桩孔孔壁的土层，含水量可在 7% ～ 9%。

砂桩的灌砂量应按桩孔的体积和砂在中密状态时的干土密度计算（一般取 2 倍桩管入土体积），其实际灌砂量（不包括水重）不得少于计算结果的 95%，如发现砂量不够或砂桩中断等情况，可在原位进行复打灌砂。

（七）砂垫层

桩顶铺设砂垫层。先在砂垫层上分期加荷预压，使土中孔隙水不断通过砂井上升至砂垫层，排出地表，确保在公路施工之前，地基土大部分先期排水固结，减少路面沉降，提高地基的稳定性。这种方法具有固结速度快、施工工艺简单、效果好等优点，应用最广。

材料和构造要求。砂宜用中砂、粗砂，含泥量不宜大于 3% ：砂垫层上部反滤层用 5 ～ 20mm 粒径卵石。砂井的直径一般为 300 ～ 500mm，间距为 7 ～ 8 倍砂井直径，袋装砂井直径一般为 70 ～ 120m，间距为 1.2 ～ 1.5m ；砂井在整个建筑场地上按梅花形均匀布置，最外排砂井轴线到基础外边的距离应不小于 1.5d（d 为砂井直径）或砂井深度的 10%。砂井深度视土层具体情况而定，当土层较浅时，则砂井贯穿整个软土层较好；当压缩层范围有粉砂土层或含砂量较大的土层时，在满足变形条件的情况下，砂井深度取到该类土层即可。当压缩层范围内有黏土类土层时，该土层本身也需要砂层排水固结，故砂井深度也宜达到该土层。砂垫层的评价范围与砂井范围相同。为了使砂垫层在沉降后不被切断，砂垫层的厚度应比预计基础沉降量厚 0.3 ～ 0.5m。砂垫层宜做成反向过滤式，周围设排水管井，以便排水。

施工要点。砂井，施工机具、方法与打砂桩相同。当采用袋装砂井时，砂袋应选用透水性好、韧性强的麻布、聚丙烯编织布制作。在桩管沉到预定深度后插入砂袋，把砂袋的上口固定到装砂用的漏斗上，通过振动将砂子填入袋中并密实；待砂装满后，卸下砂袋扎紧袋口，拧紧套管上盖，拔出套管，此时袋口应高出孔口 500mm，以便埋入地基中。如果砂袋没有露出那么多，说明袋中还没有装满砂子，就要拔出重新施工。反之，如果砂袋露出过多，说明砂袋已被套管带起来，也应重新施工。

砂井预压加荷物一般采用土、砂、石或水。加荷方式有两种：一是在建筑物正式施工前，在建筑物范围内堆载，待沉降基本完成后再把堆载卸走，再进行上部结构施工；二是利用建筑物自身的重量，更加直接、简便、经济，不用卸载，每平方米所加荷量已接近设计荷载。亦可用设计标准荷载的 120% 为预压荷载，以加速排水固结。

地基预压前，应设置垂直沉降观测点、水平位移观测桩、测斜仪及孔隙水压计。预压加载应分期、分级进行。加荷时应严格控制加荷速度。控制方法是每天测定边桩的水平位移与垂直升降和孔隙水压力等。地面沉降速率不宜超过 10mm/d，边桩水平位移宜控制在 3 ～ 5mm/d，边桩垂直上升不宜超过 2mm/d。若超过上述规定数值，应停止加荷或减荷，待稳定后再加荷或减荷。

加荷预压时间按设计规定，一般为 6 个月，但不宜少于 3 个月。同时，待地基平均沉降速率减至大于 2mm/d 时，方可开始分期、分级卸荷，但应继续观测地基沉降和回弹情况。

（八）振冲地基

施工机具设备。机具设备主要有振冲器、起重机械、水泵及供水管道、加料设备和控制设备等。振冲器为类似插入式混凝土振捣器的设备。

起重设备采用 80 ～ 150kN 履带式起重机或自制起重机具，水泵要求流量 20 ～ 30mm/h，水压 0.6 ～ 0.8N/mm^2。控制设备包括控制电流操作台、150A 电流表、500V 电压表以及供水管道、加料设备等。

施工要点。施工前应先进行振冲试验，以确定其成孔施工合适的水压、水量、成孔速度及填料方法，以及达到土体密实度时的密实电流值和留振时间等。

成孔后应立即往孔内加料，将振冲器沉入孔内的填料中进行振密处理，至密实电流值达到规定值为止。进行提出振冲器、加料、沉入振冲器、振密等操作，反复进行直至桩顶，每次加料的高度为 0.5 ～ 0.8m。在砂性土中制桩时，亦可采用边振边加料的方法。

在振密过程中以小水量喷水补给，以降低孔内泥浆密度，有利于填料下沉，便于振捣密实。

质量控制。每根桩的填料总量和密实度必须符合设计要求或施工规范规定：直径达 0.8m 以上时，一般每米桩体所需碎石量为 0.6 ～ $0.7m^3$；桩顶中心位移不得大于 d/5（d 为桩径）；待桩完成半个月（砂土）或一个月（黏性土）后，方可进行荷载试验，用标准贯入、静力触探及土工试验等方法检验桩的承载力，以不小于设计要求的数值为合格。

（九）深层搅拌法

机具及材料要求。机具设备包括深层搅拌机、水泥制配系统、起重机、导向设备及提升速度控制设备等。深层搅拌法加固软土的水泥用量一般为固体重的 7% ～ 15%，每加固 $1m^2$ 土体掺入水泥 110 ～ 160kg；如用水泥砂浆做固化剂，其配合比为 1 :（1 ～ 2）（水泥 : 沙）。为增强流动性，可掺入水泥质量 0.2 ～ 0.5 倍的冰质素磺酸钙、1% 的硫酸钠和 2% 的石膏，水灰比为 0.43 ～ 0.50。

施工要点。深层搅拌法的施工过程是：深层搅拌机定位→预搅下沉→制配水泥浆→提升井浆搅拌→重复上、下搅拌清洗→移至下一根桩位。重复以上工序。

施工时，先将深层搅拌机用钢丝绳吊挂在起重机上，用输浆胶管将贮料罐、砂浆泵同深层搅拌机接通，开动电机，搅拌机叶片相向而转，借设备自重，以 0.38 ～ 0.75m/min 的速度沉至要求加固深度，再以 0.3 ～ 0.75m/min 的均匀速度提升搅拌机。与此同时，开动砂浆泵，将砂浆搅拌机中心管不断压入土中，由搅拌机叶片将水泥浆与深层处的软土搅拌，边搅拌边喷浆，直至提至地面，即完成一次搅拌过程。用同样的方法再一次重复搅拌下沉和重复搅拌喷浆上升，即完成一根柱状加固体；外形呈“8”字形，一根接一根搭接，即呈壁状加固体。几个壁状加固体连成一片即成块体。

施工中要控制搅拌机的提升速度，使之连续匀速，以控制注浆量，保证搅拌均匀。应用管道应每天加固以备再用。施工完毕应用水清洗贮料罐、砂浆泵、深层搅拌机及相关设备。

第三节　桩基础工程施工

一、钢筋混凝土预制桩施工

钢筋混凝土预制桩能承受较大荷载，坚固耐久，施工速度快，但对周围环境影响较大，是我国广泛应用的桩型之一。常用的为钢筋混凝土方形实心断面桩和圆柱体空心断面桩，预应力混凝土桩正在推广应用。钢筋混凝土方桩的断面尺寸多为 250 ~ 550mm。单根桩或多节桩的单节长度，应根据桩架高度、制作场地、道路运输和装卸能力而定。多节桩如用电焊或法兰接桩时，节点的竖向位置应避开土层中的硬土层。如在工厂预制，长度不宜超过 12m；如在现场预制，长度不宜超过 30m。混凝土强度等级不宜低于 C30，桩身配筋率不宜小于 0.8%，压入桩不宜小于 0.5%，纵向钢筋直径不宜小于 14mm。桩身宽度或直径应大于或等于 350mm，纵向钢筋不宜少于 8 根，桩的接头不宜超过 2 个。①

（一）钢筋混凝土预制桩的制作、起吊、运输和堆放

钢筋混凝土预制桩多数在打桩现场或附近就地制作，为节省场地，现场预制桩多为叠浇法施工，重叠层数不宜超过四层。桩与桩间应做好隔离层，上层桩或邻桩的浇筑必须在下层桩或邻桩的混凝土达到设计湿度的 30% 以后进行。预制场地应平整、坚实，并防止浸水沉陷，以确保桩身平直。钢筋骨架的主筋连接宜用对焊法。同一根钢筋的接头距离应大于 30d，并不小于 500mm。同一截面内的接头数不得超过 50%。钢筋骨架及桩身尺寸的允许偏差不得超出规定，否则桩易打坏。

预制桩的混凝土常用 C30 ～ C40 混凝土，应由桩顶向桩尖连续浇筑捣实，一次完成。制作完后，应洒水养护不少于 7 天。混凝土粗骨料尺寸宜为 5 ～ 40mm。桩的混凝土达到设计强度的 70% 方可起吊，达到 100% 方可运输和打桩。桩在起吊和搬运时，吊点应符合设计规定。

起吊时应平稳提升，吊点同时离地。如要长距离运输，可采用平板拖车或轻

① 林立宽 . 公路工程施工技术研究 [M]. 长春：吉林科学技术出版社，2021.

轨平板车运输。

桩堆放时，地面必须平整、坚实，垫木间距应根据吊点确定，各层垫木应位于同一垂直线上，最下层垫木应适当加宽，堆放层数不宜超过四层。不同规格的桩应分别堆放。

（二）钢筋混凝土预制桩的沉桩

钢筋混凝土预制桩的沉桩方法有锤击法、静力压桩法等。

1. 锤击法

锤击法是利用桩锤的冲击能克服土对桩的阻力，使桩沉到预定深度或达到持力层。该法施工速度快，机械化程度高，适用范围广，但施工时有振动、挤土、噪声和污染现象，不宜在市中心和夜间施工。

打桩设备包括桩锤、桩架和动力装置。桩锤是对桩施加冲击力，将桩打入土中的主要机具。桩架是支持桩身和桩锤，将桩吊到打桩位置，并在打桩过程中引导桩的方向，保证桩沿着所要求方向冲击的打桩设备。动力装置取决于所选的桩锤。当选用蒸汽锤时，则需配备蒸汽锅炉和卷扬机。

桩锤。桩锤主要有落锤、柴油锤、蒸汽锤和液压锤几种。

落锤构造简中，使用方便，能随意调整其落锤高度，适合在普通黏土和含砾石较多的土层中打桩，一般用卷扬机拉升施打，但落锤生产效率低，对桩的损伤较大。锤重一般为 0.5 ～ 1.5t，重型锤可达几吨。

柴油锤利用燃油推动活塞往复运动进行锤击打桩，设备轻便，打桩迅速，每分钟可锤击 40 ～ 80 次，可用于打大型混凝土桩和钢管桩等，是目前应用较广的一种桩锤。柴油锤分导杆式和筒式两种，锤重 0.6 ～ 6.0t。

蒸汽锤利用蒸汽的动力进行锤击。根据其工作情况又可分为单动式汽锤与双动式汽锤。单动式汽锤冲击力较大，可以打各种桩，锤重 3.0 ～ 10t，每分钟锤击次数为 25 ～ 30 次。双动式汽锤打桩速度快，冲击频率高，每分钟锤击次数为 100 ～ 120 次，适合打各种桩，并能用于打钢板桩、水下桩、斜桩和拔桩。锤重 0.6 ～ 6t。

液压锤是一种新型打桩设备，它的冲击缸体是通过液压油来进行提升与降落，冲击缸体下部充满氮气。当冲击缸体下落时，首先是冲击头对桩施加压力，接着是通过可压缩的氮气对桩施加压力，使冲击缸体对桩施加压力的过程延长，因此每一击都能获得更大的贯入度。液压锤不排出任何废气，无噪声，冲击频率高，并适合水下打桩，是理想的冲击式打桩设备，但构造复杂，造价高，国内尚未推广。

桩架。常用的桩架有两种基本形式，一种是沿轨道行驶的多功能桩架，另一种是装在履带底盘上的打桩架。

多功能桩架由立柱、斜撑、回转工作台、底盘及传动机构组成。它的机动性和适应性很强，在水平方向可进行 360° 回转，立柱可前后倾斜，底盘下装有铁轮，可在轨道上行走。这种桩架可适应各种预制桩及灌注桩施工，其缺点是机构较庞大，现场组装和拆迁较麻烦。

履带式桩架以履带式起重机为底盘，增加导杆和斜撑用以打桩。移动方便，较多功能机架灵活，可适应各种预制桩、灌注桩施工。

打桩。打桩前应做好下列工作：清除妨碍施工的地下、地上的障碍物，平整施工场地，定位放线，设置供水、供电系统，安装打桩机等。桩基轴线的定位点，应设置在不受打桩影响的地方，打桩地区附近需设置不少于 2 个水准点。在施工过程中可据此检查桩位的偏差以及桩的入土深度。打桩时应注意下列问题。

打桩顺序。打桩顺序合理与否，影响打桩速度和打桩质量，尤其对周围的影响更大。当桩的中心距小于 4 倍桩径时，打桩顺序尤为重要。由于桩对土体的挤密作用，先打入的桩水平推挤会发生偏移和变化，或被垂直桩挤造成浮桩；而后打入的桩难以达到设计标高或覆土深度，造成土体挤压和隆起。打桩时可选用下列打桩顺序：由中间向两侧对称施打；由中间向四周施打；由一侧向单一方向进行，并逐排改变方向。大面积的桩群多分成几个区域，由多台打桩机采用合理的顺序同时进行打桩。

打桩方法。桩架就位后，先将桩锤和桩帽吊起来，然后吊桩并送至导杆内，垂直对准桩位缓缓插入土中，垂直度偏差不得超过 0.5%，固定桩帽和桩锤，使桩、桩帽、桩锤在同一垂线上，确保桩能垂直下沉，再放下桩锤轻轻压住桩帽，桩在自重作用下，向土中沉入一定深度而达到稳定位置。这时再校一次桩的垂直度即可进行打桩。为了防止击碎桩顶，在桩锤与桩帽、桩帽与桩之间应加弹性衬垫，桩帽和桩顶四周应有 5 ～ 10mm 的间隙。

打桩时用“重锤低击”“低提重打”，可取得良好效果。开始打桩时，锤的落距宜短，待桩入土一定深度并稳定后，再按要求的落距锤击。单动汽锤的落距以 0.6m 左右为宜，柴油锤以不超过 1.5m 为宜，落锤以不超过 1mm 为宜。

质量控制。打桩的质量应视打入的偏差是否在允许范围之内，最后贯入度与沉桩标高是否满足设计要求，桩顶、桩身是否打坏以及对周围环境有无造成严重危害而定。

打桩的控制。桩尖进入坚硬、硬朗的黏性土、碎石土，中密以上的砂或风化岩等土层时，以贯入度控制为主，可参考桩尖进入持力层深度或桩尖标高。如贯入度已达到而桩尖标高未达到时，应继续锤击 3 阵，每阵 10 击的平均贯入度不应大于规定的数值。桩尖位于其他软土层时，应以桩尖设计标高控制为主，贯入度可作参考。如控制指标已符合要求，而其他指标与要求相差较大时，应会同有关单位研究解决。当遇到贯入度剧变，桩身突然发生倾斜、移位或有严重回弹，桩顶或桩身出现严重裂缝、破碎等情况时，应暂停打桩，并分析原因，采取相应的补救措施。

桩的垂直偏差应控制在 1% 之内，按标高控制的预制桩，桩顶标高允许偏差为 -50 ～ +100mm。

2. 静力压桩法

静力压桩法是利用无振动、无噪声的静压力将桩压入土中，用于软弱土层和邻近怕振动的建筑物地基的处理。静力压桩可以消除由于打桩而产生的振动和噪声。

过去，静力压桩是利用桩架的自重和压重，通过滑轮组成液压将桩压入土中。近年来多使用液压的静力压桩机，其压力可达 400t。压桩一般分节压入，逐段接长，为此需要桩分节预制。当第一节桩压入土中，其上端距地面 2m 左右时，将第二节桩接上，继续压入。压同一根桩，各工序应连续施工。初压时如桩身发生较大位移、倾斜，压入过程中如桩身突然下沉或倾斜，桩顶混凝土破坏或压桩阻力剧变，都应暂停压桩，及时研究处理。

接桩的方法目前有三种：焊接法、法兰接法和浆锚法。前两种接桩方法适用于各类土层，后者只适用于软弱土层，其中焊接法应用最多。接桩时，必须对准下节桩并垂直无误后，用点焊将拼接角钢连接固定，再次检查位置，若正确方可进行焊接。施焊时，应两人同时在对角对称地进行，以防止节点变形不均匀而引起桩身歪斜。焊缝要连续、饱满。接桩时上、下节桩的中心线偏差不得大于 10mm，节点弯曲矢高不得大于 0.1% 桩长。

二、混凝土灌注桩施工

混凝土灌注桩是直接在桩位上就地成孔，然后在孔内灌注混凝土或安装钢筋笼再灌注混凝土而成。根据成孔工艺不同，分为干作业成孔灌注桩、泥浆护壁成孔灌注桩、套管成孔灌柱桩、沉管灌注桩和人工挖孔灌注桩等。

（一）干作业成孔灌注桩

干作业成孔灌注桩通常用于地下水位较低、在成孔深度内无地下水的土质，无须护壁可直接取土成孔。目前常用螺旋钻机成孔。螺旋钻机利用动力旋转钻杆，钻杆带动钻头上的叶片旋转来切削土层，削下的土屑靠与土壁的摩擦力沿叶片上升排出孔外。在软塑土层含水量大时，可用疏纹叶片钻杆，以便较快地钻进。

（二）泥浆护壁成孔灌注桩

泥浆护壁成孔是用泥浆保护孔壁，防止塌孔和排出土渣成孔，对不论地下水位高或低的土层都适用。

1. 测定桩位

根据建筑的轴线控制桩定出桩基础的每个桩位，可用小木桩标记。桩位放线允许偏差 20mm。正式灌注桩之前，应复查一次桩基轴线和桩位，以免木桩标记变动而影响施工。

2. 埋设护筒

护筒是用 4 ～ 8mm 厚钢板制成的圆筒，其内径应大于钻头直径 100mm。其上部宜开设 1 ～ 2 个溢浆孔。埋设护筒时先挖去桩孔处表土，将护筒埋入土中。护筒中心与桩位中心的偏差不得大于 50mm。护筒与坑壁之间应用黏土填实，以防漏水。护筒埋深在黏土中不宜小于 1.0m，在沙土中不宜小于 1.5m。护筒顶面应高于地面 0.4 ～ 0.6m，并应保持孔内泥浆面高出地下水位 1m 以上。护筒的作用是固定桩孔位置、防止塌孔和成孔时引导钻头方向。

3. 制备泥浆

制备泥浆的方法应根据土质条件确定。在熟性土中成孔时可在孔中注入清水，钻机旋转时，切削土屑与水拌和，用原土造浆，泥浆相对密度应控制在 1.1 ～ 1.2；在其他土中成孔时，泥浆制备应选用高塑性黏土或膨胀土；在砂土和较厚的火砂层中成孔时，泥浆相对密度应控制在 1.1 ～ 1.3；在穿过火砂卵石层或容易塌孔的土层中成孔时，泥浆相对密度应控制在 1.3 ～ 1.5。施工中应经常测定泥浆的相对密度，并定期测定黏度、含砂率和胶体率等指标。废弃的泥浆、泥渣应妥善处理。

4. 成孔

成孔机械有回转钻机、潜水钻机、冲击钻等，其中以回转钻机应用最多。

回转钻机成孔。回转钻机是由动力装置带动钻机回转装置转动，由其带动带有钻头的钻杆转动，由钻头切削土壤。根据泥浆循环方式的不同，分为正循环回转钻机和反循环回转钻机。

正循环回转钻机成孔的工艺。由空心钻杆内部通入泥浆或高压水，从钻杆底部喷出，携带钻下的土渣沿孔壁向上流动，将土渣从孔口带出流入泥浆沉淀池。

反循环回转钻机成孔的工艺。泥浆或清水由钻杆与孔壁间的环状间隙流入钻孔，然后由吸泥泵等在钻杆内形成真空，使之携带钻下的土渣由钻杆内腔返回地面流向泥浆池。反循环工艺的泥浆上流的速度较高，能携带较大的土渣。

潜水钻机成孔。潜水钻机是一种旋转式机械，其动力、变速机构和钻头连在一起，可以下放至地下水中成孔，用正循环工艺将土渣排出孔外。

冲击钻成孔。冲击钻主要用于在岩土层中成孔，成孔时将冲锥式钻头提升一定高度后以自由下落的冲击力来破碎岩层，然后用掏渣筒来掏取孔内的渣浆。

5. 清孔

当钻孔达到设计要求深度后，即应进行验孔和清孔，清除孔底沉渣、淤泥，以减少桩基的沉降量，提高承载能力。对不易塌孔的桩孔，可用空气吸泥机清孔，气压为0.5MPa，使管内形成强大高压气流上涌，被搅动的泥渣随着高压气流上涌，从喷口排出，直至孔口喷出清水为止；对稳定性差的孔壁应用泥浆（正、反）循环法或掏渣筒排渣。孔底沉渣厚度对于端承桩≤ 50mm，对于摩擦桩≤ 300mm。清孔满足要求后，应立即吊放钢筋笼并灌注混凝土。

6. 浇筑水下混凝土

在无水或水少的浅桩孔中灌注混凝土时，应分层浇筑振实，分层高度一般为0.5 ～ 0.6m，不得大于1.5m。混凝土坍落度在一般黏性土中宜为50 ～ 70mm，在砂类土中宜为70 ～ 90mm，在黄土中宜为60 ～ 90mm，在水下宜为100 ～ 220mm。水泥用量不应少于360kg/m^3，含砂率宜为40% ～ 45%，并宜选用中粗砂。为改善和易性及缓凝性，宜掺外加剂。

水下混凝土浇筑常用导管法。其方法是利用导管输送混凝土并使之与环境水隔离，依靠管中混凝土的自重，压管口周围的混凝土在已浇筑的混凝土内部流动、扩散，以完成混凝土的浇筑工作。

（三）套管成孔灌柱桩

套管成孔灌注桩是利用锤击打桩法或振动打桩法，将带有钢筋混凝土桩靴或带有活瓣式桩靴的钢套管沉入土中，然后灌注混凝土并拔管而成。若配有钢筋，则在规定标高处吊放钢筋骨架。

（四）沉管灌注桩

1. 锤击沉管灌注桩

锤击沉管灌注桩施工时，用桩架吊起钢套管，对准预先设在校位处的预制钢筋混凝土桩靴。套管与桩靴连接处要垫麻绳、单绳，以防止地下水渗入管内。然后缓缓放下套管，套入桩靴压进土中。套管上端扣上桩帽，检查套管与桩锤是否在同一垂直线上。套管偏斜≤ 0.5% 时，即可用锤击打桩套管。先用低锤轻击，确定无偏移后方可正常锤打，直至符合设计要求的贯入度或沉入标高，并检查管内有无泥浆或水进入，若无即可灌筑混凝土。套管内混凝土应尽量灌满，然后开始拔管。拔管要均匀，第一次拔管高度控制在能容纳第二次所需的混凝土灌注量为限，不宜过高，应保证管内保持不少于 2m 高度的混凝土。拔管时应保持连续不停密锤低击，并控制拔管速度。对一般土层，以不大于 1m/min 为宜，在软弱土层及软硬土层交界处，应控制在 0.8m/min 以内。桩冲击频率视锤的类型而定：单动汽锤采用倒打拔管，频率不低于 70 次 /min ；自由落锤轻击不得少于 50 次 /min。在管底未拔到桩顶设计标高之前，倒打或轻击不得中断。拔管时还要经常探测混凝土落下的扩散情况，注意保持管内的混凝土略高于地面，这样一直到全管拔出为止。桩的中心距在 5 倍桩管径以内或小于 2m 时，均应跳打，中间空出的桩须待邻桩混凝土达到设计强度的 50% 以后，方可施工。

锤击灌注桩宜用于一般黏性土、淤泥土、砂土和人工填土地基。

2. 振动沉管灌注桩

振动沉管灌注桩采用激振器或振动冲击沉管。

施工时，先安装好桩机，将桩套管下端活瓣合起来，对准桩位，徐徐放下套管，压入土中，确保垂直，即可开动激振器沉管。当桩管沉到设计标高，且最后 30s 的电流值、电压值符合设计要求时，停止振动，用吊斗将混凝土灌入桩管内，然后再开动激振器、卷扬机拔出钢管，边振边拔，从而振实桩的混凝土。

沉管时，必须严格控制最后 4 分钟的灌入进度，其值按设计要求，或根据试桩和当地长期的施工经验确定。振动灌注桩可采用单打法、反插法或复打法施工。

3. 夯压成型沉管灌注桩

夯压成型沉管灌注桩（简称夯压桩）是在锤击沉管灌注桩的基础上发展起来的。它是利用打桩锤将内外钢管沉入土层中，由内夯管夯扩端部混凝土，使桩端形成扩大头，再灌注桩身混凝土，用内夯管和桩锤顶压在管内混凝土面形成桩身混凝土。夯压桩直径一般为 400 ～ 500mm，扩大头直径一般在 450 ～ 700mm，桩长可达 20m，适用于中低压缩性黏土、粉土、沙土、碎石土、强风化岩等土层。

夯压桩的机械设备同锤击沉管桩，常用 D1 ～ D25 型柴油锤，外管底部采用开口，内夯管底部可采用闭口平底或闭口锤底，内外钢管底部间隙不宜过大，通常内管底部比外管内径小 20 ～ 30mm，以防沉管过程中土挤入管内。内外管高低差一般为 80 ～ 100mm（内管较短）。

在沉管过程中，不用桩尖，外管封底采用干硬性混凝土或无水混凝土，经夯击形成柔性阻水、阻泥管塞。如果出现内、外管间隙涌水、涌泥的情况，则采取上述封底措施；当地下水较大，出现涌水、涌泥现象严重时，也可在底部加一块镀锌铁皮或预制混凝土桩尖，以更好地达到止水目的。

（五）人工挖孔灌注桩

人工挖孔灌注桩是指先采用人工挖掘方法进行成孔，然后安装钢筋笼，浇筑混凝土，成为支撑上部结构的桩。

人工挖孔灌注桩的优点是：设备简单，噪声小，振动小，对周围的原有建筑物影响小；施工现场较干净；土层情况明确，可直接观察到地质变化情况；桩底沉渣能清除干净，施工质量可靠。当高层建筑采用大直径的混凝土灌注桩时，人工挖孔比机械成孔具有更大的适应性，因此近年来得到较广泛的运用。但人工挖孔灌注桩施工时，工人在井下作业，施工安全应予以特别重视，要严格按操作规程施工，制定可靠的安全措施。人工挖孔灌注桩的直径除要满足设计承载力的要求外，还应考虑施工操作的要求，故桩径不宜小于 800mm，桩底一般都会扩大，扩底高径尺寸应精准控制。

1. 施工机具

电动葫芦和提土桶：用于施工人员上下，材料与弃土的垂直运送。若孔较浅，也可用独木杠杆提升土石。

潜水泵：用于抽出桩孔中的积水。

鼓风机和输风管：用于向桩孔中强制送入新鲜空气。

镐、锹、土筐、照明灯、对讲机等。

2. 施工工艺

按设计图纸放线、定桩位；开挖土方，采取分段开挖，每段高度决定于土壁保持直立状态的能力，一般 0.5 ～ 1.0m 为一个施工段，开挖范围为设计桩径加扩壁厚度；支设护壁模板。模板高度取决于开挖土方施工段的高度，一般为 1m，由 4 ～ 8 块活动钢模板组合而成。

在模板顶放置操作平台。平台可用角钢和钢板制成半圆形，两个合起来即为一个整圆，用来临时放置混凝土和浇筑混凝土。

浇筑护壁混凝土。护壁混凝土要捣实，因它起着防止土壁塌陷与防水的双重作用，第一节护壁厚宜增加 100 ～ 150mm，上下节护壁用钢筋拉结。

拆除模板继续下一段的施工。当护壁混凝土达到 1MPa，常温下约 24h 后方可拆除模板，开挖下一段的土方，再支撑浇筑护壁混凝土，如此循环，直至挖到设计要求深度。

排除孔底积水，浇筑桩身混凝土。当混凝土浇筑至钢筋笼的底面设计标高时，安放钢筋笼继续浇筑桩身混凝土。浇筑时，混凝土必须通过溜槽；当高度超过 3m 时，应用串筒，串筒末端离孔底高度不宜大于 2m，混凝土宜采用插入式振捣器捣实。

（六）灌注桩施工质量要求

灌注桩施工质量检查包括成孔及清孔、钢筋笼制作及安放、混凝土搅拌及灌注等工序过程的质量检查。成孔及清孔时主要检查已成孔的中心位置、孔深、孔径、垂直度、孔底沉渣厚度；钢筋笼制作安放时主要检查钢筋规格，焊条规格、品种，焊口规格，焊缝长度，焊缝外观和质量，主筋和箍筋的制作偏差及钢筋笼安放的实际位置等；混凝土搅拌和灌注时主要检查原材料质量与计量，混凝土配合比、坍落度等。对于沉管灌注桩还要检查打入深度、停锤标准、桩位及垂直度等。

对于一级建筑物和地质条件复杂或成桩技术可靠性较低的桩基工程，应采用静载检测和动测法检查；对于大直径桩还可以采取钻取岩心、预埋管超声检测法检查，数量根据具体情况设计确定。

桩基验收应包括下列资料：工程地质勘察报告、桩基施工图、图纸会审纪要、设计变更单及材料代用通知单等；经审定的施工组织设计、施工方案及执行中的变更情况；桩位测量放线图，包括工程桩位线复核签证单、桩质量检查报告、单桩承载力检测报告、基坑挖至设计标高的基桩竣工平面图及桩顶标高图。

第四节　沥青路面施工

一、沥青类路面基本特性及分类

（一）基本特性

沥青路面是通过各种方式将沥青材料与矿料均匀混合，经铺筑后形成路面层并与其他各类基层和垫层共同组成路面结构的统称。由于使用沥青作结合料，矿料间的黏结力获得很大增强，提高了混合料的强度和稳定性，因此路面的使用性能和耐久性都得到提高。与水泥混凝土路面相比，沥青路面具表面平整、无接缝、行车舒适、耐磨、振动小、噪声低、施工期短、养护维修简便、适宜分期修建等优点，因而获得非常广泛的应用。沥青路面属于柔性结构，面层抗拉强度较低，其整体强度和稳定性在很大程度上取决于土基和基层的特性，因而要求基层和土基必须具有足够的强度和良好的稳定性。由于沥青是一种典型的感温性材料，在夏季高温时沥青路面会出现软化现象，导致在行车荷载作用出现车辙、拥包、推挤等变形和破坏；在冬季低温时，沥青路面的抗变形能力会降低，有时会出现低温开裂现象。因此，必须选用质量符合要求的原材料并进行合理的混合料组成设计，采用先进的施工设备和工艺组织施工，以此获得质量满足设计和施工技术规范要求的沥青路面。①

20 世纪 50 年代以来，沥青路面已成为世界各国公路的主要面层类型。近年来，我国在公路和城市道路上修筑了大量的沥青路面。目前我国高速公路大都采用沥青路面。

随着国民经济和现代化道路交通发展的需要，沥青路面将会得到更大的发展。

① 任传林，王轶君，薛飞 . 公路工程施工技术 [M]. 长春：吉林科学技术出版社，2019.

（二）沥青路面的分类

根据施工工艺的不同，沥青路面可分为层铺法施工的沥青路面、路拌法施工的沥青路面和厂拌法施工的沥青路面三种。

1. 层铺法施工的沥青路面

层铺法施工是将沥青分层洒布、矿料分层撒铺，然后碾压形成沥青面层的施工方法。其主要优点是工艺和设备简便、功效较高、施工进度快、造价较低；缺点是结构强度低、使用寿命短、路面成形期较长，在炎热季节被行车碾压过后才能最终形成路面。根据铺装时所采用的具体工艺、结构层厚度、适用条件的不同，又分为沥青表面处治路面、沥青贯入式路面和碎石封层路面等类型。

沥青表面处治路面是指用沥青和矿料按层铺法铺筑而成的、厚度一般为 1.5 ～ 3.0cm 的沥青路面。表面处治可做成单层或多层，优点是摩擦系数大，表面构造深度深，有利于车辆行驶安全。此外，它还具有良好的抗温度开裂性能。沥青表面处治适用于做三级、四级公路的面层、旧沥青面层上加铺罩面或抗滑层、磨耗层等。

沥青贯入式路面是靠矿料颗粒间的锁结作用以及沥青的黏结作用获得所需的强度和稳定性，采用层铺法施工，厚度通常为 4 ～ 8cm（用作基层时，厚度可达 10cm），也称为沥青贯入碎石。当沥青贯入式路面的上部加铺拌和的沥青混合料时，也称为上拌下贯，此时，拌和层的厚度宜为 3 ～ 4cm，其他厚度宜为 7 ～ 10cm。沥青贯入式路面适用于做二级及二级以下公路的沥青面层。若沥青贯入碎石设在沥青混凝土面层与半刚性基层或粒料基层之间成为联结层，也可作路面基层使用。

碎石封层路面同样采用层铺法施工，施工工艺和工序与沥青表面处治路面相同，但要求结合料有较大的黏结强度和较高的稳定性，一般情况下要求使用改性沥青、粒径严格单一的石料，对石料的洁净度和针片状含量要求高；施工时用机械洒布沥青和撒铺石料，对施工机械的要求比较高。这使得路面成形后具有较深的构造深度，有利于行车安全。

根据碎石撒铺工艺的不同，碎石封层分为异步碎石封层和同步碎石封层两种。异步碎石封层工艺是先用沥青洒布车洒布沥青，而后由碎石撒铺机撒铺石料，两道工序在同一点间隔 10min 左右，最后用压路机碾压成形。同步碎石封层施工则是洒布沥青和撒铺集料由一台设备同时完成，两道工序在同一点间隔几秒钟，最后用压路机碾压成形。除了具有简化工序的优点外，同步碎石封层最大的优点是能够在沥青保持高温时撒铺石料，从而有效地保证两者之间的黏结。

2. 采用路拌法施工的沥青路面

路拌法是指在路上用人工或机械将矿料和沥青材料就地拌和、摊铺、碾压密实后形成沥青结构层的施工方法。采用路拌法施工时，通过就地拌和，沥青材料在矿料中的分布比层铺法均匀，可以缩短路面的成形期。但因所用矿料为冷料，需使用黏稠度较低的沥青材料，故混合料的强度较低。比较典型的采用路拌法施工的沥青路面为乳化沥青碎石混合料路面，这种沥青路面适用于做三级、四级公路的沥青面层，二级公路养护罩面以及各级公路的调平层。

3. 采用厂拌法施工的沥青路面

采用厂拌法施工的沥青路面是将用不同粒径的碎石、天然砂（或机制砂）、矿粉和沥青按一定比例在拌和机中热拌所得的拌和物（称为热拌沥青混合料，HMA），在规定温度范围内运到工地并用摊铺机摊铺，再碾压成形的沥青路面。这种混合料的矿料具有严格的级配，当这种混合料被压实达到规定的强度和孔隙率后，就称作沥青混凝土。沥青混凝土具有很高的强度和密实度，常温下还具有一定的塑性。沥青混凝土透水性小，水稳性好，有较强抵抗自然因素影响和行车荷载作用的能力，使用寿命长，耐久性好。

根据热拌沥青混合料强度构成原理、矿料级配组成、路用性能等因素的不同，采用厂拌法施工的沥青路面可做如下分类。

按混合料强度构成原理不同，可分为级配密实型和嵌挤锁结型。级配密实型沥青混合料的矿料级配按最大密实原则设计，其强度和稳定性取决于混合料中沥青与矿料的黏聚力，矿质颗粒之间的摩擦阻力处于次要地位。设计空隙率较小的密实式沥青混凝土混合料（以 AC 表示）和密实式沥青稳定碎石混合料（以 ATB 表示）就属于这一类型。此类混合料沥青用量通常较大，强度受温度影响明显，且抗渗水性、耐久性较好。嵌挤锁结型沥青混合料采用颗粒尺寸较大且级配较为均一的矿料，细集料和填料较少，形成开级配沥青混合料。如半开级配沥青碎击混合料（以 AM 表示）、大孔隙开级配排水式沥青碎石混合料（以 OGFC 表示，设计空隙率可达到 18%）就属于这一类型。这种沥青混合料路面的强度和稳定性主要依靠骨料颗粒之间相互嵌挤、锁结作用所产生的内摩擦阻力，沥青与矿料的黏聚力相对较小，起次要作用。嵌挤锁结型沥青混合料路面比级配密实型沥青混合料路面的高温稳定性要好，但由于空隙率大，易渗水，因而耐久性相对较差。

按材料组成及结构不同，分为连续级配沥青混合料、间断级配沥青混合料。连续级配沥青混合料的矿料具有连续、光滑的级配曲线。若矿料级配组成中缺少一个或几个粒径档次（或用量很少），则称为间断级配沥青混合料。

按矿料级配组成和空隙率不同，分为密级配、半开级配、开级配混合料。若矿料具有连续级配，设计空隙率为 3% ～ 6%，称为密级配沥青混合料。若矿料由适当比例的粗集料、细集料及少量填料（或不加填料）组成，标准马歇尔击实成型试件的空隙率为 6% ～ 12%，即为半开级配沥青碎石混合料。若沥青混合料采用颗粒尺寸较大且较为均一的矿料，细集料和填料较少，设计空隙率达到 18% 甚至更大，即为开级配沥青混合料，如大空隙开级配排水式沥青碎石混合料。

按公称最大粒径不同，分为特粗式（公称最大粒径大于 31.5mm）、粗粒式（公称最大粒径等于或大于 26.5mm）、中粒式（公称最大粒径为 16mm 或 19mm）、细粒式（公称最大粒径为 9.5mm 或 13.2mm）、砂粒式（公称最大粒径小于 9.5mm）。

此外，还有沥青玛蹄脂碎石混合料。由沥青结合料与少量的纤维稳定剂、细集料及较多的填料组成的沥青玛蹄脂填充于具有间断级配的粗集料骨架的空隙中组成沥青混合料整体，即为沥青玛蹄脂碎石混合料（SMA）。它具有抗滑、耐磨、密实耐久、抗疲劳、抗高温车辙、抗低温开裂等优点，同时能有效减轻行车噪声污染，是一种优质的沥青路面类型，适用于高速公路、一级公路表层，其厚度在 3.5 ～ 4cm。

（三）沥青路面的选择与应用

沥青类路面的选择使用，一方面要考虑任务要求（道路的等级、交通量、使用年限、修建费用等）和工程特点（施工季节、施工期限、结构组合状况等），另一方面应考虑材料的供应情况、施工机具、劳动力和施工技术条件等因素。

沥青混凝土是适合现代交通的一种优质面层材料。铺筑在坚硬基层上的优质沥青混凝土面层可使用 20 ～ 25 年，国外的重要交通道路和高速公路主要采用这种面层形式。我国现行《公路沥青路面施工技术规范》规定，高速公路、一级公路的表面层、中面层、下面层应采用沥青混凝土，二级公路的表面层宜采用沥青混凝土。

密级配沥青混凝土混合料（AC）适用于各级公路沥青面层的任何层次；沥青

玛蹄脂碎石混合料（SMA）适用于铺筑新建公路的表面层、中面层或旧路面加铺磨耗层，设计空隙率为 6% ～ 12% 的半开级配沥青碎石混合料（AM）仅适用于三级及三级以下公路、乡村公路，且沥青混合料拌和设备缺乏添加矿粉装置和人工搅拌的情况；设计空隙率为 3% ～ 6% 的粗粒式及特粗式密级配沥青稳定碎石混合料（ATB）适用于基层；设计空隙率大于 18% 的粗粒式及特粗排水式沥青稳定碎石混合料（ATPB）适用于基层；设计空隙率大于 18% 的细粒排水式沥青稳定碎石混合料（OGFC）适用于高速行车、多雨潮湿、不易被尘土污染、非冰冻地区铺筑排水式沥青路面磨耗层。开级配排水式沥青混合料基层（ATPB）的下卧层应具有排水和抗冲刷能力，工程上必须通过试验，并经过论证后使用。特粗式沥青混合料适用于基层，粗粒式沥青混合料适用于下面层或基层，中粒式沥青混合料适用于中面层和表面层，细粒式沥青混合料适用于表面层和薄层罩面。砂粒式沥青混合料适用于非机动车道或行人道路。对于高速公路及一级公路，除沥青稳定碎石基层外，通常宜选用公称最大粒径为 13.2 ～ 26.5mm 的沥青混合料。

对沥青层较厚的高速公路、一级公路，在选择级配类型、确定矿料级配和最佳沥青用量时，应首先保证各层的组合不致发生早期破坏，并在此基础上优先或侧重考虑各层的服务功能后做出抉择，主要包括以下几点。

表面层应具有良好的表面功能，即密水、耐久、抗车辙、抗裂。潮湿区和湿润区的路面上面层应符合潮湿条件下的抗滑要求；抗滑性能不符合要求时，宜铺筑抗滑磨耗层。在寒冷地区，表面层应考虑低温抗裂性能的要求。

三层式面层的中面层或双层式面层的下面层应重点满足混合料的高温抗车辙性能。下面层应在满足高温抗车辙性能的基础上，重点考虑抗疲劳性能及抗裂性能的要求。

除排水式沥青混合料外，每一层都应考虑密水性，当上层属渗水性结构层时，层间或下层应采取防渗水或排水措施。高速公路的紧急停车带（硬路肩）沥青面层宜采用与车行道相同的结构，但表面层宜采用密级配沥青混凝土混合料铺筑。

沥青面层集料的最大粒径宜从上至下逐渐增大，并应与设计厚度相匹配。除人行道路外，沥青层的压实厚度不宜小于集料最大粒径的 2 倍。对于高速公路和一级公路，密级配沥青混合料的层厚不宜小于公称最大粒径的 3 倍，SMA 等嵌挤型混合料的层厚不宜小于公称最大粒径的 2.5 倍，以减少离析，便于施工和压实。

沥青类路面一般不宜铺筑在纵坡大于 6% 的路段上。在纵坡大于 3% 的路段，考虑抗滑的要求，宜采用粗粒式的沥青碎石或粗粒式沥青混凝土做面层。

二、沥青类路面对原材料的技术要求

（一）沥青

沥青路面所用的沥青材料有石油沥青、煤沥青、液体石油沥青和沥青乳液等。

石油沥青在道路建筑中使用最广，可以用在不同地区和不同等级道路上铺筑各种沥青面层和基层。石油沥青的性质与石油的性质和获得沥青的方法有关。高树脂、少石蜡的石油是道路沥青的最好原料。煤沥青主要是由炼焦或制造煤气得到的高温焦炭加工而成，它的主要成分是芳香族碳氢化合物及其氧、氮和硫的衍生物的混合料。煤沥青与石油沥青相比，温度稳定性低，易老化，但其与矿料颗粒表面的黏附性较好。因煤沥青会造成轻微的空气污染，一般不宜作沥青面层，仅作透层沥青使用。沥青乳液也称乳化沥青，它是沥青经机械作用分裂为细微颗粒，分散于含有表面活性物质的水中，形成的均匀而稳定的分散系。根据其表面活性物质的特性及形成乳胶体的性质，乳化沥青可分为乳液和乳膏两大类。选用乳化沥青时，酸性石料、潮湿的石料以及在低温季节施工时宜选用阳离子乳化沥青；碱性石料或掺入水泥、石灰、粉煤灰共同使用时，宜选用阴离子乳化沥青。

沥青路面采用的沥青标号，宜按照公路等级、气候条件、交通条件、路面类型、在路面结构中的层位及受力特点、施工方法等，结合当地使用经验，经技术论证后确定。

高速公路、一级公路，夏季气温高、高温持续时间长，重载交通、山区及丘陵区，以及上坡路段、服务区、停车场等行车速度较慢的路段，特别是汽车荷载剪应力大的层次，宜采用稠度大、黏度大的沥青，也可根据高温气候分区的温度水平选用沥青等级；冬季寒冷地区、交通量较小的公路、旅游区公路宜选用稠度小、低温延度大的沥青；日温差、年温差大的地区宜选用针入度指数大的沥青。当高温要求与低温要求发生矛盾时，应优先考虑满足高温性能要求。当缺乏所需标号的沥青时，可使用不同标号的沥青进行掺配。

对热拌热铺的沥青路面，因沥青材料和矿料须加热拌和，并在热态下铺压，故可采用稠度较高的沥青材料。反之，则应采用稠度较低的沥青。对于其他类型沥青路面，若沥青材料过稠，则难以贯入碎石中，过稀则易流入路面底部，因此宜采用中等稠度的沥青材料。当气温寒冷、施工气温较低、矿料粒径偏细时，宜采用稠度较低的沥青材料。但炎热季节施工时，由于沥青材料的温度散失较慢，可用稠度较高的沥青材料。路拌法施工的沥青路面，一般仅采用稠度较低的沥青材料。

随着公路交通量增大和对路面性能要求的提高，在原有工业生产所获基质沥青性能不能满足要求的情况下，可采用改性沥青。改性沥青可单独或复合采用高分子聚合物、天然沥青及其他改性材料制作。

（二）粗集料

沥青路面可用轧制碎（砾）石、筛选砾石、矿渣等作为粗集料。粗集料在沥青混合料中起形成矿质骨架的作用，对混合料的强度等一系列路用性能影响很大。碎石应均匀、清洁、坚硬、无风化，小于 0.05mm 的颗粒含量应小于 2%，吸水率应小于 2% ～ 3%。颗粒形状接近立方体并有多棱角，纫长或扁平颗粒含量应小于 15%，杂质含量不能超标，压碎值应不大于 20% ～ 30%。轧制砾石系由天然砾石轧制并经筛选而得，要求大于 5mm 颗粒中 40%（按重量计）以上至少有一个破碎面。用于沥青贯入式面层时，主层矿料中要有 30% ～ 40%（按重量计）以上颗粒至少有两个破碎面。

筛选砾石由天然砾石筛选而得。由于天然砾石是各种岩石经自然风化而成的不同尺寸的粒料，强度极不均匀，而且多是圆滑形状，因此，筛选砾石仅在交通量较小的路面层下层、基层的沥青混合料中使用，不宜用于抗滑表层。在交通量大的沥青路面层，若使用砾石拌制沥青混合料，则砾石中至少应掺有 50%（按重量计）粒径大于 5mm 的碎石或经轧制的砾石。沥青贯入式路面用砾石时，主层矿料中亦应掺有 30% ～ 40% 的碎石或轧制砾石。

粗集料与沥青材料黏附性的大小，对沥青混合料的强度和耐久性有极大影响，应优先选用与石油沥青材料有良好黏附性的碱性碎（砾）石。集料与沥青材料的黏附性用水煮法测定时，一般公路不小于 3 级，高等级公路应不小于 4 级。

用于高速公路、一级公路沥青路面表面层及各类抗滑表层的粗集料要符合规定的石料磨光值要求，应选用坚硬、耐磨、抗冲击好的碎石，不得使用筛选砾石、矿渣及软质集料。为保证石料与沥青之间有较好的黏结性能，经检验属于酸性岩石的石料，用于高速公路、一级公路和城市快速路主干道时，宜使用针入度较小的沥青。必要时，可在沥青中掺加抗剥离剂，或用干燥的磨细消石灰或生石灰粉、水泥作为矿粉的一部分，其用量宜为矿料总量的1%～2%。将粗集料用石灰浆处理后也可以有效提高增加与沥青之间的黏结力。

（三）细集料

细集料与粗集料共同形成混合料矿质骨架。沥青面层的细集料可采用天然砂、机制砂及石屑等。热拌密级配沥青混合料中，天然砂的用量通常不超过集料总量的20%，SMA及OGFC混合料不宜使用天然砂。机制砂系从轧制岩石中筛选而得，其最大粒径一般小于5mm。无论是天然砂还是机制砂，都要求坚硬、清洁、干燥、无风化、不含杂质，并应有适当的级配。热拌沥青混合料宜采用优质的天然砂或机制砂，在缺乏砂资源地区也可以用石屑。但由于一般情况下石屑的含泥量高，强度不高，因此，高速公路、一级公路沥青混凝土面层及抗滑表层的石屑用量不宜超过天然砂及机制砂的用量。河砂、海砂的颗粒缺乏棱角，表面光滑，使用时虽能增加和易性，能满足提高密实度的要求，但内摩阻角较小，为了提高混合料的内摩阻角，可掺加部分人工砂。

细集料应与粗集料一样，要求与沥青形成良好的黏结力。与沥青的黏结性能很差的天然砂以及用花岗岩、石英岩等酸性石料破碎的机制砂或石屑不宜用于高速公路、一级公路的沥青面层；必须使用时，应采取抗剥落措施。

（四）矿粉与纤维稳定剂

混合料中矿粉与沥青形成沥青胶浆填充于矿质骨架空隙中。在密级配沥青混合料中，矿粉表面积占全部矿料表面积的90%以上，矿粉的使用使矿料表面积大大增加，从而使沥青以结构沥青形式存在，减少自由沥青数量，有利于提高沥青黏结力，获得较高的强度。宜采用石灰岩或岩浆岩中的强基性、憎水性岩石经磨细得到的矿粉，原石料中的泥土杂质应除尽。也可采用水泥、石灰、粉煤灰做矿粉，但其用量不宜超过矿料总量的2%。其中，粉煤灰用量不得超过填料总量的50%，且烧失量不超过12%，与矿粉混合后的塑性指数不小于4%，高速公路、一级公路的沥青面层不宜采用粉煤灰做填料。

矿粉中小于0.075mm的颗粒应不少于30%，但过细颗粒的含量也不宜过多，否则会降低混合料施工的和易性和水稳性。对矿粉的要求是干燥、洁净。

在SMA混合料中，纤维稳定剂与矿粉、沥青共同形成沥青玛蹄脂，填充于粒径较为单一的集料空隙中，是沥青玛蹄脂碎石混合料的重要组成部分。纤维稳定剂在 SMA 混合料中的主要作用如下。

1. 加筋作用

纤维在混合料中以三维状分散相存在，如钢纤维混凝土工格栅等加筋材料所起的作用。

2. 分散作用

混合料中加入纤维后，可使沥青与矿粉形成的胶团适当分散，形成均匀的材料体系。如果没有纤维，沥青和矿粉用量较大，所形成的胶团不能均匀地分散到集料之间，混合料铺筑在路面上会形成明显的“油斑”，成为沥青路面施工的另一种离析现象。

3. 吸附与吸收沥青的作用

在 SMA 混合料中加入纤维稳定剂在于充分吸附（表面）及吸收（内部）沥青，从而使沥青用量增加，沥青膜变厚，有利于提高混合料的耐久性。

4. 稳定作用

纤维可使沥青膜处于比较稳定的状态，尤其是在夏季高温季节，沥青受热膨胀时，纤维内部的空隙具有缓冲作用，有利于改善混合料的高温稳定性。

5. 增黏作用

纤维可增加沥青与矿料的黏附性。

三、层铺法、路拌法施工沥青路面处理

（一）沥青表面处治

沥青表面处治层是用沥青裹覆矿料，铺筑厚度小于 3cm 的一种薄层路面面层，其主要作用是防水、抗磨耗、防滑和改善碎（砾）石路面的使用品质，改善行车条件，在计算路面厚度时，不作为单独受力结构层。沥青表面处治层在施工完毕后，须经过一段时间的行车碾压，特别是一定高温下的行车碾压，以使其矿料处于最稳定的嵌紧位置，并同沥青黏结牢固，这一过程就称为成形阶段。因此，沥青表面处治宜选择在干燥和较热的季节施工，并在雨季前及日最高温度低于 15℃到来之前半个月结束，使表面处治层在开放交通后靠行车压实，成形稳定。

沥青表面处治层是按嵌挤原则构成强度的，为了保证矿料间有良好的嵌挤作用，同一层的矿料颗粒尺寸应力求均匀，其最大粒径应与表面处治单层厚度相当。当采用乳化沥青时，为了减少乳液流失，可在主层集料中掺加 20% 以上的较小粒

径的集料。沥青表面处治层施工后，应在路侧另备 5 ～ 10mm 碎石或 3 ～ 5mm 石屑、粗砂或小砾石 2 ～ $3m^3/1000m^2$ 作为初期养护用料，在施工时与最后一遍料一起洒布。

沥青表面处治可采用道路石油沥青或乳化沥青。在远离城市的边远地区可采用煤沥青。沥青表面处治各层沥青用量应根据施工气温、沥青标号以及基层情况，在规定范围内选用。此外，对矿料的其他质量要求，如足够的强度和耐磨性能、与沥青良好的黏结力、干燥清洁无杂质等，也适用于其他类型的沥青路面。沥青表面处治可采用拌和法或层铺法施工。拌和法施工可采用热拌热铺法或冷拌冷铺法。层铺法宜采用沥青洒布车及集料洒布机联合作业，并确保各工序紧密衔接，每个作用段长度应根据压路机数量、沥青洒布设备及集料洒布机能力等确定，当天施工的路段必须在当天完成。单层及三层沥青表面处治的施工程序与双层式相同，仅需相应地减少或增加一道洒布沥青、撒铺矿料和碾压工序。层铺法沥青表面处治的施工工艺如下。

1. 清理下承层

在表面处治层施工前，应将路面下承层清扫干净，使下承层的矿料大部分外露，并保持干燥。对有坑槽、不平整的路段应先修补和整平，若下承层整体强度不足，则应先予补强。级配砂砾、级配碎石下承层及水泥、石灰、粉煤灰等无机结合料稳定土或粒料的半刚性基层上须浇洒透层沥青，并应尽早铺筑沥青面层。但当乳化沥青作透层时，洒布后应待其充分渗透、水分蒸发后方可铺筑沥青面层，此段时间应在 24h 以上。

2. 洒布沥青

下承层清扫或透层沥青充分渗透后，即可按要求的速度浇洒沥青。若采用沥青洒布车洒布沥青，应根据单位面积的沥青用量选定洒布机排挡和油泵挡位；若采用手摇洒布机洒布沥青，应根据施工气温和风向调节喷头离地面的高度和移动的速度，以保证沥青洒布均匀，并应按洒布面积来控制单位沥青用量。沥青的浇洒温度根据施工气温及沥青标号选择，石油沥青的洒布温度为 130℃～ 170℃；煤沥青为 80℃～ 120℃；乳化沥青在常温下洒布，当气温偏低、破乳及成形过慢时，可将乳液加温后洒布，但乳液温度不得超过 60℃。

沥青洒布要均匀。当发现有空白、缺边时，应立即用人工补洒，有沥青积聚时应予刮除。沥青浇洒的长度应与集料洒布机能力相配合，避免沥青浇洒后等待较长时间。为保证前后两车喷洒的搭接良好，可用铁板或建筑纸等横铺在本段起洒点前及终点后，长度为 1 ～ 1.5m。如需分数幅浇洒时，纵向搭接宽度应为 10 ～ 15cm。在浇洒第二、第三层沥青时，搭接缝应错开。

3. 铺撒矿料

洒布沥青后应趁热迅速铺撒矿料，按规定用量一次撒足。撒料后应及时扫匀，达到全面覆盖一层、厚度一致、集料不重叠、不露出沥青的要求。当局部有缺料时，应采用人工方法适当找补；局部集料过多时，应将多余集料扫出。若使用乳化沥青，集料洒布必须在乳液破乳之前完成。若沥青为分幅浇洒，在两幅的搭接处，第一幅浇洒沥青应暂留 10 ～ 15cm 宽度不撒集料，待第二幅浇洒沥青后一起洒布集料。

4. 碾压

铺撒矿料后用 60 ～ 80kN 双轮压路机或轮胎压路机及时碾压。碾压应从一侧路缘压向路中心。碾压时，每次轮迹重叠约 30cm，碾压 3 ～ 4 遍。压路机行驶速度开始为 2km/h，以后可适当加快。

5. 初期养护

当发现表面处治层有泛油时，应在泛油处补撒与最后一层集料规格相同的嵌缝料并扫匀，过多的浮动集料应扫出路面外，并不得搓动已经黏着就位的集料。如有其他破坏现象，也应及时进行修补。

除乳化沥青表面处治应待破乳水分蒸发并基本成形后方可通车外，沥青表面处治层在碾压结束后即可开放交通。在通车初期，应设专人指挥交通或设置障碍物控制行车，使路面全部宽度均匀压实。在路面完全成形前，应限制行车速度不超过 20km/h，严禁畜力车及铁轮车行驶。

（二）沥青贯入式

沥青贯入式路面具有较高的强度和稳定性，其强度构成主要依靠矿料的嵌挤作用和沥青材料的黏结力，适用于二级及二级以下的公路，城市道路的次干道及支路，也可作为沥青混凝土路面的联结层。由于沥青贯入式路面是一种多孔隙结构，为防止水的下渗，增强路面的水稳定性，路面的最上层应洒布封层料或加铺拌和层。乳化沥青贯入式路面铺筑在半刚性基层上时，应铺筑下封层。沥青贯入层作为联结层时，可不撒表面封层料。

沥青贯入式路面应选择在干燥和较热的季节施工，并在雨季前及日最高温度低于 15℃到来之前半个月结束，使贯入式结构层通过开放交通碾压成形。沥青贯入层厚度一般为 4 ～ 8cm，但乳化沥青贯入式路面的厚度不应超过 5cm。

当贯入层上面加铺拌和的沥青混合料面层时，总厚度宜为 6 ～ 10cm，其中拌和层的厚度宜为 2 ～ 4cm。

沥青贯入式路面所用的集料应选择有棱角、嵌挤性好的坚硬石料，结合料可采用石油沥青、煤沥青或乳化沥青。材料的其他要求与沥青表面处治层基本相同。

沥青贯入式面层的施工工序如下。

整修和清扫基层，浇洒透层或黏层沥青，铺撒主层矿料。矿料颗粒大小要均匀，并检查松铺厚度。严禁车辆在铺好的集料层上通行。

碾压。主层集料撒铺后应采用 6 ～ 8t 的钢筒式压路机进行初压。碾压速度宜为 2km/h，碾压应自路边缘逐渐移向路中心，每次轮迹重叠约 30cm，再从另一侧以同样方法压至路中心，即为碾压一遍。检验路拱和纵向坡度，若不符合要求，应调整找平再压，直至集料无显著推移为止；然后用 10 ～ 12t 压路机进行碾压，每次轮迹重叠 1/2 左右，压 4 ～ 6 遍，直至主层集料嵌挤稳定，无显著轮迹为止。

浇洒第一层沥青。沥青的浇洒温度应根据沥青标号及气温情况选择。若采用乳化沥青，为防止乳液下漏过多，可在主层集料碾压稳定后，洒布一部分上一层嵌缝料，再浇洒主层沥青。

铺撒第一层嵌缝料。主层沥青浇洒后，应立即均匀洒布第一层嵌缝料，并立即扫匀，不足处应找补。

碾压。嵌缝料扫匀后应立即用 8 ～ 12t 钢筒式压路机进行碾压，轮迹重叠 1/2 左右，压 4 ～ 6 遍直至稳定。碾压时，随压随扫，使嵌缝料均匀嵌入。

浇洒第二层沥青，铺撒第二层嵌缝料，然后碾压。

铺撒封层料。施工要求与铺撒嵌缝料相同。重复该过程，采用 6 ～ 8t 压路机碾压 2 ～ 4 遍，然后开放交通。

初期养护。沥青贯入式路面开放交通后的交通控制、初期养护等与沥青表面处治相同。沥青贯入式表面不铺撒封层料而加铺沥青混合料拌和层时，应紧跟贯入层施工，使上下成为一个整体。贯入部分采用乳化沥青时应待其破乳、水分蒸发且成形稳定后，方可铺筑拌和层。若拌和层与贯入部分不能连续施工，又要在短期内通行施工车辆，贯入层部分的第二遍嵌缝料应增加用量 2 ～ $3m^3/1000m^2$。

在摊铺拌和层沥青混合料前，应清除贯入层表面的杂物、尘土及浮动石料，再补充碾压一遍，并浇洒黏层沥青。乳化沥青碎石混合料适用于三级及三级以下公路的沥青面层、二级公路的养护罩面以及各级公路沥青路面的联结层或整平层。一般情况下，乳化沥青碎石混合料路面的沥青顶层采用双层式：下层采用粗粒式沥青碎石混合料，上层采用中粒式或细粒式沥青碎石混合料。单层式只适合在少雨干燥地区或半刚性基层上使用，在多雨潮湿地区必须做上封层或下封层。

乳化沥青碎石混合料的矿料级配应满足规范要求，并根据已有道路的成功经验试拌确定配合比。其乳液用量应根据当地实践经验，以及交通量、气候、石料情况、沥青标号、施工机械等条件确定，也可按热拌沥青碎石混合料的沥青用量折算。实际的沥青混合料较同规格热拌沥青混合料的沥青用量减少 15% ～ 20%。乳化沥青碎石混合料应采用拌和机拌和，在条件限制时也可在现场用人工拌制。适宜拌和时间根据施工现场使用的集料级配情况、乳液裂解速度、拌和机械性能、施工时的气候等具体条件通过试拌确定，机械拌和时间不宜超过 30s（自矿料中加进乳液的时间算起），人工拌和时间不超过 60s。

已拌好的混合料应立即运至现场进行摊铺。拌和与摊铺过程中已破乳的混合料，应予废弃。拌制的混合料应用沥青摊铺机摊铺；若采用人工摊铺，应防止混合料离析。摊铺系数可通过试验确定。

乳化沥青碎石混合料的碾压应符合下列要求。

混合料摊铺后，采用 6t 左右的轻型压路机初压，碾压 1 ～ 2 遍，使混合料初步稳定，再用轮胎压路机或轻型钢筒式压路机碾压 1 ～ 2 遍。初压时，应匀速进退，不得在碾压路段上紧急制动或快速启动。

当乳化沥青开始破乳，混合料由褐色转变成黑色时，用 12 ～ 15t 轮胎压路机或 10 ～ 12t 钢筒式压路机复压 2 ～ 3 遍后应立即停止，晾晒一段时间，待水分蒸发后，再补充复压至密实为止。压实过程中如有推移现象应立即停止碾压，待稳定后再碾压。如当天不能完全压实，应在较高气温状态下补充碾压。

压实成形后的路面应做好早期养护，并封闭交通 2 ～ 6h。开放交通初期，应设专人指挥，车速不得超过 20km/h，并不得制动或掉头。严禁畜力车和铁轮车通过。

乳化沥青阶石混合料施工的所有工序，包括路面成形及铺筑上封层等，均需在冻前完成。上封层应在压实成形、路面水分蒸发后加铺。

（三）透层、黏层与封层

1. 透层

透层是为了使路面沥青层与非沥青材料层结合良好，而在非沥青材料层上浇洒乳化沥青、煤沥青或液体石油沥青后形成的透入基层表面的薄沥青层。在级配碎砾石及半刚性基层上铺筑沥青混合料面层时，必须浇洒透层沥青。透层沥青宜采用慢裂洒布型乳化沥青，也可使用中、慢裂液体石油沥青或煤沥青。表面致密、平整的半刚性基层上宜采用较稀的透层沥青，粒料类基层宜采用较稠的透层沥青。

透层沥青应紧接在基层施工结束、表面稍干后浇洒。当基层完工后的时间较长时，应对表面进行清扫；若表面过于干燥，应在基层表面适当洒水并待稍干后再浇洒透层沥青。高速公路和一级公路的透层沥青宜采用沥青洒布车喷洒，其他等级公路可采用手工沥青洒布机喷洒。

浇洒透层沥青应符合以下要求：浇洒的透层沥青应渗入基层一定深度，但又不致流淌而在表面形成油膜；气温低于 10℃及大风、降雨时不得浇洒透层沥青；浇洒后，禁止车辆、行人通行；未渗入基层的多余透层沥青应刮除，有遗漏的部位应补洒。

在半刚性基层上浇洒透层沥青后，立即以 2 ～ $3m^3/1000m^2$ 的用量将石子或粗砂洒布在基层上，然后用 6 ～ 8t 钢筒压路机稳压一遍。当需要通行车辆时，应控制车速。透层沥青洒布后应尽早铺筑沥青面层，用乳化沥青做透层时，应待其充分渗透、水分蒸发后方可铺筑沥青面层，此段时间不宜少于 24h。

2. 黏层

黏层是为了加强沥青层之间、沥青层与水泥混凝土面板之间的黏结而洒布的薄沥青层。将热拌沥青混合料铺筑在被污染的沥青层表面、旧沥青路面及水泥混凝土路面上时应浇洒黏层，与新铺沥青路面接触的路缘石、雨水井、检查井等设施的侧面应浇洒黏层沥青。黏层宜采用快裂洒布型乳化沥青，也可采用快、中凝液体石油沥青或煤沥青。黏层沥青宜采用洒布车喷洒，并符合以下要求：洒布应均匀，浇洒过量时应予刮除；气温低于 10℃或路面潮湿时不得浇洒；浇洒后，严禁除沥青混合料运输车以外的其他车辆通行；浇洒后应紧接着铺筑沥青层，但乳化沥青应待其破乳、水分蒸发后再铺沥青层。路面附属结构侧面可用人工涂刷。

3. 封层

所谓封层，即为封闭表面空隙、防止水分浸入面层或基层而铺筑的沥青混合料薄层。铺筑在面层表面的称为上封层，铺筑在面层下面的称为下封层。在下列情况下，应在沥青面层上铺筑上封层：沥青面层空隙较大，渗水严重，有裂缝或已修补的旧沥青路面；需要铺抗滑磨耗层或保护层的旧沥青路面。在下列情况下，应在沥青面层下铺筑下封层：位于多雨地区且沥青面层空隙较大、渗水严重的路面，基层铺筑后不能及时铺沥青面层而又需开放交通的路面。

可采用拌和法或层铺法施工的单层式沥青表面处治层做封层，二级及二级以下公路的沥青路面可采用乳化沥青稀浆做封层。

乳化沥青稀浆封层是用适当级配的石屑或砂与填料（水泥、石灰、粉煤灰、石粉等）、乳化沥青、外加剂和水按一定比例拌和成流态的乳化沥青稀浆，然后用稀浆封层摊铺机均匀地摊铺在需设置封层的结构层上，厚度为 3 ～ 6mm。乳化沥青稀浆混合料用拌和机拌和，拌和时严格控制集料、填料、水、乳液配合比，加水量根据施工和易性要求由稠度试验确定，要求的稠度为 2 ～ 3cm。混合料的湿轮磨耗试验磨耗损失不大于 800g/m^2，轮荷压砂试验的砂吸收量不大于 600g/m^2。

第三章　桥梁施工技术

第一节　桥梁上部结构施工技术

一、桥梁上部结构装配式施工技术

（一）先张法预制梁板

1. 台座

台座是先张法施工的主要设备之一，承受预应力钢筋的全部张拉力，它应有足够的强度和稳定性，以免台座变形、倾覆、滑移而引起预应力损失。台座由一个框架（两根固定横梁和两根受压柱构成）和两根活动横梁组成，固定和活动横梁间设置千斤顶，预应力钢筋两端用工具锚固在活动横梁的锚固板上。千斤顶顶起活动横梁，使预应力筋受张拉。全部张拉力由框架承受。[①]

压柱的承压形式可为中心受压或偏心受压，一般采用偏心受压。前者省料但作业不方便，后者则相反。

2. 模板工程

预制梁的模板是施工过程的临时结构，它不仅关系预制梁尺寸的精度，而且对工程质量、施工进度和工程造价有直接的影响。

预制梁的模板通常按材料分类，有钢模、木模、土木组合模、土模以及钢木组合模等数种。预制工厂常采用钢模和钢木组合模。

模板在制作时，应保证表面平整，转角光滑，连接孔配合准确。对于钢模要考虑焊缝收缩对长度的影响，对于木模要在构造上采取措施以防漏浆。模板的组装可在工作平台上进行，底模在制作时需考虑预制梁的预拱度。

模板分为底模、侧模、端模和内模。模板的安装应与钢筋工作配合进行。在

① 韩冰玉，尹锡军，魏道凯，等．桥梁施工技术 [M]. 沈阳：东北大学出版社，2014.

底模整平以及钢筋骨架安装后，安装侧模和端模；也可先安装端模，后安装侧模。模板安装的精度要高于预制梁的精度要求。每次模板安装完成后需验收合格，方可进入下一道工序。

底模支承在底座上或设置在流水台车上，可用 12 ～ 16mm 厚的钢板制成。将台座的混凝土底板作为预制构件的底模，要求地基不产生非均匀沉陷；底板制作必须平整光滑、排水畅通；预应力筋放松，梁体中段拱起，两端压力增大；梁位端部的底模应满足强度要求和重复使用的要求。底模在构造上应注意设置底模与侧模、底模与端模，以及底模接长的联系构件。此外，还应在底模与台座之间设置减振垫。

侧模由侧板、水平加劲肋、斜撑等构件组成。钢侧模板一般采用 4 ～ 8mm 的钢板。侧模板在构造上应考虑悬挂振捣器的构件，要加强侧模间的连接构造，并需设置拆模板的设施。采用先张法制作预应力板梁，预应力钢筋放松后板梁压缩量为 1% 左右，为保证梁体外形尺寸准确，侧模制作要增长 1%。

端模设置在梁的两端，安装时连接在侧模上，用于形成梁端形状。端模预应力筋孔的位置要准确，安装后与定位板上对应的力筋孔要在一条中心线上。由于实际施工中存在偏差，力筋张拉时的筋位会移动，制作时端模力筋孔径可按力筋直径扩大 2 ～ 4mm，力筋孔水平向还可做成椭圆形。

内模是空心截面梁、板的预制关键，其结构形式直接影响制作是否经济、拆装是否方便、周转率高低等。

3. 预应力筋的张拉

预应力钢筋通常采用高强钢丝、钢绞线和精轧螺纹钢筋。

预应力混凝土预制梁制造过程中，张拉预应力筋，对梁施加预应力是一项十分重要的工作。施加预应力过多或不足都会影响梁的预制质量，必须按设计要求，准确地施加预应力。

先张法梁的预应力筋是在底模整理后，在台座上张拉已加工好的预应力筋。

先张法梁通常一端张拉，另一端在张拉前要设置好固定装置或安放好预应力筋的放松装置。张拉前，应先在端横梁上安装预应力筋的定位钢板，同时检查其孔位和孔径是否符合设计要求，之后在台座安装预应力筋，穿钢筋不能刮碰掉台面上的隔离剂。安装张拉设备时，应使张拉力的作用线与钢筋中心线一致。张拉时应采用应力与伸长值双控制，如发现伸长值异常，应停止张拉，查明原因。此外，在张拉过程中要十分重视施工安全。

为了减少张拉过程中的预应力损失，可以采用超张拉的方法。

4. 预应力混凝土的配料与浇筑

混凝土工程质量好坏是决定混凝土能否达到设计强度等级的关键，将直接影响钢筋混凝土结构的强度和耐久性。

预应力混凝土配料。预应力混凝土配料除应符合普通混凝土有关规定外，尚应符合如下要求。

配制高强度等级的混凝土应选择级配优良的配合比，在构件截面尺寸和配筋允许下，尽量采用大粒径、强度高的骨料；含砂率不超过40%，水泥用量不宜超过500kg/m^3，最大不超过550kg/m^3，水灰比不超过0.45，一般可采用低塑性混凝土，坍落度不大于30mm，以减少因徐变和收缩所引起的预应力损失。

在拌和料中可掺入适量的减水剂（塑化剂），以达到易于浇筑、节约水泥的目的，其掺入量可由试验确定，也可参考经验值。拌和料不得掺入氯化钙、氯化钠等氯盐及引气剂，亦不宜掺入引气型减水剂。值得注意的是，由于混凝土掺加减水剂效果显著，目前用于建造预应力混凝土桥梁的高强度混凝土几乎没有不掺加减水剂的，但我们对它的使用不能掉以轻心，因为使用不当将会严重影响混凝土的质量。

水、水泥、减水剂用量应准确到 ±1%，骨料用量应准确到 ±2%。

预应力混凝土所用的一切材料，必须全面检查，各项指标均应合格。预应力混凝土选配材料总的发展趋势是提高强度，减轻自重，主要途径是采用多孔的轻质骨料。改善预应力混凝土物理力学性能的另一个重要途径是研制改性混凝土。

预应力混凝土浇筑。混凝土浇筑前除应按操作规程检查外，对先张构件还应检查台座受力，夹具，预应力筋数量、位置及张拉吨位是否符合要求等。

浇筑质量主要从两个方面来控制，一个是浇筑层的厚度与浇筑程序；另一个是良好的振捣，两个方面互相影响。当构件的高度（或厚度）较大时，为了保证混凝土能振捣密实，应采用分层浇筑法，在下层混凝土初凝之前，将上层混凝土浇筑并振捣完毕。T形梁一般采用水平层浇筑法，也可采用斜层浇筑法。

混凝土浇筑不得任意中断，由于技术上或组织上的原因必须间歇时，间歇时间应根据环境温度、水泥性能、水灰比、外加剂类型及混凝土硬化条件确定。无试验资料时，对不掺外加剂的混凝土，间歇时间不宜超过2h；当温度高于30℃

时，应减少为 1.5h；当温度低于 10℃时，可延长至 2.5h。

混凝土的振捣。混凝土浇筑与混凝土振捣要密切配合，分层浇筑、分层振捣。

在预制梁时，组织强力振捣是提高施工质量的关键。由于预制梁截面形状复杂，梁高、壁薄、钢筋密集，浇筑梁下层或下马蹄处的混凝土时，可使用底模和侧模下排的振捣器联合振捣，并依照浇筑位置调整振捣部位。浇筑梁的上层或梁肋混凝土时，主要使用侧模振捣，辅以插入式振捣。浇筑桥面混凝土时，可使用侧模上排振捣器、插入式振捣器和平板式振捣器联合振捣。

混凝土的振捣时间应严格控制。振捣时间过长，容易引起混凝土的离析现象；振捣时间过短，则不能达到要求的密实度。一般以振捣至混凝土不再下沉、无显著气泡上升，混凝土表面出现浮浆，表面达到平整为度。用附着式振捣器时，因振捣效率差，一般约需 120s。用插入式振捣器时，效果较好，一般只要 20 ～ 30s。用平板式振捣器时，在每个位置上的振捣时间为 25 ～ 40s。

混凝土的养护及拆模。为保持混凝土硬化时所需的温度与湿度，混凝土浇筑后需进行养护。预应力混凝土梁一般采用蒸汽法养护。开始时恒温，温度应按设计规定执行，不得任意提高，以免造成不可补救的预应力损失。

拆模的质量好坏直接影响预制梁的质量和模板的周转使用。不承重的侧模，在混凝土强度达到 2.5MPa 时，可以拆除。侧模可用千斤顶协助脱模，为使模板单元安全脱模，常用旋转法拆模，其转动中心可以设在侧模的下端或上端。承重的底面模板应在混凝土强度能承受自重和其他可能的外荷载时拆除。

拆模后，如发现有缺陷，应进行修补。修补时应遵循以下三点原则。

对有面积小、数量不多的蜂窝或露石的混凝土，先用钢丝刷或加压水洗刷基层，然后用 1∶2 ～ 1∶2.5 的水泥砂浆抹平。

对有较大面积的蜂窝、露石和露筋的混凝土应按其全部深度凿去薄弱层，然后用钢丝刷或加压水冲刷，再用比原混凝土强度等级高一个级别的细骨料混凝土填塞，并仔细捣实。

对影响结构性能的缺陷，应由设计单位研究处理。

5. 预应力筋的放松

当混凝土强度达到设计强度的 70% ～ 80% 以后，可在台座上放松受拉预应力筋，对预制梁施加预应力。放松过早会造成较多的预应力损失（主要是收缩、徐变损失）；放松过迟，则影响台座和模板的周转。放松操作时速度不应过快，尽量使构件受力对称均匀。只有待预应力筋被放松后，才能切割每个构件端部的钢筋。

放松预应力钢筋的方法有：用千斤顶先拉后松、沙箱放松、滑楔放松和螺杆放松等方法，用得较多的是千斤顶放松。

采用千斤顶放松，是在混凝土达到规定强度后，再安装千斤顶重新张拉钢筋，施加的应力不应超过原有的张拉控制应力，之后将固定在横隔梁定位板前的双螺帽慢慢旋动后，再将千斤顶回位，让钢筋慢慢放松，使构件均匀对称受力。逐渐放松预应力筋时，应严格按有利于梁受力的次序分阶段进行。通常自构件两侧对称地向中心放松，以免较后一根钢筋断裂时使梁承受大的水平弯曲冲击作用。

（二）后张法预制梁板

1. 后张法预制梁板施工工序

按施工需要规划预制场地，整平压实，完善排水系统，确保场内不积水。

根据预制梁的尺寸、数量、工期，确定预制台座的数量、尺寸；台座用表面压光的梁（板）筑成，应坚固不沉陷，确保底模沉降不大于 2mm；台座上铺钢板底模或用角钢镶边代作底模。当预制梁跨大于 20m 时，要按规定设置反拱。

根据需要及设备条件，选用塔吊或跨梁龙门吊作吊运工具，并铺设轨道。

统筹规划梁（板）拌和站及水、电管路的布设安装。

预制模板由钢板、型钢组焊而成，应有足够的强度、刚度和稳定性，尺寸规范，表面平整光洁，接缝紧密，不漏浆，试拼合格后，方可投入使用。

在绑扎工作台上将钢筋绑扎焊接成钢筋骨架，把制孔管按坐标位置定位固定，如使用橡胶抽拔管要插入芯棒。

用龙门吊机将钢筋骨架吊装入模，绑扎隔板钢筋，埋设预埋件，在孔道两端及最低处设置压浆孔，在最高处设排气孔，安设锚垫板后，先安装端模，再安装涂有脱模剂的钢侧模，统一紧固调整和必要的支撑后交验。

将质量合格的梁（板）用专用设备运输，卸入吊斗，由龙门吊从梁的一端向另一端，水平分层，待下部捣实后再浇筑腹板、翼板，浇筑至接近另一端时改从另一端向相反方向顺序下料，在距梁端 3 ～ 4m 处浇筑合龙，一次整体浇筑成形。当梁高跨长，或混凝土拌制跟不上浇筑进度时。可斜层浇筑，或纵向分段，水平分层浇筑。

梁（板）的振捣以紧固安装在侧模上的附着式为主，插入式振捣器为辅。振捣时，要掌握好振动的持续时间、间隔时间和钢筋密集区的振捣，力求梁（板）

达到最佳密实度而又不损伤制孔管道。

梁（板）混凝土浇筑完成后要将表面抹平、拉毛，收浆后适时覆盖，洒水湿养不少于7天，蒸汽养护恒温不宜超过80℃，也可采用喷洒养护剂。

使用龙门吊拆除模板，拆下的模板要按顺序摆放，清除灰浆，以备再用。构件脱模后，要标明型号、预制日期及使用方向。

将力学性能和表面质量符合设计要求的预应力钢丝或钢绞线按计算长度下料，梳理顺直，编扎成束，用人工或卷扬机或其他牵引设备穿入孔道。

当构件梁（板）达到规定强度时，安装千斤顶等张拉设备，准备张拉。

张拉使用的张拉机及油泵、锚、夹具必须符合设计要求，并配套使用，定期校验，以准确标定张拉力与压力表读数间的关系曲线。

按设计要求在两端同时对称张拉，张拉时，千斤顶的作用线必须与预应力轴线重合，两端各项张拉操作必须一致。

预应力张拉采用应力控制，同时以伸长值作为校核。实际伸长值与理论伸长值之差应满足规范要求，否则应查明原因采取补救措施。

张拉过程中的断丝、滑丝数量不得超过设计规定，否则应更换钢筋或采取补救措施。预应力筋锚固应在张拉控制应力处于稳定状态时进行，其钢筋内缩量不得超过设计规定。

2. 预制梁的架设方法

联合架桥机法。以联合架桥机并配备若干滑车、千斤顶、绞车等辅助设备架设安装的预制梁，适用于多孔30m以下孔径的装配式桥梁。

联合架桥机的组成。联合架桥机主要由龙门架、导梁和蝴蝶架组成。龙门架用工字形钢梁架设，在架上安放两台吊车，架的接头处和上、下缘用钢板加固，主柱为拐脚式，横梁的高程由两根预制梁的叠高加上平车的高度和起吊设备的高度决定。它是用来起落预制件和导梁，并对预制构件进行墩上横移和就位的。蝴蝶架形如蝴蝶，用角钢拼成，上设有供升降用的千斤顶。它是拖动龙门架转移位置的专用工具。托架是在桥头地面上拼装、竖直，用千斤顶顶起放在托架平车上，移至导梁上放置。导梁用钢桁梁拼成，以横向框架连接，其上铺钢轨供运梁行走。

施工作业。架梁时，先铺设导梁和轨道，用绞车将导梁拖移就位后，把蝴蝶架用平板车推上轨道，将龙门吊机托运至墩上，用千斤顶将吊机降落在墩顶，并用螺栓固定在墩的支承垫块上，然后用平车将梁运到两墩之间，由吊机起吊、横移、下落就位。待全跨梁就位后，向前铺设轨道，用蝴蝶架把吊机移至下一跨架梁。

施工优点。其优点是可完全不设桥下支架，不受洪水威胁，架设过程中不影响桥下通车、通航；预制梁的纵移、起吊、横移、就位都比较便利。缺点是架设设备用钢材较多（可周转使用），较适用于多孔 30m 以下孔径的装配式桥。

双导梁穿行式架设法。双导梁穿行式架设法是在架设跨间设置两组导梁。导梁是用贝雷梁或万能构件组装的钢桁架，其梁长大于两倍桥梁跨径，前方为引导部分，由前端钢支架与前方墩上的预埋螺栓连接，中段是承重部分，后段为平衡部分。导梁顶面铺设平车轨道，预制梁由平车在导梁上运至桥孔，由设在两根横梁上的卷扬机吊起，下落在两个桥墩上，之后在滑道垫板上进行横移就位。先安装两个边梁，再安装中间各梁，全跨安装完毕、横向焊接后，将导梁向前推，安装下一跨。

扒杆架设法。扒杆架设法又称吊鱼架设法，它利用“人”字扒杆来架设桥梁上部结构构件，不需要特殊的脚手架或木排架。

“人”字扒杆分为一副扒杆和两副扒杆架设两种。两副扒杆架设中，一副是吊鱼滑车组，用以牵引预制梁悬空拖曳；另一副是牵引前进，梁的尾端设有制动绞车，起溜绳配合作用，后扒杆的主要作用是预制梁吊装就位时，配合前扒杆吊起梁端，抽出木垛，便于落梁就位。一副扒杆架设的基本方法与两副扒杆架设相同，不同之处是采用千斤顶顶起预制梁，抽出木垛，落梁就位。

用此法架梁时，必须以预制梁的质量和墩台间跨径为基础，在竖立扒杆、放倒扒杆、转移扒杆或吊梁进行横移等各个阶段，对扒杆、牵引绳、控制绳等零件进行受力分析和应力计算，以确保设备的安全。此法不受架设孔墩台高度和桥孔下地基、河流水文等条件影响，适用于起吊高度不大和水平移动范围较小的中、小跨径的桥梁。

自行式吊车架梁。在桥不高、场内又可设置行车便道的情况下，用自行式吊车（汽车吊车或履带吊车）架设中、小跨径的桥梁十分方便。此法视吊装质量不同，还可采用单吊（一台吊车）或双吊（两台吊车）两种形式。其特点是机动性好，不需要动力设备，不需要准备作业，架梁速度快。一般吊装能力为 150 ～ 1000kN。此方法适合于陆地架设。

跨墩门式吊车架梁。跨墩龙门吊机安装适用于岸上和浅水滩以及不通航浅水区域安装预制梁。

两台跨墩龙门吊机分别设于待安装孔的前、后墩位置，预制梁由平车顺桥向运至安装孔的一侧，移动跨墩龙门吊机上的吊梁平车，对准梁的吊点放下吊架，将梁吊起。当梁底超过桥墩顶面后，停止提升，用卷扬机牵引吊梁平车慢慢横移，使梁对准桥墩上的支座，然后落梁就位，接着准备架设下一根梁。

在水深不超过 5m、水流平缓、不通航的中小河流上的小桥孔，也可采用跨墩龙门吊机架梁。这时必须在水上桥墩的两侧架设龙门吊机轨道便桥，便桥基础可用木桩或钢筋混凝土桩。在水浅流缓而无冲刷的河上，也可用木笼或草袋筑岛做便桥的基础。便桥的梁可用贝雷钢架组拼。

浮吊架设法。在海上和深水大河上修建桥梁时，用可回转的伸臂式浮吊架梁比较方便，也可用钢制万能杆件或贝雷钢架拼装固定的悬臂浮吊进行。这种架梁方法高空作业较少，施工比较安全，吊装能力也大，工效也高，但需要大型浮吊。鉴于浮吊船来回运梁航行时间长，费用高，一般采取用装梁船存梁后成批一起架设的方式。

浮吊架梁时需在岸边设置临时码头来移运预制梁。架梁时，浮吊要认真锚固。如流速不大时，则可用预先抛入河中的混凝土锚作为锚固点。

二、桥梁上部结构支架施工技术

（一）模板、支架、拱架的类型

1. 模板

施工所用模板，有组合钢模板、木模板、木胶合板模板、竹胶合板模板、硬铝模板、塑料模板、各类纤维材料板。施工时，应根据结构物的外观要求选用。

2. 支架

支架按其构造分为立柱式支架、梁式支架和梁柱式支架；按材料分为木支架、钢支架、钢木混合支架和万能杆件拼装的支架等。

立柱式支架。立柱式支架构造简单，可用于陆地或不通航河道以及桥墩不高的小跨径桥梁施工。

梁式支架。根据跨径不同，梁可采用“工”字钢、钢板梁或钢桁梁。

梁柱式支架。当桥梁较高、跨径较大或必须在支架下设孔通航或排洪时，可用梁柱式支架。

3. 拱架

拱架按结构分为支柱式、撑架式、扇形、桁式、组合式等；按材料分为木拱架、钢拱架、竹拱架和土牛拱胎。

（二）模板、支架和拱架的设计

1. 设计的一般要求

第一，模板、支架和拱架的设计，应根据结构形式、设计跨径、施工组织设计、荷载大小、地基土类别及有关的设计、施工规范进行。

第二，应绘制模板、支架和拱架总装图，细部构造图。

第三，应制定模板、支架和拱架结构的安装、使用、拆卸保养等有关技术安全措施和注意事项。

第四，应编制模板、支架及拱架材料数量表。

第五，应编制模板、支架及拱架设计说明书。

2. 设计荷载

第一，计算模板、支架和拱架时，应考虑荷载并按要求进行荷载组合。需考虑以下内容：①模板、支架和拱架自重。②新浇筑混凝土、钢筋混凝土或其他房工结构物的重力。③施工人员和施工材料、机具等行走运输或堆放的荷载。④振捣混凝土时产生的荷载。⑤新浇筑混凝土对侧面模板的压力。⑥倾倒混凝土时产生的水平荷载。⑦其他可能产生的荷载，如雪荷载、冬季保温设施荷载等。

第二，钢、木模板，支架及拱架的设计可按现行《公路钢结构桥梁设计规范》的有关规定执行。

第三，计算模板、支架和拱架的强度和稳定性时，应考虑作用在模板、支架和拱架上的风力。设于水中的支架，尚应考虑水流压力、流冰压力和船只漂流物等冲击力荷载。

第四，组合箱形拱，如为就地浇筑，其支架和拱架的设计荷载可只考虑承受拱肋重力及施工操作时的附加荷载。

3. 稳定性要求

第一，支架的立柱应保持稳定，并用撑拉杆固定。当验算模板及其支架在自重和风荷载等作用下的抗倾倒稳定时，验算倾覆的稳定系数不得小于 1.3。

第二，支架受压构件纵向弯曲系数应符合现行《公路钢结构桥梁设计规范》

的要求。

强度及刚度要求。验算模板、支架及拱架的刚度时，其变形值不得超过下列数值：①结构表面外露的模板，挠度为模板构件跨度的 1/400；②结构表面隐蔽的模板，挠度为模板构件跨度的 1/250；③支架、拱架受载后挠曲的杆件（盖梁、纵梁），其弹性挠度为相应结构跨度的 1/400；④钢模板的面板变形为 1.5mm；⑤钢模板的钢棱和柱箍变形为 1/500 和 B/500（其中 1 为计算跨径，B 为柱宽）。

受压杆件的长细比不得超过下列数值：主要受压杆件（立柱）的长细比为 100，次要受压杆件的长细比为 150。

拱架各截面的应力验算。根据拱架结构形式及所承受的荷载，验算拱顶、拱脚及 1/4 跨各截面的应力、铁件及节点的应力，同时验算分阶段浇筑或砌筑时的强度及稳定性。验算倾覆稳定系数不得小于 1.3。

（三）模板、支架和拱架的制作及安装

1. 模板的制作及安装

（1）钢模板制作。

第一，钢模板宜采用标准化的组合模板。组合钢模板的拼装应符合现行国家标准《组合钢模板技术规范》。各种螺栓连接件应符合国家现行有关标准。

第二，钢模板及其配件应按批准的加工图加工，成品经检验确认合格后方可使用。

（2）木模板制作。

第一，木模板可在工厂或施工现场制作，木模板与混凝土接触的表面应平整、光滑，多次重复使用的木模板应在内侧加钉薄铁皮。木模板的接缝可做成平缝、搭接缝或企口缝。当采用平缝时，应采取措施防止漏浆。木模板的转角处应加嵌条或做成斜角。

第二，重复使用的模板应始终保持其表面平整，形状准确，不漏浆，有足够的强度和刚度。

（3）模板安装的技术要求。

混凝土的模板板面可采用下列材料：金属板、木制板、高分子合成材料面板、硬塑料板、玻璃钢板等。外露面的模板板面宜采用钢模板、胶合板，为减少模板的拼缝，对于大面积的混凝土，其每块模板的面积宜大于 $1.0m^2$。梁及墩台帽的突

出部分，应做成倒角或削边，以便脱模。在结构物的某些部位设置凸条或凹槽的装饰线。模板内的金属连接件或锚固件，应按图纸规定及监理工程师的要求将其拆卸或截断，且不损伤混凝土。模板内应无污物、砂浆及其他杂物。以后要拆除的模板，应在使用前彻底涂以脱模剂或其他相当的代用品，以使其易于脱模，并使混凝土不变色。

第一，模板与钢筋安装工作应配合进行，妨碍绑扎钢筋的模板应待钢筋安装完毕后再安设。模板不应与脚手架连接（模板与脚手架整体设计时除外），避免引起模板变形。

第二，安装侧模时，应防止模板移位和凸出。基础侧模可在模板外设立支撑固定，墩、台、梁的侧模可设拉杆固定。浇筑在混凝土中的拉杆，应按拉杆拔出或不拔出的要求采取相应的措施。对于小型结构物，可使用金属线代替拉杆。

第三，模板安装完毕后，应对其平面位置、顶部标高、节点连接，以及纵、横向稳定性进行检查，符合要求后，方可浇筑混凝土。浇筑时，发现模板有超过允许偏差变形值的可能时，应及时纠正。

第四，模板在安装过程中，必须设置防倾覆设施。

第五，当结构自重和汽车荷载（不计冲击力）产生的向下挠度超过跨径的1/1600时，钢筋混凝土梁、板的底模板应设预拱度，预拱度值应等于结构自重和1/2汽车荷载（不计冲击力）所产生的挠度。纵向预拱度可做成抛物线或圆曲线。

第六，后张法预应力梁、板，应注意预应力、自重和汽车荷载等综合作用下所产生的上拱或下挠，应设置适当的预挠或预拱。

第七，所有和模板有关的工作做完，待浇混凝土构件中所有预埋件亦安装完毕后，才能浇筑混凝土。这些工作应包括清除模板中所有污物、碎屑物、木屑、水及其他杂物。

2. 支架、拱架的制作及安装

支架、拱架制作及安装的一般要求。

第一，支架和拱架宜采用标准化、系列化、通用化的构件拼装。无论使用何种材料的支架和拱架，均应进行施工图设计，并验算其强度和稳定性。

第二，制作木支架、木拱架时，长杆件接头应尽量减少，两相邻立柱的连接接头应尽量分设在不同的水平面上。主要压力杆的纵向连接，应使用对接法，并用木夹板或铁夹板夹紧。次要构件的连接可用搭接法。

第三，安装拱架前，对拱架立柱和拱架支承面应详细检查，准确调整拱架支承面和顶部标高，并复测跨度，确认无误后方可进行安装。各片拱架在同一节点处的标高应尽量一致，以便拼装平联杆件。在风力较大的地区，应设置风缆。

第四，支架和拱架应稳定、坚固，能抵抗在施工过程中可能发生的偶然冲撞和振动。安装时应注意以下几点：①支架立柱必须安装在有足够承载力的地基上，立柱底端应设垫木来分布和传递压力，并保证浇筑混凝土后不发生超过允许的沉降量。②施工用的脚手架和便桥，不应与结构物的模板支架相连接，以避免施工振动时影响浇筑混凝土质量。③船只或汽车通行孔的两边支架应加设护桩，夜间应用灯光标明行驶方向；施工中易受漂流物冲撞的河中支架，应加设坚固的防护设备。

第五，支架或拱架安装完毕后，应对其平面位置、顶部标高、节点连接，以及纵、横向稳定性进行全面检查，符合要求后，方可进行下一工序。

第六，在浇筑混凝土及砌筑拱圈过程中，应随时测量和记录支架与拱架的变形及沉降量。

第七，现浇混凝土的梁（板）结构，在支架架设后，应按图纸要求对支架进行预压，加在支架上的预压荷载应不小于梁（板）自重。

3. 中小跨径空心板制作要求

第一，充气胶囊在使用前应经过检查，不得漏气，安装时应有专人检查钢丝头，钢丝头应弯向内侧，胶囊涂刷隔离剂。每次使用后，应妥善存放，防止污染、破损及老化。

第二，从开始浇筑混凝土到胶囊放气时止，其充气压力应保持稳定。

第三，浇筑混凝土时，为防止胶囊上浮和偏位，应采取有效措施加以固定，并应对称平衡地进行浇筑。

第四，胶囊的放气时间应经试验确定，以混凝土强度达到能保持构件不变形为宜。

第五，木芯模使用时应防止漏浆和采取措施便于脱模。要控制好拆芯模时间，过早易造成混凝土坍落，过晚则拆模困难。应根据施工条件通过试验确定拆除时间。

第六，钢管芯模应用表面匀直、光滑的无缝钢管制作，混凝土终凝后，即可将芯模轻轻地转动，然后边转动边拔出。

第七，充气胶囊芯模在工厂制作时，应规定充气变形值，保证制作误差不大于设计规定的误差要求。在设计无规定时，应满足现行《公路桥涵施工技术规范》对板梁构造尺寸的要求。

（四）模板、支架和拱架的拆除

应在拟定拆模时间的12h以前，报告拆模建议，并应取得同意。如果由于拆模不当而引起混凝土损坏，卸落拱架时，应用仪器观测拱圈挠度和墩台变位情况，并做好记录。

1. 拆除期限的原则规定

模板、支架和拱架的拆除期限，应根据结构物特点、模板部位和混凝土所达到的强度来决定。

非承重侧模板应在混凝土强度能保证其表面及棱角不会因拆模而受损坏时，方可拆除，一般应在混凝土抗压强度达到2.5MPa时方可拆除侧模板。

芯模和预留孔道内模，应在混凝土强度能保证其表面不发生塌陷和裂缝现象时，方可拔除。拔除时间可按现行《公路桥涵施工技术规范》的有关规定确定。

钢筋混凝土结构的承重模板、支架和拱架，应在混凝土强度能承受其自重力及其他可能的叠加荷载时，方可拆除。当构件跨度不大于4m时，在混凝土强度符合设计强度标准值的50%的要求后，方可拆除；当构件跨度大于4m时，在混凝土强度符合设计强度标准值的75%的要求后，方可拆除。

如设计上对拆除承重模板、支架、拱架另有规定，应按照设计规定执行。

石拱桥的拱架卸落时间应符合下列要求。

第一，浆砌石拱桥，须待砂浆强度达到设计要求，或如设计无要求，则须达到砂浆强度的70%。

第二，跨径小于10m的小拱桥，宜在拱上建筑全部完成后卸架；中等跨径的实腹式拱，宜在护拱砌完后卸架；大跨径空腹式拱，宜在拱上小拱横墙砌好（未砌小拱圈）时卸架。

第三，当需要进行裸拱卸架时，应对裸拱进行截面强度及稳定性验算，并采取必要的稳定措施。

2. 拆除时的技术要求

模板拆除应按设计的顺序进行，设计无规定时，应遵循先支后拆，后支先拆的顺序，拆时严禁抛扔。

为便于支架和拱架的拆卸，应根据结构形式、承受的荷载大小及需要的卸落量，在支架和拱架适当部位设置相应的木楔、木马、砂筒或千斤顶等落模设备。

卸落支架和拱架应按拟定的卸落程序进行，分几个循环卸完，卸落量开始时宜小，以后逐渐增大。在纵向应对称均衡卸落，在横向应同时一起卸落。在拟定卸落程序时应注意以下几点：①在卸落前应在卸架设备上画好每次卸落量的标记。②满布式拱架卸落时，可从拱顶向拱脚依次循环卸落；拱式拱架可在两支座处同时均匀卸落。③简支梁、连续梁宜从跨中向支座依次循环卸落；悬臂梁应先卸挂梁及悬臂的支架，再卸无铰跨内的支架。④多孔拱桥卸架时，若桥墩允许承受单孔施工荷载，可单孔卸落，否则应多孔同时卸落，或各连续孔分阶段卸落。⑤卸落拱架时，应设专人用仪器观测拱圈挠度和墩台变化情况，并详细记录。另设专人观察是否有裂缝现象。

墩、台模板宜在其上部结构施工前拆除。拆除模板、卸落支架和拱架时，不允许猛烈敲打或强扭。

支架和拱架拆除后，应维修整理，分类妥善存放。

（五）施工工序

1. 地基处理

地基处理应根据箱梁的断面尺寸及支架的形式对地基的要求而定，支架的跨径大，对地基的要求就高，地基的处理形式就得加强，反之就可相对减弱。地基处理时要做好地基的排水，防止雨水或混凝土浇筑和养护过程中滴水对地基的影响。

2. 支架

第一，支架的布置根据梁截面大小并通过计算确定以确保强度、刚度、稳定性满足要求，计算时除应考虑梁体混凝土质量外，还须考虑模板及支架质量，施工荷载（人、料、机等），作用模板、支架上的风力，以及其他可能产生的荷载（如雪荷载，保证设施荷载）等。

第二，支架应根据技术规范的要求进行预压，以收集支架、地基的变形数据。作为设置预拱度的依据，预拱度设置时要考虑张拉上拱的影响。预拱度一般按两次抛物线设置。

第三，支架的卸落设备可根据支架形式选择使用木楔、砂筒、千斤顶、U 形顶托等，卸落设备尤其要保证有足够的强度。

3. 模板

模板由底模、侧模及内模三个部分组成，一般预先分别制作成组件，在使用时再进行拼装。模板以钢模板为主，在齿板、堵头或棱角处采用木模板。模板的楞木由方钢、槽钢或方木组成，布置间距以75cm左右为宜，具体的布置需要根据箱梁截面尺寸确定，并通过计算对模板的强度、刚度进行验算。

4. 普通钢筋、预应力筋的布设

第一，在安装并调好底模及侧模后，开始底、腹板普遍钢筋绑扎及预应力管道的预设。混凝土一次浇筑时，在底、腹板钢筋及预应力管道完成后，安装内模，再绑扎顶板钢筋及预应力管道。混凝土二次浇筑时，底、腹板钢筋及预应力管道完成后，浇筑第一次混凝土，混凝土终凝后，再支内模顶板，绑扎顶板钢筋及预应力管道，进行混凝土的第二次浇筑。

第二，普通钢筋及预应力筋按规范的要求做好各种试验，严格按设计图纸的要求布设，对于腹板钢筋一般根据其起吊能力，预先焊成钢筋骨架，吊装后再绑扎或焊接成形，钢筋绑扎、焊接应符合技术规范的要求。

第三，预应力管道采用镀锌钢带制作，预应力管道的位置按设计要求准确布设，并采用每隔50cm一道的定位筋进行固定，接头要平顺，外用胶布缠牢，在管道的高点设置排气孔。

第四，锚垫板安装前，要检查锚垫板的几何尺寸是否符合设计要求，锚垫板要牢固地安装在模板上。要使垫板与孔道严格对中，并与孔道端部垂直，不得错位。

第五，预应力筋的下料长度应通过计算确定，计算应考虑孔道曲线长度、锚夹具长度、千斤顶长度及外露工作长度等因素。

第六，预应力筋穿束前应清理孔道。

5. 混凝土的浇筑

浇筑施工前，应做混凝土的配合比设计及各种材料试验，并根据实际情况进行综合比较，确定箱梁混凝土采用一次、两次或三次浇筑。以下两点在施工中应给予重视。

第一，混凝土浇筑时要安排好浇筑顺序，其浇筑速度要确保下层混凝土初凝前覆盖上层混凝土。

第二，混凝土的振捣采用插入式振捣器进行，振捣器的移动间距不超过其作用半径的1.5倍，并插入下层混凝土5～10cm。对于每一个振捣部位，必须振捣到该部位混凝土密实为止，但也不得超振。

6. 预应力的张拉

在进行张拉作业前，必须对千斤顶、油泵进行配套标定，并每隔一段时间进行一次校验。有几套张拉设备时，要进行编组，不同组号的设备不得混合。

当梁体混凝土强度达到设计规定的张拉强度时，方可进行张拉。

预应力的张拉采用双控，即以张拉力控制为主，以钢束的实际伸长量进行校核，实测伸长值与理论伸长值的误差不得超过规范要求，否则应停止张拉。

张拉的程序按技术规范的要求进行。

张拉过程中的断丝、滑丝不得超过规范或设计的规定。

7. 压浆、封锚

张拉完成后要尽快进行孔道压浆和封锚，压浆所用灰浆的强度、稠度、水灰比、泌水率、膨胀剂剂量按施工技术规范及试验标准要求加以控制。

每个孔道压浆到最大压力后，应有一定的稳定时间。压浆应使孔道另一端饱满和出浆，直到排气孔排出与规定稠度相同的水泥浓浆为止。

压浆完成后，应将锚具周围冲洗干净并凿毛，设置钢筋网，浇筑封锚混凝土。

第二节　桥梁下部结构施工技术

桥梁基础是桥梁结构物直接与地基接触的部分，是桥梁下部结构的重要组成部分。承受基础传来的荷载的那一部分地层（岩层或土层）则称为地基，地基与基础受到各种荷载后，其本身将产生附加的应力和变形。为保证桥梁的正常使用和安全，地基与基础必须具有足够的强度和稳定性，变形也应在容许范围之内。根据地基土的上层变化情况、上部结构的要求、荷载特点和施工技术水平，桥梁基础可采用各种类型。

桥梁基础根据埋置深度分为浅置基础和深置基础两类，它们的施工方法不同，设计计算原理也不同。浅置基础是在桥台或桥墩下直接修建的埋深较浅的基础（一般小于 5m）。如置浅层土质不良，则需把基础埋置较深的良好地层，这样的基础称为深置基础（一般埋置深度大于 5m）。基础埋置在土层内深度虽较浅，但在水下部分较深，如深水中的桥墩基础，称为深水基础。浅置基础最简单经济，也最常用。当需要设置深置基础时，则常采用桩基础或沉井基础，特殊桥位也可能采用其他大型基础或组合形式。

确定基础类型方案主要取决于地质土层的工程性质与水文地质条件、荷载特性、桥梁结构形式及其使用要求，以及材料的供应和施工技术等因素。方案选择的原则是：力争做到使用上安全可靠、施工技术上简便可行、经济上合理。因此，必要时应进行不同方案的比较，从中得出较为适宜与合理的设计方案及相应的施工方案。众多工程实例表明，桥梁的地基与基础的设计及施工质量的好坏，是关系整座桥梁质量的根本问题。因为基础工程是隐蔽工程，如有缺陷，较难发现，也较难弥补或修复，而这些缺陷往往直接影响整座桥梁的使用甚至安危。基础工程施工的进度，经常控制全桥的施工进度，下部工程的造价通常占全桥造价相当大的比重，尤其在复杂地质条件下或深水处修筑基础，更是如此。因此，从事这项工作必须做到精心设计、精心施工，确保万无一失。

桥梁是一个整体结构，上、下部结构和地基是共同工作、相互影响的。地基的任何变形都必然引起上、下部结构的相应位移，上、下部结构的力学特征也必然关系地基的强度和稳定条件。因此，桥梁基础的设计、施工都应紧密结合桥梁结构的特点和要求，全面分析、综合考虑。

一、明挖扩大基础施工

（一）一般基础开挖的规定

扩大浅基础的施工常采用明挖法，其施工顺序和主要工作包括基础定位放样、基坑的开挖、坑壁支撑、基坑排水、基坑检验和基底土的处理、基础砌筑及基坑的回填等工序。基础开挖的规定如下。①

应在基础开挖开始之前通知监理工程师，以便检查、测量基础平面位置和现有地面标高。在未完成检查测量及监理工程师批准之前不得开挖。为便于开挖后的检查校核，基础轴线控制桩应延长至基坑外加以固定。

开挖应进行到图纸所示或监理工程师所指定的标高，最终的开挖深度要依设计期间所进行的钻探和土工试验，并结合基础开挖的实际调查资料来确定。在开挖的基坑未经监理工程师批准之前，不得浇筑混凝土或砌筑圬工。

① 王修山，王波，王思长．道路与桥梁施工技术 第 2 版 [M]. 北京：机械工业出版社，2022.

在原有建筑物附近开挖基坑时，应按现行《公路工程施工安全技术规程》的规定，采取有效的防护措施，使开挖工作不致危及附近建筑物的安全，所采用的防护措施须经监理工程师同意。基坑周围不得堆放建筑材料、设备和危及基坑安全的杂物。

所有从挖方中挖出的材料，如果监理工程师认为适用，可用作回填或铺筑路堤，或按监理工程师批示的其他方法处理。

基桩处的基坑开挖，应在打桩之前完成。必要时，挖方的各侧面应始终予以可靠支撑，并得到监理工程师认可。

所有基础挖方都应始终保持良好的排水，保证在挖方的整个施工期间都不致遭受水的危害。凡是在低于已知地下水位的地方进行开挖并构成基础时，必须提交一份建议用于每个基础的排水方法，以及为此而采取的各项措施的报告，并取得监理工程师的批准。

在施工期间，应维护天然水道并使地面排水畅通。

基坑开挖至图纸规定基底标高后，如发现基底承载力达不到图纸规定的承载力要求，应根据实际钻探（或挖探）及土壤实验资料提出地基处理的方案，报告监理工程师审查，并按监理工程师的批示处理。

（二）基础的定位放样及施工

基础定位放样，就是将设计图纸上的墩台位置和尺寸标定到实际工地上，这主要是测量问题。定位工作可分为垂直定位和水平定位两个方面。垂直定位是定出墩台基础各部分的标高，可借助施工现场的水准基点进行；水平定位是定出基础在平面上的位置。由于定位桩随着基坑的开挖必将被挖去，因此还必须在基坑位置以外不受施工影响的地方，订立定位桩的护桩，以方便在施工中随时检查基坑和基础位置是否正确，而基坑外围通常可用龙门板固定，或在地面上以石灰线标出。为避免雨水冲坏坑壁，基坑顶四周应做好排水，截住地表水，基坑下口开挖的大小应满足基础施工的要求。对于渗水的土质，基底平面尺寸可适当加宽 50 ～ 100cm，便于设置排水沟和安装模板，其他情况可放小加宽尺寸；不设基础模板时，按设计平面尺寸开挖。

（三）基础的排水

基础工程必须防止地下水和地表水的渗透和浸湿，由于各种水流对基础有侵蚀、解体等作用，会导致构筑物质量受到较大的影响，甚至破坏。此外，在施工中将会遇到很多困难，特别是深水区操作，既影响工期，又不能保证质量。因此，基础施工的防水和排水极为重要。现在应用较多的方法有表面排水法和井点降水法两种。

1. 表面排水法

它是指在基坑整个开挖过程及基础砌筑和养护期间，在基坑四周开挖集水沟汇集坑壁和基底的渗水，并引向一个或多个比集水沟挖得更深一些的集水坑的一种方法。集水沟和集水坑应在基础范围以外，在基坑每次下挖以前，必须先挖沟与坑，集水坑的深度要大于抽水机吸水龙头的高度，在吸水龙头上罩竹筐围护，以防土体塞入龙头。这种排水方法设备简单、费用低，一般土质条件下均可采用。当地基土为饱和粉细砂土等黏聚力较小的细料土层时，由于抽水会引起流沙现象，造成基坑的破坏与坍塌，因此应避免采用表面排水法。

2. 井点降水法

井点降水法是人工降低地下水位的方法。它是指在基坑开挖前，在基坑四周埋设一定数量的滤水管（井），利用抽水设备抽水使所挖的土始终保持干燥状态的一种方法，其所采用的井点类型有轻型井点、喷射井点、电渗井点、管井井点、深井井点等。

一般该方法用于地下水位比较高的施工环境中，是土方工程、地基与基础工程施工中的一项重要技术措施，不仅能排出基土中的水分，促使土体固结，提高地基强度；同时可以减少土坡土体侧向位移与沉降，稳定边坡，消除流沙，减少基底土的隆起，使位于天然地下水以下的地基与基础工程施工避免地下水的影响，提供比较干的施工条件；还能减少土方量，缩短工期，提高工程质量和保证施工安全。

（四）水中围堰的修建

围堰是指在水利工程建设中，为建造永久性水利设施，修建的临时性围护结构。其作用是防止水和土进入建筑物的修建位置，以便在围堰内排水，开挖基坑，修筑建筑物。除作为正式建筑物的一部分外，围堰一般在用完后拆除。在桥梁基础施工中，当桥梁墩、台基础位于地表水位以下时，根据当地材料修筑成各种形式的土堰；在水较深且流速较大的河流，可采用木板桩或钢板桩（单层或双层）

围堰，目前多使用双层薄壁钢围堰。围堰既可以防水、围水，又可以支撑基坑的坑壁。

1. 围堰分类

围堰应符合以下要求：在材料强度、结构稳定性及防止冲刷等方面应有足够的可靠性；尽量减少渗漏水；水中围堰的堰顶标高一般要求在施工水位 0.5m 以上。围堰可用土、石、木、钢、混凝土等材料或预制件修建，在基础工程中可以材料命名，也可以结构形式命名。如利用下沉沉井作为防水围堰，称为沉井围堰。我国江西九江长江大桥使用的双壁钢围堰即属此类。常用的围堰有下列几种。

土围堰。用土堆筑成梯形截面的土堤，迎水面的边坡不宜陡于 1∶2（竖横比，下同），基坑侧边坡不宜陡于 1∶1.5，通常用砂质黏土填筑。土围堰仅适用于浅水、流速缓慢及围堰底为不透水土层处。为防止迎水面边坡受冲刷，常用片石、草皮或草袋填土围护。在产石地区还可做堆石围堰，但外坡要用土层盖面，以防渗漏水。

木板桩围堰。深度不大、面积较小的基坑可采用木板桩围堰。为防渗漏，板桩间应有榫槽相接。

水不深时，可用单层木板桩，内部加支撑以平衡外部压力；水较深时，可用双壁木板桩，双壁之间要用铁拉条或横木拉紧，中间填土。其高度通常不超过 6 ～ 7m。

木笼围堰。在河床不能打桩、流速较大，同时盛产木材和石料的地区，可用木笼做围堰的堰壁。最常用的形式是用方木做成透空式木笼，迎水面设多层木板防水，就位后，在笼内填石。为减少与河床接触处的漏水，一般用麻袋盛土或混凝土堆置在木笼堰壁外侧。近代也有用钢筋混凝土预制构件装配的笼式围堰。

钢板桩围堰。钢板桩围堰是最常用的一种板桩围堰。钢板桩是带有锁口的一种型钢，其截面有直板形、槽形及“Z”形等，有各种大小尺寸及连锁形式。常见的有拉尔森式、拉克万纳式等。其优点为：强度高，容易打入坚硬土层；可在深水中施工，防水性能好；能按需组成各种外形的围堰，并可多次重复使用。因此，它的用途相当广泛。在桥梁施工中常用于沉井顶的围堰，管柱基础、桩基础及明挖基础的围堰等。这些围堰多采用单臂封闭式围堰，内有纵横向支撑，必要时加斜支撑成为一个围笼。如南京长江大桥的管柱基础，曾使用钢板桩圆形围堰，其直径为 21.9m，钢板桩长 36m，待水下混凝土封底达到强度要求后，抽水筑承台及墩身，抽水设计深度达20m。在水工建筑中，一般施工面积很大，则做成构体围堰。它由许多互相连接的单体所构成，每个单体又由许多钢板桩组成，单体中间用土填实。围堰所围护的范围很大，不能用支撑支持堰壁，因此每个单体都能独自抵抗倾覆、滑动和防止连锁处的拉裂。常用的有圆形及隔壁形等形式。

锁口管柱围堰。钢筋混凝土（或预应力混凝土）板桩围堰，一般在围堰建成后仍需长期保留时才使用。板桩截面两侧用拧槽或钢件连接，桩底部向一面倾斜，便于打入地内，同时易使两相邻桩密合。主要用于港湾码头的驳岸及水工建筑的截水墙等。

混凝土围堰。一般在河床无覆盖层的岩面，且水压较高处使用。其主要特点是耐冲刷、安全性大、防透水性好，可以考虑作为永久性结构物的一部分，但施工较困难。一般主要用于水工建筑中，其他土木工程中较少采用。

2. 其他分类

按围堰与水流方向的相对位置，分为横向围堰和纵向围堰；按导流期间基坑是否允许淹没，分为过水围堰和不过水围堰。

围堰施工应严格按照施工方法和施工工艺流程组织施工，尤其要注意以下几点：堰底内侧坡脚距基坑顶缘距离不应小于1.0m；围堰填筑前应清理堰底处的树根、草皮、石块等杂物，如有冰块必须彻底清除，填筑时应自上游开始至下游合拢；应先在顶部支撑，才可抽水逐层安设支撑；应防止锁口损坏和由于自重而引起的变形，在填充期间应防止变形和锁口内积水，并采用坚固夹具；应先在锁口内填充防水混合料，再用油灰和棉絮填塞接缝。

（五）基底检验规定与处理

1. 基成检验

基底检验的主要内容包括检查基底平面位置、尺寸大小、基底标高；检查基底土质均匀性、地基稳定性及承载力等；检查基底处理和排水情况；检查施工日志及有关试验资料等。按现行《桥涵施工技术规范》的要求，基底平面轴线位置允许偏差不得大于20cm，基底标高不得超过+5cm（土质）、+520cm（石质）。

基底检验根据桥涵大小、地基土质复杂情况（如溶洞、断层、软弱夹层、易熔岩等）及结构对地基有无特殊要求等，按以下方法进行。

小桥涵的地基，一般采用直观或触探方法，必要时进行土质试验。特殊设计的小桥涵对地基沉陷有严格要求，且土质不良时，宜进行荷载试验。对经加固处理后的特殊地基，一般采用触探或做密实度检验等方法。

大、中桥和填土 12m 以上涵洞的地基，一般由检验人员采用直观、触探、挖试坑或钻探（钻深至少 4m）试验等方法，确定土质容许承载力是否符合设计要求。对地质特别复杂，或在设计文件中有特殊要求，或虽经加固处理又经触探、密实度检验后尚有疑问时，须进行荷载试验，确认符合设计要求后，方可进行基础结构物施工。

2. 基底处理

基底处理的主要方法有换填土法、桩体挤密法、砂井法、袋装砂井法、预压法加固地基、强夯法、电渗法、振动水冲法、深层搅拌桩法、高压喷射注浆法、化学固化剂法等。对于一般软弱地基土层加固处理方法可归纳为以下 4 种类型。

换填土法：将基础下软弱土层全部或部分挖除，换填力学物理性质较好的土。

挤密土法：用重锤夯实，或用砂桩、石灰桩、砂井、塑料排水板等将软弱土层挤压密实或排水固结。

胶结土法：用化学浆液灌入或粉体喷射搅拌等方法，使土壤颗粒胶结硬化，改善土的性质。

土工聚合物法：用土工膜、土工织物、土工格栅与土工合成物等加筋土体，以限制土体的侧向变形，增加土的周压力，有效提高地基承载力。

（六）基础的施工

桥梁基础的作用是承受上部结构传来的全部荷载，并把它们和下部结构荷载传递给地基。因此，为了保证全桥的安全和正常使用，要求地基和基础有足够的强度、刚度和整体稳定性，使其不产生过大的水平变位或不均匀沉降。

与一般建筑物基础相比，桥梁基础埋置较深，由于作用在基础上的荷载集中而强大，加之浅层土一般比较松软，很难承受住这种荷载，故有必要把基础向下延伸，使其置于承载力较高的地基上；对于水中墩台基础，由于河床受到水流的冲刷，桥梁基础必须有足够的埋深，以防冲刷基础底面（简称基底）而造成桥梁沉陷或倾覆事故。一般规定桥梁的明挖、沉井、沉箱等基础的基底按其重要性和维修加固难易程度，埋置在河床最低冲刷线以下至少 2 ～ 5m。对于冻胀土地基，基底应在冻结线以下至少 0.25m。对于陆地墩台基础，除考虑地基冻胀要求外，还要考虑生物和人类活动及其他自然因素对表土的破坏，因此，基底在地面以下应不小于 10m。对于城市桥梁，常把基础顶置于最低水位或地面以下，以免影响市容。基顶平面尺寸应较墩台底的截面尺寸大，以利施工。在水中修建基础，不仅场地狭窄、施工不便，还经常遇到汛期威胁及漂流物的撞击。在施工过程中如遇到水下障碍，还须进行潜水作业。因此，修建水中基础，一般工期长、技术复杂、易出事故、工程量大，其造价常常占到整个桥梁造价的一半，故桥梁基础的修建在整个桥梁工程中占有很重要的地位。

为建造基础而开挖的基坑，其形状和开挖面的大小可视墩台基础及下部结构的形式、施工条件的要求，挖成方形、矩形或长条形的坑槽，基坑的深度根据基础埋置深度而定。基坑开挖的断面是否设置坑壁围护结构，可视土的类别性质、基坑暴露时间长短、地下水位的高低以及施工场地大小等因素而定。开挖基坑时常采用机械与人工相结合的施工方法，它不需要复杂的机具，技术条件较简单，易操作，常用的机具为位于坑顶由起吊机操纵的挖土斗和抓土斗，大方量的特大基坑也可用铲式挖土机、铲运机和自卸车等。基坑采用机械挖土，挖至距设计标高约 0.3m 时，应采用人工补挖修整，以保证地基土结构不被破坏。具体工序如下。

1. 准备工作

在开挖基坑前，应复核基坑中心线、方向和高程，并按地质水文资料，结合现场情况，决定开挖坡度、支护方案以及地面的防水、排水措施。放样工作根据桥梁中心线与墩台的纵横轴线，推算出基础边线的定位点，再放线画出基坑的开挖范围。基坑底部的尺寸较设计平面尺寸每边各增加 0.5 ～ 1.0m，以便于支撑、排水与立模板（坑壁垂直的无水基坑坑底，可不必加宽，直接利用坑壁作基础模板）。

2. 基坑开挖

坑壁不加支撑的基坑。对于在干涸河滩、河沟中，或经改河或筑堤能排除地表水的河沟中，在地下水位低于基底，或渗透量少，不影响坑壁稳定，以及基础埋置不深，施工期较短，挖基坑时不影响邻近建筑物安全的场所，可选用坑壁不加支撑的基坑。

黏性土在半干硬或硬塑状态，基坑顶无活荷载，稍松土质基坑深度不超过 0.5m，中等密实（锹挖）土质基坑深度不超过 1.25m，密实（镐挖）土质基坑深度不超过 2.0m 时，均可采用垂直坑壁基坑。基坑深度在 5m 以内，土的湿度正常时，可开挖斜坡坑壁或按坡度比值挖成阶梯形坑壁，每梯高度以 0.5 ～ 1.0m 为宜，可作为人工运土出坑的台阶。基坑深度大于 5m 时，坑壁坡度应适当放缓，或加做平台。土的湿度影响坑壁的稳定性时，应采用该湿度下土的天然坡度或采取加固坑壁的措施。当基坑的上层土质符合敞口斜坡坑壁条件时，下层土质为密实黏性土或岩石可垂直坑壁开挖，在坑壁坡度变换处应保留至少 0.5m 的平台。

坑壁有支撑的基坑。当基坑壁坡不易稳定并有地下水，或放坡开挖场地受到限制，或基坑较深、放坡开挖工程数量较大，不符合技术经济要求时，可根据具体情况，采取加固坑壁的措施，如挡板支撑、钢木结合支撑、混凝土护壁及锚杆支护等。混凝土护壁一般采用喷射混凝土。根据经验，一般喷护厚度为 5 ～ 8cm，一次喷护需 1 ～ 2h。一次喷护如达不到设计厚度，应待第一次喷层终凝后再补喷，直至达到要求厚度为止。喷护的基坑深度应按地质条件决定，一般不宜超过 10m。

二、沉入桩基础施工

沉入桩又叫打入桩，它的工作原理是靠桩锤的冲击能量将预制桩打（压）入土中，使土被压挤密实，以起到加固地基的作用。沉入桩所用的基桩主要为预制的钢筋混凝土桩和预应力混凝土桩。

沉入桩的施工方法主要包括锤击沉桩、振动沉桩、射水沉桩、静力压桩以及钻孔埋置桩等。其特点是：①桩身质量易于控制，质量可靠；②沉入施工工序简单，工效高，能保证质量；③易于水上施工；④多数情况下施工噪声和振动的公害大、污染环境；⑤受到运输和起吊等设备条件限制，单节长度有限。

（一）沉入桩的预制

预制桩是在工厂或施工现场制成的各种材料、各种形式的桩（如木桩、混凝土方桩、预应力混凝土管桩、钢桩等），用沉桩设备将桩打入、压入或振入土中。建筑施工领域采用较多的预制桩主要是混凝土预制桩和钢桩两大类。混凝土预制桩能承受较大的荷载、坚固耐久、施工速度快，是广泛应用的桩型之一，但其施工对周围环境影响较大，常用的有混凝土实心方桩和预应力混凝土空心管桩。常用的钢桩主要有钢管桩和 H 型钢桩两种，都是在工厂生产完成后运至工地使用。

1. 钢筋混凝土实心桩

钢筋混凝土实心桩，断面一般呈方形。桩身截面一般沿桩长不变，实心方桩截面尺寸一般为 200mm × 200mm、600mm × 600mm。钢筋混凝土实心桩桩身长度：限于桩架高度，现场预制桩的长度一般在 25 ～ 30m ；限于运输条件，工厂预制桩的桩长一般不超过 12m，否则应分节预制，然后在打桩过程中予以接长，接头不宜超过 2 个。钢筋混凝土实心桩的优点：长度和截面可在一定范围内根据需要选择，由于在地面上预制，制作质量容易保证，承载能力高，耐久性好，因此在工程上应用较广。材料要求：钢筋混凝土实心桩所用混凝土强度等级不宜低于 C30；采用静压法沉桩时，可适当降低，但不宜低于 C20；预应力混凝土桩的混凝土强度等级不宜低于 C40；主筋根据桩断面大小及吊装验算确定，一般为 4 ～ 8 根，直径 12 ～ 25mm，不宜小于 Φ14mm；箍筋直径为 6 ～ 8mm，间距不大于 200mm，打入桩桩顶 2 ～ 3d 长度范围内箍筋应加密，并设置钢筋网片；预制桩纵向钢筋的混凝土保护层厚度不宜小于 30mm，桩尖处可将主筋合拢焊在桩尖辅助钢筋上，在密实砂和碎石类土中，可在桩尖处包以钢板桩靴，以加强桩尖。

2. 混凝土管桩

混凝土管桩一般在预制厂用离心法生产，桩径有 600 ～ 300mm、400 ～ 500mm 等，每节长度 8m、10m、12m 不等，接桩时，接头数量不宜超过 4 个。管壁内设 Φ12 ～ 22mm，主筋 10 ～ 20 根，外面绕以 Φ6mm 螺旋箍筋，多以 C30 混凝土制造。混凝土管桩各节段之间的连接可以用角钢焊接或法兰螺栓连接。用离心法成形，混凝土中多余的水分因离心力而甩出，故混凝土致密、强度高，抵抗地下水和其他腐蚀的性能好。混凝土管桩应达到设计强度 100% 后，方可运到现场打桩。堆放层数不超过 3 层，底层管桩边缘应用楔形木块塞紧，以防滚动。

3. 预制桩吊运

钢筋混凝土预制桩应在混凝土达到设计强度等级的 70% 才能起吊，达到设计强度等级的 100% 才能运输和打桩。如提前吊运，必须采取措施并经过验算合格后才能进行，起吊时必须合理选择吊点，防止在起吊过程中过弯而损坏。当吊点少于或等于 3 个时，其位置按正负弯矩相等的原则计算确定；当吊点多于 3 个时，其位置按反力相等的原则计算确定。长 20 ～ 30m 的桩，一般采用 3 个吊点。

4. 预制桩运输与堆放

打桩前，桩从制作处运到现场，并应根据打桩顺序随打随运。桩的运输方式，在运距不大时，可用起重机吊运；当运距较大时，可采用轻便轨道小平台车运输。严禁在场地上直接推拉桩体。堆放桩的地面必须平整、坚实，垫木间距应与吊点位置相同，各层垫木应位于同一垂直线上，堆放层数不宜超过 4 层。不同规格的桩，应分别堆放。预应力管桩达到设计强度后方可出厂，在达到设计强度及 14 天龄期后方可沉桩。预应力管桩在节长小于或等于 20m 时，宜采用两点捆绑法；大于 20m 时，宜采用四吊点法。预应力管桩在运输过程中应确定两点起吊法的最佳吊点位置，并垫以楔形掩木防止滚动，严禁层间垫木出现错位。

（二）沉入桩的打桩设备

预制桩的沉桩方法有锤击法、静力压桩法、振动法等。锤击法是利用桩锤的冲击克服土对桩的阻力，使桩沉到预定持力层。这是最常用的一种沉桩方法。打桩设备主要有桩锤、桩架和动力装置三部分。下面对前两者详细叙述。

1. 桩锤

桩锤对桩施加冲击力，将桩打入土中。主要有落锤、单动汽锤、双动汽锤、柴油锤、液压锤等类型，目前应用最多的是柴油锤。柴油锤是利用燃油爆炸推动活塞往复运动而锤击打桩，活塞质量从几百公斤到数吨。用锤击沉桩宜重锤轻击。若重锤重击，则锤击功大部分被桩身吸收，桩不易打入，且桩头易被打碎。锤重与桩重宜有一定的比值，或控制锤击应力，以防桩被打坏。

2. 桩架

桩架是支持桩身和桩锤，将桩吊到打桩位置，并在沉桩过程中引导桩的方向，保证桩锤沿着所要求的方向冲击的打桩设备。常用的桩架形式有以下三种。

滚筒式桩架。行走靠两根钢滚筒在垫木上滚动。优点是结构比较简单、制作容易，但在平面转弯、掉头方面不够灵活，操作人员较多。适用于预制桩和灌注桩施工。

多功能桩架。多功能桩架的机动性和适应性很强，在水平方向可做 360° 旋转，导架可以伸缩和前后倾斜，底座下装有铁轮，底盘在轨道上行走。适用于各种预制桩和灌注桩施工。

履带式桩架。以履带起重机为底盘，增加导杆和斜撑组成，用以打桩。移动方便，比多功能桩架更灵活，可用于各种预制桩和灌注桩施工。

（三）沉入桩的施工

打桩时，由于桩对土体的挤密作用，先打入的桩可能会被后打入的桩水平挤推而发生偏移和变位或被垂直挤拔造成浮桩，而后打入的桩难以达到设计标高或入土深度，造成土体隆起和挤压，截桩过大。因此，群桩施工时，为了保证质量和进度，防止周围建筑物破坏，打桩前应根据桩的密集程度，桩的规格、长短以及桩架移动是否方便等因素来选择正确的打桩顺序。常用的打桩顺序是由一侧向单一方向进行，自中间向两个方向对称进行，自中间向四周进行。

打桩推进方向宜逐排改变，以免土壤朝一个方向挤压，导致土壤挤压不均匀。对于同一排桩，必要时还可采用间隔跳打的方式。对于大面积的桩群，宜采用后两种打桩顺序，以免土壤受到严重挤压，使桩难以打入，或使先打入的桩受挤压而倾斜。大面积的桩群宜分成几个区域，由多台打桩机采用合理的顺序进行打设。打桩时对不同基础标高的桩，宜先深后浅；对不同规格的桩，宜先大后小，先长后短，以防止桩的位移或偏斜。

打桩机就位后，将桩锤和桩帽吊起，然后吊桩并送至导杆内，垂直对准桩位缓缓送下，插入土中，垂直偏差不得超过 0.5%；然后固定桩帽和桩锤，使桩、桩帽、桩锤在同一铅垂线上，确保桩能垂直下沉。在桩锤和桩帽之间应加弹性衬垫，桩帽和桩顶周围四边应有 5 ～ 10mm 的间隙，以防损伤桩顶。

打桩开始时，应先采用小的落距（0.5 ～ 0.8m）做轻的锤击，桩正常沉入土中 1 ～ 2m 后，经检查桩尖不发生偏移，再逐渐增大落距至规定高度，继续锤击，直至把桩打到设计要求的深度。最大落距不宜大于 1m，用柴油锤时，应使锤跳动正常。在打桩过程中，遇有贯入度剧变，桩身突然发生倾斜、位移或有严重回弹，桩顶或桩身出现严重裂缝或破碎等异常情况时，应暂停打桩，及时研究处理。

打桩有“轻锤高击”和“重锤低击”两种方式。这两种方式所做的功相同，但所得到的效果却不相同。轻锤高击，所得的动量小，而桩锤对桩头的冲击力大，因而回弹也大，桩头容易损坏，大部分能量均消耗在桩锤的回弹上，故桩难以入土；相反地，重锤低击，所得的动量大，而桩锤对桩头的冲击力小，因而回弹也小，桩头不易被打碎，大部分能量都可以用来克服桩身与土壤的摩阻力和桩尖的阻力，故桩很快入土。此外，又由于重锤低击的落距小，因而可提高锤击频率，打桩效率也高，正因为桩锤频率较高，对于较密实的土层，如砂土或黏性土也能较容易地穿过，所以打桩宜采用“重锤低击”的方式。

（四）打桩质量评定

打桩质量评定包括两个方面：一是能否满足设计规定的贯入度或标高的要求；二是桩打入后的偏差是否在施工规范允许的范围内。

1. 贯入度标准必须符合设计要求

桩端达到坚硬、硬塑的黏性土、碎石土，中密以上的粉土和砂土或风化岩等土层时，应以贯入度控制为主，桩端进入持力层深度或桩尖标高做参考；若贯入度已达到而桩端标高未达到，应继续锤击3阵，其每10击的平均贯入度不应大于规定的数值；桩端位于其他软土层时，以桩端设计标高控制为主，贯入度做参考。

上述所说的贯入度是指最后贯入度，即施工中最后10击内桩的平均入土深度。贯入度的大小应通过合格的试桩或试打数根桩后确定，它是打桩质量标准的重要控制指标。最后贯入度的测量应在下列正常条件下进行：桩顶没有破坏；锤击没有偏心；锤的落距符合规定；桩帽与弹性垫层正常。打桩时，如桩端达到设计标高而贯入度指标与要求相差较大，或者贯入度指标已满足，而标高与设计要求相差较大，说明地基的实际情况与原来的估计或判断有较大的出入，属于异常情况，应会同设计单位研究处理，以调整其标高或贯入度控制的要求。

2. 平面位置或垂直度必须符合施工规范要求

桩打入后，桩位的允许偏差应符合规范的规定，预制桩（钢桩）桩位的允许偏差必须使桩在提升就位时对准桩位，桩身垂直；桩在施打时，桩身、桩帽和桩锤三者的中心线必须在同一垂直轴线上，以保证桩的垂直入土；短桩接长时，上下节桩的端面要平整，中心要对齐，如发现断面有间隙，应用铁片垫平焊牢；打桩完毕，基坑挖土时，应制订合理的挖土方案，以防挖土而引起桩的位移或倾斜。

三、钻孔灌注桩基础施工

（一）场地准备工作

灌注桩是指在工程现场通过机械钻孔、钢管挤土或人力挖掘等手段在地基土中形成桩孔，并在其内放置钢筋笼、灌注混凝土而做成的桩。依照成孔方法不同，灌注桩又可分为沉管灌注桩、钻孔灌注桩和挖孔灌注桩等几类。以下重点介绍钻孔灌注桩。

钻孔灌注桩是按成桩方法分类而定义的一种桩型。特点是与沉入桩中的锤击法相比，施工噪声和振动要小得多；能建造比预制桩直径大得多的桩；在各种地基上均可使用；施工质量的好坏对桩的承载力影响很大；因混凝土是在泥水中灌注的，因此混凝土质量较难控制。施工前应根据施工地点的水文、工程地质条件及机具、设备、动力、材料、运输等情况，布置施工现场。具体如下。

场地为旱地时，应平整场地、清除杂物、换除软土、夯打密实，钻机底座应布置在坚实的填土上。

场地为陡坡时，可用木排架或枕木搭设工作平台，平台应牢固可靠，保证施工顺利进行。

场地为浅水时，可采用筑岛法，岛顶平面应高出水面 1 ～ 2m。

场地为深水时，根据水深、流速、水位涨落、水底地层等情况，可采用固定式平台或浮动式钻探船。

（二）钻孔成桩施工准备

钻孔场地应清除杂物、换除软土、平整压实。

开钻前按照施工图纸要求在选定位置进行试桩，根据试桩资料验证设计采用的地质参数,并根据试桩结果确定是否调整桩基设计。根据地层岩性等地质条件、技术要求确定钻进方法和选用合适的钻具。

对钻机各部位状态进行全面检查，确保其性能良好。浅水基础利用草袋围堰构筑工作平台。

（三）钻孔灌注桩的施工方法

钻孔灌注桩的施工方法，有泥浆护壁施工法和全套管施工法两种。

1. 泥浆护壁施工法

冲击钻孔、冲抓钻孔和回转钻削成孔等均可采用泥浆护壁施工法。施工工序如下。

施工准备。包括选择钻机、钻具、场地布置等。钻机是钻孔灌注桩施工的主要设备，可根据地质情况和各种钻孔机的应用条件来选择。

钻孔机的安装与定位。安装钻孔机的基础如果不稳定，施工中易产生钻孔机倾斜、桩倾斜和桩偏心等不良影响，因此要求安装地基稳固。对地层较软和有坡度的地基，可用推土机推平，再垫上钢板或用枕木加固。

为防止桩位不准,施工中很重要的两点是定好中心位置和正确安装钻孔机。对有钻塔的钻孔机，先利用钻机的动力与附近的地笼配合，移动钻杆大致定位，再用千斤顶将机架顶起，准确定位，使起重滑轮、钻头或固定钻杆的卡孔与护筒中心在同一垂线上，以保证钻机的垂直度。钻机位置的偏差不大于 2cm，对准桩位后，用枕木垫平钻机横梁，并在塔顶对称于钻机轴线上拉上缆风绳。

埋设护筒。钻孔成败的关键是防止孔壁坍塌，当钻孔较深时，地下水位以下的孔壁土在静水压力下会向孔内坍塌，甚至发生流沙现象。钻孔内应能保持孔壁地下水位高的水头，增加孔内静水压力，以防止坍孔。而护筒除起到这个作用外，还有隔离地表水、保护孔口地面、固定桩孔位置和钻头导向等作用。

制作护筒的材料有木、钢、钢筋混凝土 3 种。护筒要求坚固耐用，不漏水，其内径应比钻孔直径大（旋转钻约 20cm，潜水钻、冲击或冲抓锥约 40cm），每节长度为 2 ～ 3m，一般常用钢护筒。

泥浆制备。钻孔泥浆由水、黏土（膨润土）和添加剂组成，具有浮悬钻渣、冷却钻头、润滑钻具、增大静水压力，并在孔壁形成泥皮，隔断孔内外渗流，防止坍孔的作用。调制的钻孔泥浆及经过循环净化的泥浆，应根据钻孔方法和地层情况来确定泥浆稠度。泥浆稠度应视地层变化或操作要求机动掌握。泥浆太稀，排渣能力小、护壁效果差；泥浆太稠，会削弱钻头冲击功能，降低钻进速度。

钻孔。钻孔是一道关键工序，在施工中必须严格按照操作要求进行，才能保证成孔质量。首先要注意开孔质量，为此必须对好中线及垂直度，并压好护筒。在施工中不仅要不断添加泥浆和抽渣（冲击式用），还要随时检查成孔是否有偏斜现象。采用冲击式或冲抓式钻机施工时，附近土层因受到振动而影响邻孔的稳固。所以钻好的孔应及时清孔，下放钢筋笼和灌注水下混凝土。钻孔的顺序也应事先规划好，既要保证下一个桩孔的施工不影响上一个桩孔，又要使钻机的移动距离不过远和相互干扰。

清孔。钻孔的深度、直径、位置和孔形直接关系成桩质量与桩身曲直。为此，除了钻孔过程中密切观测监督外，在钻孔达到设计要求深度后，应对孔深、孔位、孔形、孔径等进行检查。在钻孔检查完全符合设计要求时，应立即进行孔底清理，避免隔时过长以致泥浆沉淀，引起钻孔坍塌。对于摩擦桩，当孔壁容易坍塌时，要求在灌注水下混凝土前沉渣厚度不大于 30cm；当孔壁不易坍塌时，不大于 20cm。

灌注水下混凝土。清完孔之后，可将预制的钢筋笼垂直吊放到孔内，定位后要加以固定，然后用导管灌注混凝土，灌注时混凝土不要中断，否则易出现断桩现象。

2. 全套管施工法

全套管施工法的主要施工步骤除不需泥浆及清孔外，其他的与泥浆护壁施工法类同。压入套管的垂直度，取决于挖掘开始阶段的 5 ～ 6m 深时的垂直度，因此应使用水准仪及铅锤校核其垂直度。

（四）钻孔故障及处理措施

1. 塌孔

预防措施：根据不同地层，控制使用好泥浆指标；在回填土、松软层及流沙层钻进时，严格控制速度；如地下水位过高，应升高护筒，加大水头；地下障碍物处理时，一定要将残留的混凝土块处理清除；孔壁坍塌严重时，应探明坍塌位置，用砂和黏土混合回填至坍塌孔段以上 1 ～ 2m 处，捣实后重新钻进。

2. 缩径

预防措施：选用带保径装置钻头，钻头直径应满足成孔直径要求，并应经常检查，及时修复；易缩径孔段钻进时，可适当提高泥浆的黏度，对易缩径部位也可采用上下反复扫孔的方法来扩大孔径。

3. 桩孔偏斜

预防措施：保证施工场地平整，钻机安装平稳，机架垂直，并注意在成孔过程中定时检查和校正；钻头、钻杆接头逐个检查调整，不能用弯曲的钻具；在坚硬土层中不强行加压，应吊住钻杆，控制钻进速度，用低速度进尺；对地下障碍物预先处理干净，对已偏斜的钻孔，控制钻速，慢速提升，下降往复扫孔纠偏。

（五）钢筋骨架吊放问题及预防措施

1. 钢筋笼安装与设计标高不符

预防措施：钢筋笼制作完成后，注意防止其扭曲变形；钢筋笼入孔安装时要保持垂直；混凝土保护层垫块设置间距不宜过大；吊筋长度应精确计算，并在安装时反复核对检查。

2. 钢筋笼的上浮

预防措施：严格控制混凝土质量，坍落度控制在 15 ～ 21cm，混凝土和易性要好；混凝土进入钢筋笼后，混凝土上升不宜过快；导管在混凝土内埋深不宜过大，严格控制在 10m 以下；提升导管时，不宜过快，防止导管钩将钢筋笼带上等。

（六）混凝土的灌注及预防措施

混凝土采用 200 ～ 300mm 钢导管灌注，导管采用吊车分节吊装，丝扣式快速接头连接。灌注前，对导管进行水密、承压试验。

安装储料斗及隔水栓，储料斗的容积要满足首批灌注下去的混凝土埋置导管深度的要求，封底时导管埋入混凝土中的深度不得小于 1m ；首批混凝土方量根据桩径和导管埋深及导管内混凝土的方量而定，将混凝土搅拌运输车内的混凝土倒入封底料斗内，由专人统一指挥，待全部准备好后将隔水栓拉起进行封底，同时混凝土搅拌运输车快速反转，加快出料速度。

灌注开始后应紧凑连续地进行，不得中断，同时要防止混凝土从漏斗内溢出或从漏斗外掉入孔底；在灌注过程中，技术人员应经常检查孔内混凝土面的位置和混凝土质量，掌握拆除导管时间，严格控制导管埋深，防止导管提漏或埋管过深拔不出而断桩；导管埋入混凝土内的深度应始终保持在 2 ～ 6m，并做好灌注记录；测深时采用专用测绳及测锤进行，每测一次用钢尺检查深度，以钢尺测量为准，探测至混凝土面时以手感有石子碰撞测锤为准，否则为砂浆或沉渣。

灌注混凝土时，要保持孔内水头，防止出现坍孔。

桩身混凝土灌注顶面应高出设计桩顶高程 0.8 ～ 1.0m，以保证桩头质量。

（七）钻孔灌注桩质量检验要求

混凝土质量的检查和验收，应符合相关规范的规定。每桩试件组数一般为 2 组。

承包人应在监理工程师在场的情况下，对规定的钻孔桩，采用经监理工程师同意的无破损检测法，进行桩的质量检验和评价。小桥选有代表性的桩或重要部位的桩进行检测；中桥、大桥及特大桥的钻孔桩，应逐根进行检测。

承包人应在工地配备能操作对全桩长钻取 70mm 直径或较大芯样的设备和经过训练的工作人员，也可以分包给经监理工程师认可的钻探队来承担钻取芯样的工作。

若设计有规定和监理工程师对桩的质量有疑问，或在施工中遇到任何异常情况，桩的质量可能低于要求的标准时，应采用钻取芯样对桩进行检验，以检验桩的混凝土灌注质量。对支承桩应钻到桩底 0.5m 以下。钻芯检验应在监理工程师的指导下进行，检验结果若不合格，则应视为废桩。

当对每一根成桩平面位置的复查、试验结果及施工记录都认可后，监理工程师应以书面形式进行批准。在未得到监理工程师的批准前，不得进行该桩基础的其他工作。

四、沉井与沉箱基础施工

沉井基础是以沉井法施工的地下结构物和深基础的一种形式，它是先在地表制成一个井筒状的结构物（沉井），然后在井壁的围护下通过从井内不断挖土，使沉井在自重作用下逐渐下沉，达到预定设计标高后，再进行封底，构筑内部结构。其广泛应用于桥梁、烟囱、水塔的基础，水泵房、地下油库、水池竖井等深井构筑物和盾构或顶管的工作井。技术上比较稳妥可靠，挖土量少，对邻近建筑物的影响比较小，沉井基础埋置较深，稳定性好，能支撑较大的荷载。沉井是一个无底无盖的井筒，一般由刃脚、井壁、隔墙等部分组成。

沉井按其截面轮廓分，有圆形、矩形和圆端形三类。

第一类，圆形沉井，水流阻力小，在同等面积下，同其他类型相比，周长最小，摩阻力相应减小，便于下沉；井壁只受轴向压力，且无绕轴线偏移问题。

第二类，矩形沉井，和等面积的圆形沉井相比，其惯性矩及核心半径均较大，对基底受力有利；在侧压力作用下，沉井外壁受较大的挠曲应力。

第三类，圆端形沉井，对支撑建筑物的适应性较好，也可充分利用基础的圬工结构；井壁受力也较矩形有所改善，但施工较复杂。

使用材料：有木沉井，砖、石沉井，混凝土沉井，钢筋混凝土沉井和钢沉井等。木沉井用木材较多，现很少采用。砖、石沉井过去多用于中小桥梁。现在常用的是钢筋混凝土沉井，或底节为钢筋混凝土。钢沉井多用于大型浮运的沉井。

外壁：沉井的外壁可做成铅直形、斜坡形或台阶形。斜坡形虽可减少周围的摩阻力，但在下沉过程中容易倾斜；台阶形便于加高井壁。沉井的内部可根据需要做隔墙，划分成几个取土井，但取土井必须对称设置，以利均衡挖土或纠正偏斜；取土井尺寸，须能容纳机械挖土斗自由上下。

（一）沉井的制作

陆地下沉井均采用就地制造。在浅水中，下沉井需先做围堰，填土筑岛出水面，再就地制造；在深水处，下沉井一般均在岸边陆地制造，浮运就位下沉。

就地制造沉井，井壁多为实体，自重较大，而刃脚部分面积小，重心较高，为使其在制造过程中不致因地面下沉而引起沉井开裂或倾倒，过去多在地面整平后，先铺垫木，以增加承压面积，再立模板制造沉井，下沉前需边抽垫木，边以砂将刃脚处填实，然后再挖土下沉。现今则用砂土夯实做成刃脚土模，表面抹层水泥，在土模内制造刃脚部分，既节约木料，又简化施工工艺。如我国枝城长江大桥引桥桥墩基础的沉井刃脚部分，就是用此法灌筑的。

水中沉井的施工：筑岛法——水流速不大，水深在 3m 或 4m 以内；浮运沉井施工——水流速较大，水深较深。

（二）沉井施工

沉井施工步骤：场地平整，铺垫木，制作底节沉井；拆模，刃脚下一边填塞砂，一边对称抽拔出垫木；均匀开挖下沉沉井，底节沉井下沉完毕；建筑第二节沉井，继续开挖下沉并接筑下一节井壁；下沉至设计标高，清基；沉井封底处理；施工井内设计和封顶等。

沉井下沉分排水下沉和不排水下沉两种。在软弱土层中须采用不排水下沉，以防涌砂和外周边土塌陷，造成沉井倾斜及位移，必要时可采取井内水位略高于井外水位的施工方法。出土机械可使用抓土斗、空气吸泥机、水力吸泥机等。近代各国多用锚桩及千斤顶将沉井压下的方法。此外，还有用大直径钻机在井底钻挖的方法，如日本在圆形沉井内采用臂式旋转钻机，在硬黏土层内开挖，直径可达 11m，由沉井外的电视机反映操作情况及下沉速度。

沉井到达设计标高后，一般用水下混凝土封底。井孔是否填充，应根据受力或稳定要求而定，可填砂石或混凝土，但在低于冻结线 0.25m 以上的部分应用混凝土或圬工填实，沉井基础的最后一道工序是灌筑顶盖。

沉井外壁和土的摩擦力是沉井下沉的主要阻力，为克服这种阻力，一是要加大沉井壁厚或在沉井上部增加压重；二是要设法减少井壁和土之间的摩擦力。减少摩擦力的方法很多，常用的有射水法、泥浆套法及壁后压气法。

1. 射水法

在沉井下部井壁外面，预埋设水管嘴，在下沉过程中射水，以减小周边阻力。

2. 泥浆套法

在沉井井壁和土层之间灌满触变泥浆以减少摩擦力，触变泥浆是用黏性土、水、化学处理剂等按一定配合比搅拌而成，当静置时它处于“凝胶”状态，沉井下沉时它受到搅动，又恢复“溶胶”状态，大大减少了摩擦力。

3. 壁后压气法

在井壁内预埋管路，并沿井壁外侧水平方向每隔一定高度设一排气龛，在下沉过程中，沿管路输送的压缩空气从气龛内喷出，再沿井壁上升，从而减少摩擦力。

（三）浮式沉井施工

浮运的沉井，在陆地先做底节，以减轻质量，在浮运到位后再接筑上部。为增加沉井的浮力，便于浮运，常采用以下方法。

在钢沉井内加装气筒，浮运到位后，在沉井内部空间填充混凝土并接高沉井。为控制吃水深度，可在气筒内充压缩空气，待沉入河底预定位置后，再除去气筒顶盖，挖泥（或吸泥）下沉。此法用钢量大，制造安装都较复杂，宜用于深水大型沉井。美国旧金山奥克兰湾桥，第一次采用此法，该桥最大的沉井为 60m×28m，内装 55 个直径 4.5m 的气筒。我国在南京长江大桥也曾使用 18.26m×22.42m、底节高 11.65m 的钢沉井，内有 20 个直径 3.2m 的气筒，浮运就位后，以钢筋混凝土将沉井接高至 5m，中间隔墙全部用预制件。

将沉井做成双壁式使能自浮，到位后在壁内灌水或灌筑混凝土下沉。这种沉井可用钢、木或钢筋混凝土制造。我国 1972 年在四川宜宾岷江公路桥建设中，将制造钢丝网水泥船的经验用于造双壁浮运沉井。该沉井外径 12m，高 7.5m，双壁厚 1.3m，网壁厚 3cm，中间为钢筋网，4 ～ 6 层钢丝网上抹水泥砂浆，重 60t，在岸边制造，滑道下水，拉锚定位，灌水下沉。因这种材质的沉井具有较高的弹性和抗裂性，之后在四川南充嘉陵江大桥及湖南益阳桥修建时都曾使用。

在沉井底部加临时底板以增加浮力，待到位沉入河底后，再拆除底板，挖泥下沉。如因风振而破坏的美国塔科马海峡桥，其水中桥墩基础为钢筋混凝土沉井，尺寸是 20.1m×36.6m，曾用此法施工。

在深水处，采用浮式沉井施工时，有关沉井下水、浮运及悬浮状态下接高、下沉等，必须加以严密控制。

各类浮式沉井在下水前，应进行水密性试验，合格后方可下水。

浮式沉井下水前，应制订下水方案。采用起吊下水时，应检查起重设备，在河岸要有适合坡度，采用滑沉、牵引等方法下水时，必须严防倾覆。

浮式沉井，必须检查浮运、就位和落河床时的稳定性。

浮式沉井落河床前，应考虑潮水涨落的影响，对所有锚定设备进行检查和调整，使沉井安全准确落位；浮式沉井落河床后，应尽快下沉，并使沉井达到保持稳定的深度。另外，要随时观察沉井的倾斜、位移及河床冲刷情况。

（四）沉箱基础施工

沉箱下沉前需具备以下条件：①所有设备已经安装、调试完成，相应配套设备已配备完全；②所有通过底板管路均已连接或密封；③基坑外围回填土已结束；④工作室内建筑垃圾已清理干净；⑤井壁混凝土已达到强度。

下沉过程中箱内的各种设备应架设牢固，箱外浇筑平台、脚手架等不应与箱壁连接。沉箱下沉加气，应在沉箱下沉至地下水位以下 0.5 ～ 1m 时开始，施工现场应有备用供气设备。沉箱施工时，应首先保证工作室内气压的相对稳定，工作室内气压原则上应与外界地下水位保持平衡。沉箱在穿越砂性土等渗透性较高土层时，应维持气压略低于地下水位的水平。挖机取土下沉时应先在井格中央形成锅底坑，逐步均匀向周围扩大，应避免掏挖刃脚处土体，保证此处的土塞高度。当沉箱偏斜达到允许值的 1/4 时，应进行纠偏。沉箱的助沉措施，可采用触变泥浆和压重措施，不宜使用空气幕助沉。

（五）沉井施工事故及应急措施

沉井施工时出现的问题主要有瞬间突沉、下沉搁置、沉井悬挂。

1. 瞬间突沉

现象：沉井在瞬间失去控制，下沉量很大，出现突沉或急剧下沉，严重时往往使沉井产生较大的倾斜或使周围地面塌陷。

原因分析：在软黏土层中，沉井侧面摩阻力很小，当沉井内挖土较深，或刃脚下土层掏空过多，使沉井失去支撑，常导致突然大量下沉或急剧下沉。当黏土层中挖土超过刃脚太深，形成较深锅底坑，或黏土层只局部挖除，其下部存在的砂层被水力吸泥机吸空时，刃脚下的黏土一旦被水浸泡而造成失稳，会引起突然塌陷，使沉井突沉。当采用不排水下沉，施工中途采取排水迫沉时，突沉情况尤为严重。沉井下沉遇有粉砂层，由于动水压力的作用，向井筒内大量涌砂，产生流沙现象，而造成急剧下沉。

预防措施：在软土地层下沉的沉井可增大刃脚踏面宽度，或增设底梁以提高正面支承力；挖土时，在刃脚部位宜保留约 50cm 宽的土堤，控制均匀削土，使沉井挤土缓慢下沉；在黏土层中严格控制挖土深度（一般为 40cm），不使挖土超过刃脚可避免出现深的锅底将刃脚掏空；黏土层下有砂层时，防止把砂层吸空；控制排水高差和深度，减小动水压力，使其不产生流沙或隆起现象，或采取不排水下沉的方法施工。

2. 下沉搁置

现象：沉井被地下障碍物搁住或卡住，出现不能下沉或下沉困难的现象。

原因分析：沉井下沉局部遇孤石、大块卵石、矿渣块、砖石、混凝土基础、管线、钢筋、树根等被搁置、卡住，导致沉井难以下沉；下沉中遇局部软硬不均地基或倾斜岩层。

预防措施：施工前做好地基勘查工作，对沉井壁下部 3m 以内的各种地下障碍物，下沉前挖井取出；对局部软硬不均地基或倾斜岩层，先破碎开挖较硬土层或倾斜岩层，再挖较弱土层，使其均匀下沉。

治理方法：遇较小孤石，可将四周土掏空后取出；遇较大孤石或大块石、地下沟道等，可用风动工具或用松动爆破方法破碎成小块取出。炮孔距刃脚不小于 50cm，其方向须与刃脚斜面平行，药量不得超过 200g，并设钢板、草垫防护，不得裸露爆破。钢管、钢筋、树根等可用氧气烧断后取出。不排水下沉，爆破孤石，除打眼爆破外，也可用射水管在孤石下面掏洞。

3. 沉井悬挂

现象：沉井下沉过程中，刃脚下部土体已经掏空，而沉井的自重仍不能克服摩阻力下沉，产生悬挂现象，有时将井壁拉裂。

原因分析：井壁与土壁间的摩阻力过大，沉井自重不够，下沉系数过小；沉井平面尺寸过小，下沉深度较大，遇较密实的土层，其上部有可能被土体夹住，使其下部悬空，有时将井壁拉裂。

预防措施：使沉井有足够的下沉自重；下沉前应验算沉井的下沉系数，应不小于 1.1；加大刃脚上部空隙，使井壁与土体间有一定空间，以避免被土体夹住。

治理方法：用 0.2 ～ 0.4MPa 的压力流动水针沿沉井外壁缝隙冲水，以减少井壁和土体间的摩阻力；在井筒顶部加荷载，或继续浇筑上节筒身混凝土，增加自重和对刃口下土体的压力，但应在悬空部分下沉后进行，以免突然下沉破坏模板和混凝土结构；继续第二层碗形挖土，或挖空刃脚土，必要时向刃脚外掏深 100mm；在岩石中下沉，可在悬挂部位进行补充钻孔和爆破。

五、地下连续墙基础施工

（一）地下连续墙的分类

由于目前挖槽机械发展很快，与之相适应的挖槽工法层出不穷，有不少新的工法已经不再使用膨润土泥浆；墙体材料已经由过去以混凝土为主向多样化发展，不再单纯用于防渗或挡土支护，越来越多地作为建筑物的基础，因此很难给地下连续墙下一个确切的定义。

一般地下连续墙可以定义为：利用各种挖槽机械，借助泥浆的护壁作用，在地下挖出窄而深的沟槽，并在其内浇筑适当的材料而形成一道具有防渗（水）、挡土和承重功能的连续的地下墙体。

地下连续墙的分类如下。

1. 按成墙方式

按成墙方式可分为桩排式、槽板式、组合式。

2. 按墙的用途

按墙的用途可分为防渗墙、临时挡土墙、永久挡土（承重）墙、作为基础用的地下连续墙。

3. 按墙体材料

按墙体材料可分为钢筋混凝土墙、塑性混凝土墙、固化灰浆墙、自硬泥浆墙、预制墙、泥浆槽墙（回填砾石、黏土和水泥三合土）、后张预应力地下连续墙、钢制地下连续墙。

4. 按开挖情况

按开挖情况可分为地下连续墙（开挖）、地下防渗墙（不开挖）。

地下连续墙施工振动小、噪声低，墙体刚度大，防渗性能好，对周围地基无扰动，可组成具有很大承载力的任意多边形连续墙代替桩基础、沉井基础或沉箱基础。对土壤的适应范围很广，在软弱的冲积层、中硬地层、密实的沙砾层以及岩石的地基中都可施工。初期用于坝体防渗、水库地下截流，后发展为挡土墙、地下结构的一部分或全部。房屋的深层地下室、地下停车场、地下街、地下铁道、地下仓库、矿井等均可应用。

（二）地下连续墙施工工艺流程

在挖基槽前先做保护基槽上口的导墙，用泥浆护壁，按设计的墙宽与深度分段挖槽，放置钢筋骨架，用导管灌注混凝土置换出护壁泥浆，形成一段钢筋混凝土墙。逐段连续施工形成连续墙。

1. 导墙

导墙通常为就地灌注的钢筋混凝土结构。其主要作用如下：保证地下连续墙设计的几何尺寸和形状；容蓄部分泥浆，保证成槽施工时液面稳定；承受挖槽机械的荷载，保护槽口土壁不被破坏，并作为安装钢筋骨架的基准。

导墙深度一般为1.2～1.5m。墙顶高出地面10～15cm，以防地表水流入影响泥浆质量。导墙底不能设在松散的土层或地下水位波动的部位。

2. 泥浆护壁

通过泥浆对槽壁施加压力以维持挖成的深槽形状，灌注混凝土把泥浆置换出来。

泥浆材料通常由膨润土、水、化学处理剂和一些惰性物质组成。泥浆的作用是在槽壁上形成不透水的泥皮，从而使泥浆的静水压力有效地作用在槽壁上，防止地下水渗水和槽壁剥落，保持壁面稳定，同时泥浆还有悬浮土渣和将土渣携带出地面的作用。

在沙砾层中成槽，必要时可采用木屑、蛭石等挤塞剂防止漏浆。泥浆使用方式分静止式和循环式两种。泥浆在循环式使用时，应用振动筛、旋流器等净化装置。在指标恶化后要考虑采用化学方法处理或废弃旧浆，换用新浆。

3. 成槽施工

使用成槽的专用机械有旋转切削多头钻、导板抓斗、冲击钻等。施工时应视地质条件和筑墙深度选用。一般土质较软，深度在15m左右时，可选用普通导板抓斗；对密实的砂层或含砾土层，可选用多头钻或加重型液压导板抓斗；在含有大颗粒卵砾石或岩基中成槽，以选用冲击钻为宜。槽段的单元长度一般为6～8m，通常根据土质情况、钢筋骨架质量及结构尺寸、划分段落等决定。成槽后需静置4h，并使槽内泥浆比重小于1.3。

4. 灌注水下混凝土

采用导管法灌注水下混凝土，在灌注混凝土前为防止泥浆混入混凝土，可在导管内吊放一管塞，依靠灌入的混凝土压力将管内泥浆挤出，混凝土要连续灌注并测量混凝土灌注量及上升高度，所溢出的泥浆应送回泥浆沉淀池。

5. 墙体接头处理

地下连续墙由许多墙段拼组而成，为保持墙段之间连续施工，接头采用锁口管工艺，即在灌注槽段混凝土前，在槽段的端部预插一根直径和槽宽相等的钢管，即锁口管，待混凝土初凝后将钢管徐徐拔出，使端部形成半凹榫状。也有根据墙体结构受力需要而设置刚性接头的，以使前后两个墙段连成整体。

地下连续墙槽底的沉渣必须清理，清理后的沉渣厚度不应大于200mm。地下连续墙水下混凝土必须连续浇筑，严禁发生中断或导管进水现象。每槽段实际浇筑混凝土量严禁小于计算体积。

（三）地下连续墙的检测

目前，超声波地下连续墙检测仪利用超声探测方法，将超声波传感器放入钻孔中的泥浆里，其优点是：①可以很方便地同时对钻孔四个方向进行孔壁状态监测，可以实时监测连续墙槽宽、钻孔直径、孔壁或墙壁的垂直度、孔壁或墙壁坍塌状况等；②可以帮助提高钻孔质量、减少工作时间、降低工程费用；③可以输出清晰的孔以及槽壁图像，这是目前几种常见同类进口设备所无法比拟的。

第四章　公路桥梁养护管理理论

第一节　公路桥梁养护管理工程建构

随着我国公路建设的发展，排查安全隐患，对于存在隐患的桥梁的维修加固已经变成我国公路桥梁施工的重要内容。为了保证我国人民的生命财产安全，有关的部门必须加大公路桥梁的管理工作。只有加强对公路桥梁的管理，才能保证公路的健康运行，将其使用寿命延长，对于加快我国交通基础设施的建设也有十分重大的意义。

一、公路桥梁养护管理工程概述

公路桥梁养护管理工程是从管理层面研究公路桥梁养护问题的学科。追根溯源，公路桥梁养护管理工程是公路桥梁工程、管理工程与养护工程三大学科相互渗透并在其边缘之上发展起来的学科。公路桥梁工程的学科背景对其提出了定量分析的要求，如数学计算或工程建构结构分析等；管理工程的学科背景对其提出了定性分析的要求，如逻辑推理或辩证思维等；养护工程的学科背景对其提出了定性、定量分析相结合的要求，特别对养护经验的积累与沉淀做出了要求。[①]

公路桥梁养护分为维护、小修、中修和大修。目前，全国各地对养护范围的划分也不尽一致，维护一般指保护性措施，如公路桥梁的保洁、疏通排水、勾堵缝隙、小量喷涂、零星补修、伸缩缝修理、护坡整修等。中修和大修的界限更难划分，故通常将中修和大修放在一起统称为大中修。公路桥梁大中修工程的作业范围就比较广泛了，一般划分是凡属小修工程的项目，除全桥改建工程外都属于大中修工程范畴，其主要内容有较大数量的修理项目，包括更换构件、加固、加宽、加长，以及各种改善性工程等。

① 季井满，张国忠，陈宝玺．公路与桥梁养护 [M]. 哈尔滨：哈尔滨地图出版社，2005.

二、公路桥梁养护管理工程的研究

公路桥梁养护管理工程是研究公路桥梁养护管理活动及规律的科学，其研究内容为：公路桥梁养护管理理念、公路桥梁养护资源管理、公路桥梁养护质量控制与安全控制等。

（一）公路桥梁养护管理理念

公路桥梁直接关系着行车安全与道路畅通以及公众的人身安全。近年来，各国相继发生在役桥梁和在建桥梁的垮塌事故，不仅让人们心存担忧，而且还引起了各国政府及世界桥梁工程界的高度关注。公路桥梁工程结构安全性与可靠性及其所涉及的技术、管理、投资的立法问题，都已成为当前世界关注的焦点，既是发展中国家面临的技术课题，也是发达国家正在探讨和亟待解决的问题。

1. “桥路共养，桥梁优先”的管养理念

随着社会经济的发展和技术的进步，部分老旧公路桥梁如何适应当前车辆荷载要求等方面的问题日显突出。社会需要公路桥梁承载更大的交通量，公路桥梁的健康与安全维系着公路的安全与畅通。公路桥梁运营时，由于频繁承载，甚至超载，再加上自然界乃至自然灾害的侵袭，以及交通事故等人为事端的侵袭，都会对其造成损伤和局部破坏。随着使用年限的增长，公路桥梁的损伤种类和损伤部位会越来越多，其程度也会越来越严重。因设计和施工方面的疏忽，导致一段公路桥梁“先天不足”，加上“后天失养”，则其运营无疑是雪上加霜，问题丛生，病害会加剧，将难以维持正常使用状态。对运营的公路桥梁进行科学的经常性养护维修与管理，变得越来越重要。“桥路共养”是历史的必然，也是社会发展的需要。只有认真地、不间断地进行公路桥梁维修，才能保持公路桥梁的每个组成部分均处于健康状态，确保公路桥梁抵抗自然灾害的能力，并在保证安全运营的同时，最大限度地实现和延长公路桥梁的设计使用寿命。

2. “预防为主，安全至上”的工作方针

“预防为主”，即高度重视公路桥梁养护管理工作，坚持公路桥梁日常巡查、日常养护，做到365天不放松，采取科学有效的措施进行公路桥梁预防性养护，保持公路桥梁健康，延长公路桥梁寿命。“安全至上”体现了“以人为本，以车为本”的理念。公路桥梁管理单位应严格执行公路桥梁养护管理的各项规章制度，及时进行公路桥梁检查、检测和评定，按照公路桥梁技术状况分类采取养护对策，在实施维修改造工程前，全部实行24小时监控制度，认真组织实施养护维修、加固、改造工程，确保公路桥梁的安全运营。

3.“统一领导，分级管理”的管理体制

根据“事权一致、责任清晰”的原则，按照监管单位和管养单位进行划分：省级公路局对全省干线公路桥梁养护负监管责任；市级公路局对全市干线公路桥梁养护负监管责任；县级公路局对辖区干线公路桥梁养护负管理责任；公路站对辖区干线公路桥梁养护负具体管理责任；各级公路管理机构根据上级主管部门确定的职责，负责所管养公路桥梁的养护管理工作。上级公路管理机构对下级公路管理机构具有监管职能。各级公路管理机构必须明确负责公路桥梁养护管理工作的分管行政领导和具体技术人员，保证公路桥梁养护管理的各项职责得以贯彻落实。

4.“公路桥梁养护工程师”制度

公路桥梁养护专业性强，技术含量高，公路桥梁养护工程师作为公路桥梁养护措施的制定和实施者，是保障公路桥梁养护质量优良的关键。公路桥梁管养单位的公路桥梁养护工程师应具有3年以上从事公路桥梁养护管理的工作经历，具有工程师及以上技术职称；公路桥梁养护管理监管单位的公路桥梁养护工程师应具有5年以上从事公路桥梁养护管理的工作经历，具有高级工程师及以上技术职称。应定期对持证公路桥梁养护工程师进行技术培训，并核发上岗证。公路桥梁养护管理技术人员经培训并参加考核合格后，方可持证上岗。

5.公路桥梁养护工程“四制管理”模式

公路桥梁小修保养、中修工程由管养单位组织实施，大修、改建工程由地市级及以上公路局组织实施。公路桥梁大修、改建工程应实行项目业主责任制、招投标制、工程监理制和合同管理制的“四制管理”模式，通过招投标择优选择具备相应资质和能力的施工和监理单位。情况特殊不进行招投标的项目，应对被委托人的资质、业绩和信誉等有关情况进行审查。市级公路局制定和完善公路桥梁养护工程市场管理的规章制度，并对从业单位及人员实行信用管理，加强公路桥梁检测、设计、施工、监理等的市场管理工作，逐步构建统一公开、竞争有序的公路桥梁养护工程市场。公路桥梁大修、中修、改建工程完工后，应按照相关规定进行验收。工程实施后的公路桥梁技术状况必须恢复至一类或二类。

6.公路桥梁检查“三问”

公路桥梁检查分为经常检查、定期检查和特殊检查。公路桥梁检查是公路桥梁养护工作的重要环节，也是公路桥梁养护的基础性工作。“为什么查？查什么？怎么查？”通过这“三问”，正确指导公路桥梁养护管理工作，贯彻落实好公路桥梁养护工作制度，及时认真做好公路桥梁检查，准确做出技术状况评定，分类制定养护对策。

为什么查？为了系统地掌握公路桥梁的技术状况，较早地发现公路桥梁的缺陷和异常，合理地评定公路桥梁技术状况等级，进而有针对性地提出养护措施。

查什么？经常检查主要对公路桥面设施、上部结构、下部结构和附属构造物的技术状况进行日常巡视检查；定期检查是指按照规定周期，对公路桥梁结构及其附属构造物的技术状况进行定期跟踪的全面检查；特殊检查指在特定情况下对公路桥梁技术状况进行鉴定，以查清公路桥梁的病害成因、破损程度、承载能力或抗灾能力等。

怎么查？经常检查由县局负责，公路桥梁工程师组织实施，主要以目测配合简单工具进行，检查周期为每月不少于一次，汛期应增加检查频率；定期检查由市局负责，公路桥梁工程师组织实施，主要以目测结合仪器检查方式进行，其检查周期一般不低于每三年一次；特殊结构桥梁应每年一次；特殊检查由市局委托具有相应资质的专业检测机构实施，公路桥梁工程师负责组织、协调、监督，采用仪器设备，通过检测或试验的方法，并结合理论分析，对公路桥梁的缺损状况、病害成因、承载能力或抗灾能力作出科学明确的判定。

（二）公路桥梁养护资源管理

1. 公路桥梁养护人力管理对策

人力资源包括智力和体力两种，人力资源管理要和公路桥梁养护企业的战略目标一致，对养护岗位分析，使用各类人才，不断通过培训教育提高其工作能力，以绩效等作为激励手段。

2. 公路桥梁养护设备管理对策

设备管理要从设备的选购、使用、维修方面实行全过程的管理，包括技术管理和资金管理，技术管理上做好设备的选购、验收、调试、使用、修理、改造、更新等，资金管理主要指设备的投资、维修费用管理。设备管理能够保证设备的正常运行，促进技术改革，充分发挥设备的作用。

3. 公路桥梁养护材料管理对策

材料管理是公路桥梁养护管理中的主要部分，能够有效防止材料的积压，加速流通，降低工程成本，提高资金的利用效率。材料管理要从采购、库存管理以及使用方面做好控制，制定相应的管理对策。

此外，公路桥梁养护还包括时间管理、信息管理等。

（三）公路桥梁养护质量控制与安全控制

1. 公路桥梁养护质量控制

公路桥梁养护质量控制主要包括以下几个方面的内容。

做好对公路桥梁施工技术的准备。公路桥梁养护工作要想取得良好的效果，需要做好公路桥梁养护技术的前期准备工作。养护企业在工程建设的前期阶段，需要仔细审核工程建设的相关文件，全面了解养护周边的整体环境，做对养护成本的预估算，将工程养护成本控制在一定的范围内，制订科学合理的养护方案。与此同时，作为公路桥梁设计者，在前期阶段，需要检查自身的设计图稿，确保图稿在实际养护中的可实施性。此外，养护人员在养护过程中需要严格遵照设计图稿的要求。如果在养护的过程中发现工程存在质量问题，需要报告给相关管理部门，从根本上提高公路桥梁工程质量，避免在养护过程中出现安全事故，保证养护人员的人身安全。例如，在对某一桥梁工程进行养护管理时，为了提升管理工作的有效性和针对性，养护人要能分析图纸，包括纵面和横断面两种，在分析横断面时，要能够兼顾考虑钢箱梁。

采用先进的公路桥梁养护技术。在我国发展现阶段，科学技术随着经济的不断发展得到了很大程度的提升，在公路桥梁养护过程中不断引进先进的技术，对提高公路桥梁工程的养护质量具有很大的帮助。作为公路桥梁工程养护工作的承建企业，养护单位在施工中采用新技术的同时，需要保证工程施工的科学性。针对技术不成熟的情况，需要进行反复试验，确保工程养护质量能够达到国家相关标准，保证工程使用过程中不出现质量问题。此外，养护工作人员在工程养护过程中需要保持冷静，采取科学的态度合理解决养护工作中存在的问题。通过利用先进的公路桥梁养护技术，显著提高公路桥梁工程的养护质量，进而保证公路桥梁工程在后期使用时不出现质量问题。

加强对公路桥梁养护技术安全方面的管理。安全性是公路桥梁养护过程中需要注意的重点问题，安全性直接影响公路桥梁工程能否正常养护，同时对工程质量也有重要影响。因此，工程承建企业需要在养护过程中加强对公路桥梁养护技术安全方面的管理，加强对养护人员的安全宣传教育，增强养护人员的安全意识，确保工程养护规范化进行。此外还须加强提升养护人员的综合素质，在养护过程中真正实现安全性与质量并存的目标，从而推动我国公路桥梁工程养护向更高水平发展。

做好对公路桥梁质量的监督和检查。作为公路桥梁工程养护工作的承建企业，在工程养护过程中需要加大对公路桥梁质量的监督和检查力度，从根本上提升养护技术管理能力，不断提高养护人员在工程建设过程中的积极性。做好公路桥梁质量工作能够有效提高公路桥梁建设的总体质量，从而保障公路桥梁的交通安全，促进我国居民生活质量的提高。例如，在监督检查时，要能够从锚固筋、边梁、中梁，承压支座等不同的结构点入手，通过分析和判断来了解桥梁施工过程中存在的问题，并采取相应的解决措施，改进公路桥梁施工质量。

2. 公路桥梁养护安全管理

安全管理是指在生产过程及其相关活动中，防止意外伤害及财产损失的管理活动。它利用计划、组织、控制等管理职能，运用人力、物力、财力等管理资源，消除来自外界及人为的不安全因素。其根本目的在于防止伤亡事故的发生。

公路桥梁养护行业的特殊性为安全管理带来了困难，主要反映在以下几点：公路桥梁养护为露天作业，易受到阳光、风、雨、雪、雷、电等自然条件的影响及伤害；公路桥梁养护为混合作业，参加工种多，涉及技术杂，稍有不慎就可能会造成交叉伤害；公路桥梁养护为流动作业，地点不定，容易发生疏忽且养护安全条件参差不齐；公路桥梁养护高空作业频繁，作业时脚下多为深沟、大河而非安全网（与建筑行业相比）；公路桥梁养护机械化水平较低，多依赖于人工作业，而人的行为通常是导致事故的要因。

公路桥梁养护安全管理的要点：以人为本，与生命相比，任何经济损失都是微不足道的，首先应保护人员免遭伤害；预防为主，公路桥梁养护安全管理应将“防”作为核心，与其亡羊补牢，不如未雨绸缪；动态管理，与公路桥梁养护动态管理相一致，应进行全天候、全方位、全过程的安全管理。

针对上述特性及要点，下面我们将从公路桥梁养护事故的分析入手，对安全管理控制提出相应对策。

公路桥梁养护事故是指公路桥梁养护过程中突然发生的人员伤亡、机物损毁、环境破坏等意外事件。从以人为本的原则出发，将它们分为一般事故（机物损毁或环境破坏，但人身没有受到伤害的事故）与伤亡事故（人身受到伤害或有人员死亡的事故)。公路桥梁养护事故具有偶然性(公路桥梁养护事故是随机事件,发生时间、地点及程度很难预测,应高度警惕)、必然性("偶然中通常蕴含着必然",公路桥梁养护事故并非完全没有规律,应仔细分析)与预防性(公路桥梁养护事故很难预测,但并非不能预防,应通过事前努力避免发生)的特点。在公路桥梁养护事故成因上主要有人的不安全行为、物的不安全状态、环境的不安全影响与管理问题。针对这些问题,下文提出公路桥梁养护的安全控制与措施。

公路桥梁养护安全控制是指在公路桥梁养护中,为了保护养护者及用路者人身免遭伤害、机物免遭损毁、环境免遭破坏而采取的技术与活动。

针对人、物、环境等公路桥梁养护事故因素,通过控制管理,做出相应对策。

针对人的措施。基层养护工作者要进行安全技术培训,使这些距离危险最近的员工学会保护自己。养护设备操作者:需要进行岗前培训,使其懂构造、懂性能、会使用、会排障、会保养。养护喷涂操作者:必须穿戴好口罩、手套等防护用具,身体不适应立即停工,禁止明火。养护高空作业者:必须佩戴安全帽、安全带,工具抓牢放好,即便是螺丝钉也禁止乱丢。养护现场用路者:在驾驶员培训中加入养护教育环节,使他们理解并配合公路桥梁养护工作。

针对物的措施。公路桥梁养护重要设备:严禁无证人员操作公路桥梁养护重要设备,必须专人专机定岗定员。荷载试验加载车辆:将加载车辆编号,并严格按照加载说明停放、启动、加速、通过。公路桥梁养护喷涂设备:必须在喷涂前检查喷涂软管有无破损情况,有破损时应立即更换。公路桥梁养护材料:应合理堆放,危险品用多少领多少,严禁随意摆放。公路桥梁养护设备用电:临时用电线路延桥布设整齐,电焊机等电动工具应注意接地、防潮。公路桥梁养护设备老化,需加强公路桥梁养护设备的维修保护工作,对老化程度太大的设备应果断更新。公路桥梁养护攀缘设施:脚手架需坚固稳定、防滑,扶梯需结实、稳定,软梯需耐磨。公路桥梁养护安保设施:严禁购买未经质量部门检验的安全帽、安全带,应注意正确使用。公路桥梁养护警示灯具:公路桥梁养护车必须亮起橙黄色警示灯具,夜晚作业须亮起警示灯箱。桥梁养护警示服装:普通养护作业需穿橘红色衣帽,夜晚养护作业需穿反光作业服等。

针对环境的措施。黑暗的光线环境:夜晚一般不安排养护任务,若确需安排如温度量测,应做好照明供应。公路桥梁养护作业场地:必须在公路桥梁养护作业前检查作业场地,熟悉现场并排除安全隐患。小规模公路桥梁养护现场:按规定设置临时标志及隔离设施，安排专人巡查以落实安全措施。大规模公路桥梁养护现场：联系路政部门、交警部门予以配合，协助进行现场交通安全管理。公路桥梁养护事故现场：发生事故后，一切工作为抢救伤员让路，应沉着有序以防事态扩大等。

三、公路桥梁养护管理工程的研究方法

（一）历史法

历史法即从历史事件中吸取教训、避免重演，从前人管理思想中，有所吸收、有所发展等。

（二）比较法

有比较才有鉴别。以引进公路桥梁管理系统为例，至少应进行以下三个方面的比较：第一，引进与国产的比较，这样才能找到该领域同发达国家的差距，明确今后努力的方向。第二，国外公路桥梁管理系统间的比较，应吸取 20 世纪 80 年代初引进工业设备的一些教训。第三，国内外适用范围的比较，从适用出发，切忌生搬硬套，应考虑系统的后期费用。

（三）案例法

公路桥梁养护管理者可通过对典型案例的分析、研究，总结出公路桥梁养护管理的问题、经验和原则。如通过研究国内外公路桥梁养护管理项目的案例，总结教训，吸取经验。

第二节　公路桥梁养护流程再造

我国公路桥梁数量随着社会经济的进步而逐年增多，人们越来越重视有关公路桥梁质量的问题。近年来，国内外重大桥梁事故的发生，给人们敲响了警钟，加大对公路桥梁养护决策与管理的研究，成为研究的热点。做好养护决策与管理工作可以延长公路桥梁的使用寿命，对我国公路桥梁的安全长久运营有着极其重要的意义。

公路桥梁建设作为一项关乎民生的工程，积极做好管理养护工作具有重要意

义。随着交通流量的不断增加，只有积极做好管理和养护工作，才能够确保公路桥梁的正常使用，避免安全事故的发生。①

一、流程再造的原则

流程再造的原则很多，在此仅简单介绍其核心原则（指导变革根本方向）和可行性原则（保障变革顺利进行）。

（一）流程再造核心原则

流程再造核心原则即坚持以流程（而非职能）为导向，坚持以人为本的团队式管理。

（二）流程再造可行性原则

流程再造可行性原则即围绕结果（而非工序）进行组织，充分尊重当事人的意见，根据流程再造原则，检查出目前公路桥梁养护中存在的几点问题。

二、公路桥梁养护流程再造六阶段法

（一）构思设想阶段

公路桥梁养护流程再造首先要得到高层领导的支持。基于他们的理解，考虑技术与经济条件，结合公路桥梁养护发展整体战略，确定需要改善的公路桥梁养护流程。

（二）再造启动阶段

再造启动阶段的工作有：建立公路桥梁养护流程再造小组；通知相关管养单位；制订再造计划和预算；设立再造标准并进行成本效益分析；确定公路桥梁养护流程再造的绩效目标。

（三）分析诊断阶段

分析诊断阶段即对现有公路桥梁养护流程及子流程建模，描述各流程属性，如养护管理责任、养护资源、养护信息等，并分析现有公路桥梁养护流程中存在的问题及其产生原因。

① 康兰方．试论现代公路桥梁施工的养护与管理[J]. 河北企业，2020（7）：29-30.

（四）流程设计阶段

流程设计阶段可通过头脑风暴法等技术，提出公路桥梁养护新流程的各种可能方案。新方案应能实现公路桥梁养护的战略目标，应建立公路桥梁养护新流程的模型并做出相应的说明。

（五）流程重构阶段

流程重构阶段即通过变化管理技术确保新、旧流程的平稳过渡。该阶段需完成公路桥梁养护员工的新流程培训，配合好公路桥梁养护组织结构和运行机制的转型。

（六）监测评估阶段

监测评估阶段需要监测和评估公路桥梁养护新流程的绩效，确定其是否满足预定的目标，通常可以和全面质量管理联系起来，该阶段若发现问题应及时解决、补救。

第三节　公路桥梁养护集成管理

针对我国公路桥梁养护管理现状及存在的问题，这里提出应用相互关联的公路桥梁养护管理单元来实现公路桥梁养护的集成管理，以养护工作为管理核心，使养护的成本、质量、进度、管理、责任体系、信息管理形成一个有机的整体。

一、公路桥梁养护集成管理概述

公路桥梁养护管理体系是一个复杂的系统，可分解成一些相互关联的桥梁养护管理单元（层次、模、元素等），并使各管理单元明确自己的责、权、利及在管理体系中的地位、作用。①

（一）公路桥梁养护集成管理的特性

1. 放大性

公路桥梁养护集成管理的最终目的是实现公路桥梁养护管理要素功能及优势

① 罗春德，尹雪云，李文兴. 公路桥梁工程施工技术与养护管理[M]. 长春：吉林科学技术出版社，2022.

的整合，即实现 1+1+1+…+1（N个）＞N的集成放大效应。公路桥梁养护集成管理的功能放大效应不是简单聚合或叠加的结果，而是一种非线性的功能变化及功能涌现。

2. 主动性

公路桥梁养护管理集成的实现及运行与人的主动行为密不可分。它要求管理者具有创造性的思维能力，要求养护者积极参与，进而形成优势互补，最终发挥集成团队的能量跃变作用。如虚拟公路桥梁养护集团，就是由公路桥梁养护管理高层主动创造，从不同企业主动选取桥梁养护所需的优势资源，进而集合而成的动态网络联合体。

3. 多样性

传统公路桥梁养护管理中，人、机、料、金、时、息是基本管理要素。公路桥梁养护集成管理中，还增加了知识、技术、方法等管理对象，涉及的集成要素数量众多且复杂多变。如公路桥梁养护团队既是人的集成，又是技能的集成，还是知识的集成；又如虚拟公路桥梁养护集团既是养护企业的集成，又是养护资源的集成，还是养护知识的集成。

4. 互补性

公路桥梁养护集成管理强调集成要素的相互融合，协同互补，以弥补知识的不足，产生整体倍增效果。

5. 泛边界性

公路桥梁养护集成管理采用了全新的思维方式，拓宽了公路桥梁养护资源优化配置的范围，其触角由公路桥梁养护机构的一个层面延伸到多个层面，由单个机构延伸到多个机构，打破了公路桥梁养护机构内（间）的界限，甚至打破了公路桥梁养护行业与其他行业的界限，实现了公路桥梁养护机构（行业）内部各要素与外部资源的优势互补，集成共享。公路桥梁养护集成管理这种“内部优势外在化，外部资源内在化”的要素整合，使得传统公路桥梁养护机构中“非此即彼”的明确组织边界变得越来越模糊，越来越难以确定，呈现出泛边界性。

（二）公路桥梁养护集成管理的原则

1. 整体性原则

系统论的基本思想是整体性、综合性，整体效应是系统论最重要的观点。“个人服从集体、少数服从多数、局部服从全局”从一定程度上说明了这个观点。公路桥梁养护集成管理也要把握这一原则，从全局出发，运用系统的观点和原理进行分析，使公路桥梁养护管理集成体系成为一个严密、合理的结构，具有最大的整体功能。该原则还应从集成的时间和空间布局两个方面加以认识：从时序考虑，公路桥梁养护集成管理应将近期、中期与远期目标结合起来，统筹规划；从地域考虑，公路桥梁养护集成管理应注意地区间经济能力的差异，使得公路桥梁养护资源均衡分布，达到整体最优。

2. 非加和原则

集成系统论中有贝塔朗菲著名的“非加和定律”。我国管理学者周吉将其称作“系统的性能、功效不守恒定律”，在此定律的基础上，确立了桥梁养护集成管理非加和原则。

3. 整分合原则

整分合原则是集合与分工关系问题的升华，在公路桥梁养护管理集成体系建立初期就应对可能影响全局的问题认真分析并周密部署，以实现整体最佳为最终目标。在强调分工重要性的同时，应看到分工并非集成管理的终结，因为公路桥梁养护分工后的各个部分可能在时间、空间、数量、质量等方面有所脱节；必须在公路桥梁养护纵向分工间建立起紧密的横向联系（组织保障），使各个局部协调配合，平衡发展。整体把握、重视分工、组织综合，是桥梁养护集成中整分合原则的要义。

（三）公路桥梁养护中集成管理的分类

公路桥梁养护管理集成按集成对象的不同可分为多种：既有桥梁养护资源的集成，又有公路桥梁养护方法的集成；既有时间的集成，又有空间的集成。

二、公路桥梁养护组织集成对策

（一）公路桥梁养护组织集成的概念与特征

公路桥梁养护组织集成是指为了有效地利用公路桥梁养护机构（行业）内外部优势资源，为了配合其他类型的公路桥梁养护集成管理活动，对公路桥梁养护组织的目标、结构、形态等进行集成，其实质是“此亦彼”，以诚信和契约为基础，以集成手段形成的一种泛边界网络组织模式。公路桥梁养护集成组织的主要特征有三点：精锐化、柔性化、泛边界化。

1. 精锐化

公路桥梁养护部门业务庞杂，人员超编，却未能建立起自己的专业化养护队伍，缺乏公路桥梁养护的中流砥柱。机构冗杂已成为公路桥梁养护传统职能式组织结构的一大弊病。集成组织的精锐化要求在公路桥梁养护组织结构的设计中去掉多余的东西，只保留最有效、最精干的部分，从而达到先“精瘦”再“精锐”的目的。

2. 柔性化

公路桥梁养护集成组织的柔性化表现在两个方面：一方面是面对桥梁病害的不确定性、桥梁养护技术与材料的日新月异，公路桥梁养护组织应能及时、实时地做出反应；另一方面是面对多变的市场经济环境，公路桥梁养护组织应具有快速适应市场变化的能力，做到“宜分则分，宜合则合”。

3. 泛边界化

公路桥梁养护管理的集成化打破了传统模式，公路桥梁养护的组织管理方法也都趋于模糊，这些促成了公路桥梁养护集成组织的泛边界化。

（二）公路桥梁养护组织集成对策——虚拟养护组织

公路桥梁养护组织集成的对策多种多样，这里仅就虚拟公路桥梁养护组织做简单研究。

“虚拟”一词，在计算机科学中指通过灵活调用外围设备等资源弥补主设备功能的不足；在企业组织中指为了突破企业有形界限，扩大企业资源的优化配置范围，借用外力，通过集成管理，加速自身发展的一种企业组织形式。虚拟公路桥梁养护组织是为了突破传统公路桥梁养护组织的有形界限，扩大公路桥梁养护资源的优化配置范围，以“不求引人，但求引智；不求所有，但求所用”等思想为基础，以诚信和契约为纽带，通过集成手段形成的一种泛边界网络组织模式。按集成对象的不同，虚拟公路桥梁养护组织可分为虚拟公路桥梁养护团队与虚拟公路桥梁养护集团。

1. 虚拟公路桥梁养护团队

公路桥梁养护行业亟须专业技术人才与管理人才，桥梁养护人员价值取向在市场经济中也发生了变化。因种种问题，养护行业通常留不住人才，有数据表明，越是经济发达的地区，人才密度越高。这种人才分布的非均衡性在公路桥梁养护中亦有所体现，某些欠发达地区公路桥梁养护人才短缺，而发达地区却过剩。就单个公路桥梁养护组织、企业而言，也不可能包罗所有人才或苛求员工都是全才。鉴于上述原因，以“不求引人，但求引智”为主导思想的虚拟公路桥梁养护团队应运而生。

虚拟公路桥梁养护团队依靠市场运行机制，以诚信及契约为纽带，动态集聚和利用了不同地域、不同单位、不同行业的公路桥梁养护人力资源，从不同渠道整合了关于公路桥梁养护的各种意见、经验及技术，实现了人才集成、知识共享，优势互补。

2. 虚拟公路桥梁养护集团

传统公路桥梁养护企业壁垒森严，严重阻碍了公路桥梁养护信息等资源在部门之间的流动。传统公路桥梁养护企业在公路桥梁养护设备配置问题上追求“大而全”“小而全”，造成了一方面设备闲置、利用率低，另一方面因购买新设备而资金短缺的怪圈。就单个公路桥梁养护企业而言，也不可能配齐所有的公路桥梁养护设备或频繁地更新设备，面对市场经济压力，公路桥梁养护企业普遍存在资金不足、技术创新能力薄弱等瓶颈。鉴于上述原因，以“不求所有，但求所用”为主导思想的虚拟公路桥梁养护集团应运而生。

虚拟公路桥梁养护集团依靠市场运行机制，以诚信及契约为纽带，动态集聚和利用了不同地域、不同企业、不同行业的公路桥梁养护资源，打破了传统公路桥梁养护机构的组织界限，促成了公路桥梁养护企业及相关企业间的强强联合、弱弱联合与强弱联合，实现了企业集成、资源共享、优势互补。其建构方法如下。

明确全局目标。虚拟公路桥梁养护集团应有其具体目标，但该目标应放眼全局。将虚拟公路桥梁养护集团的目标定位于：通过借力整合，以有限的公路桥梁养护资源，获得最好的养护效果（社会效益 + 经济效益）。

建立市场秩序。可通过设立公路桥梁养护行会、协会，完善公路桥梁养护项目招投标制度，制定并贯彻相关法规等途径为公路桥梁养护建立有序的市场环境，这也是建构虚拟公路桥梁养护集团的根本前提。

资源短缺分析。分析公路桥梁养护企业缺乏什么资源，有哪些资源可以共享等。例如，某些公路桥梁养护企业机械化水平较低，则可以考虑从其他养护企业或租赁公司租借所需的设备；某些公路桥梁养护企业取得了某一技术领域的研究成果，可以考虑集团共享或有偿转让。

整合企业信息。利用互联网、交流会等手段整合公路桥梁养护企业信息，建立企业信息库。

建立企业联盟。加强公路桥梁养护企业与相关企业间的交流、谈判与签约。虚拟公路桥梁养护集团除传统意义上的公路桥梁养护企业外，还吸收了很多外围企业，如租赁公司、咨询公司等。

（三）公路桥梁养护组织集成思想的培养

公路桥梁养护组织集成的成功与否还取决于公路桥梁养护工作者的观念能否与时俱进。为了使公路桥梁养护者了解并理解组织集成的内容及意义，应着重从以下几个方面进行培养。

1. 整体观念的培养

整体观念是组织集成思想的主要内容。传统公路桥梁养护组织中，小到养护段的日常保养，大到某条线路公路桥梁的全线改造任务，各部门都以其局部利益为基础来完成各自的养护任务，各部门间缺乏联系，各自为政，严重影响了公路桥梁养护事业的健康发展。组织集成需要将各部门的公路桥梁养护资源动态联合，肯定会触及某些部门或人员的利益。所以，必须通过整体观念的培养，使公路桥梁养护各级工作者（特别是部门领导）树立整体观念，站在“求生存、求发展”的高度认识组织改革。

2. 沟通观念的培养

公路桥梁养护专业性很强，各个技术部门有着不同的运作方式和行为规则，机构内、机构间、行业间沟通困难、信息不畅。加强沟通、增进交流是公路桥梁养护组织集成的前提，也是公路桥梁养护组织集成的目的，只有积极培养沟通观念，才能真正打破传统的组织界限，有效整合组织要素，发挥公路桥梁养护组织集成的功能放大作用。

3. 共享观念的培养

公路桥梁养护组织集成的目的之一，就是通过借力整合，实现公路桥梁养护要素间的优势互补。这种互补既是桥梁养护设备、材料、资金等硬件的共享，又是公路桥梁养护知识、信息技术等软件的共享，由此对公路桥梁养护共享观念的培养提出了要求。

4. 学习观念的培养

不论是虚拟公路桥梁养护团队，还是虚拟公路桥梁养护集团，组织的集成都非一蹴而就，更非一劳永逸，而是一种循序渐进、不断进步的变革。这种变革要求组织成员树立学习观念，不断提高自身综合素质，以适应多变的环境。

三、公路桥梁养护工序集成对策

随着我国公路桥梁老龄期的临近，公路桥梁养护工作的规模日益扩大、种类日益繁多，成百上千道工序在不同时间、不同地点交替进行着。这些种类繁多、数量惊人的公路桥梁养护工序单元构成了一个复杂的巨系统，按照集成思想，对它们进行分解、整合很有必要。公路桥梁养护工作包应运而生，它建立于工作分解结构与模块化等思想基础之上。工作分解结构是一种用来熟悉工程结构，全面分析工程项目的方法。它按照系统原理将项目分解成相互独立、相互影响、相互联系的项目单元，并通过项目管理将所有单元合成一个工作整体，以达到综合计划与综合控制的要求。先分后合、合中有分的公路桥梁养护集成思想与 WBS（Work Breakdown Structure）理念恰恰是一致的。模块指能完成一定功能的相对独立的子系统。一个系统可分为不同的模块，各模块间通过标准化的接口进行协调与交互。模块化指将单元独立设计，但作为一个整体运转。模块化思想在现代管理领域较为常见，常应用于组织复杂的工程。

四、公路桥梁养护知识集成方法

公路桥梁养护知识集成指通过对分散在公路桥梁养护者头脑中及不同养护部门间的知识进行捕获，实现知识共享，运用集体的智慧提高公路桥梁养护创新能力。其具体方法有：第一，文档法，通过论文、教材、著作等文字载体集成公路桥梁养护者的宝贵经验并广为传播。第二，编码法，通过编码实现公路桥梁养护知识的有序化，使存储、检索与共享知识更加方便。第三，网络法，通过网上论坛、电子邮件等网络工具实现公路桥梁养护隐性知识的交流与共享。第四，激励法，通过奖金、晋升等手段鼓励公路桥梁养护的成功经验共享化、隐性知识显性化。

第四节　公路桥梁养护全寿命周期

公路桥梁养护全寿命周期为：规划—立项—设计—施工—竣工—经营—老化—拆除。公路桥梁养护工作自竣工之日才算正式开始，且通常是老化之后才得到重视，但应指出，从规划、立项、设计、施工、竣工直至拆除各项工作与养护工作都有着不同程度的联系。根据一般养护论进行养护，充其量只能治标，为了治本就必须在公路桥梁养护全寿命周期内考虑养护问题。公路桥梁设计、施工等起始环节将直接影响公路桥梁的质量，进而影响养护工作的难度。公路桥梁养护是一项系统工程，需要公路桥梁设计、施工、养护、管理等单位的协调沟通。

一、公路桥梁全寿命周期中涉及养护的问题

部分公路桥梁在设计时，忽略了构件在检查时的可视性与维修时的可换性。如宜宾南门桥的吊杆在设计时，就没有考虑到吊杆下端的防腐检查问题，出事后才发现腐蚀竟是那么严重。①

部分公路桥梁在设计时，耐久性考虑不够、安全储备偏低，加速了桥梁的老化，增加了养护压力。公路桥梁建筑材料选用时，未考虑建桥地区的环境因素。如北方一些桥梁，没有考虑冻融因素；滨海桥梁没有考虑盐害因素（2000 年竣工的南方某跨海大桥，其主体结构在浪溅区，却采用不耐海水干湿交替侵蚀的 C30 混凝土和 3 ～ 4cm 厚的混凝土保护层；国内某大桥，建成后仅 8 年，由于盐冻侵蚀，不得不对部分结构进行拆除重建）。

部分公路桥梁在施工时，不合理地加快施工进度。通过优化作业、技术创新等途径提前完工的做法应该提倡，但少数单位为了在某重要节日前完成献礼工程，用行政手段压缩工期的做法就值得商榷了。部分公路桥梁设计、施工时，未考虑检查、检测等需要，造成了竣工后养护工作的诸多不便。

① 李燕鹰，张爱梅，钱晓明 . 公路桥梁工程施工与养护技术 [M]. 长春：吉林科学技术出版社，2021.

二、预防性养护在公路桥梁全寿命周期中的应用

随着社会经济的快速发展，我国公路桥梁建设也得到了快速发展。但是随着公路桥梁使用时间的延长，出现了一些问题，严重地影响了公路桥梁的使用寿命，并且增加了公路桥梁的养护成本。因此，为了改善公路桥梁状况，就需要对公路桥梁进行预防性养护。预防性养护不仅能节约公路桥梁全寿命周期的养护成本，还能够缩短养护的时间。因此，必须做好公路桥梁的预防性养护工作，明确其在公路桥梁全寿命周期中的重要性。

（一）公路桥梁全寿命周期中预防性养护的重要性

在多个国家中，预防性养护被广泛应用，并且取得了非常好的养护效果。在公路桥梁全寿命周期中，通过一系列预防性养护措施的应用来延长公路桥梁的使用寿命，确保公路桥梁状况良好的过程被称为预防性养护。在预防性养护过程中，不需要增加附属设施，就能够实现公路桥梁状况的改善。防患于未然就是公路桥梁全寿命周期中预防性养护的核心理念，并且将经济性最优作为养护的基础，因此，预防性养护就是通过最小的寿命周期成本进行公路桥梁的预防养护，从而改善公路桥梁状况。

在公路桥梁全寿命周期中，预防性养护具有十分重要的作用。预防性养护即改善公路桥梁的状况，延长公路桥梁的使用寿命，使公路桥梁的功能能够得到正常的发挥。采用预防性养护对公路桥梁进行养护时，能够在很大程度上降低公路桥梁全寿命周期成本。路面全寿命周期成本是从路面建成投入使用到下一次路面的结构性整体大修或重建的时间段内产生的建设费用和养护费用之和。公路桥梁的预防性养护能够大大降低各部分的成本，从而节约养护的成本。及时对公路桥梁进行预防性养护，不仅能够节约成本，还能够减少公路桥梁全寿命周期的养护工程量，确保公路桥梁一直处于良好的使用状态，保证公路桥梁交通的质量。在目前的公路桥梁养护中，普遍使用的是矫正性养护措施，即对出现问题的公路桥梁进行修复、补救，但是该养护措施的养护经费与养护目标冲突较大，严重影响了公路桥梁养护的经济性。而采用预防性养护能够有效地遏制公路桥梁病害的发展，不仅能够延长公路桥梁的使用寿命，而且还比较经济。预防性养护在公路桥梁全寿命周期中具有技术措施先进、理论基础坚实、经济效益显著、工作程序规范以及决策体系科学等优点，对公路桥梁的养护具有重要价值与积极意义。因此，

必须加强对公路桥梁预防性养护的研究。

（二）公路桥梁全寿命周期中预防性养护的技术评估与最优时间的选择

1. 公路桥梁预防性养护技术评估

在预防性养护工作中，需要做好预防性养护技术评估工作，并且将适当养护措施的选择作为评估工作的目的。在进行预防性养护工作时，应对养护技术措施的经济性、合理性、适用性以及可靠性进行充分的考虑分析。首先，需要对减缓预期病害、预防或者发生病害的养护技术措施进行明确，对养护技术进行评价。其次，对公路桥梁的环境、交通、气候以及路面状况等进行评价。最后，评估公路桥梁在养护后所花费的养护成本与预期寿命。在公路桥梁全寿命周期的预防性养护工作中，主要的预防性养护技术措施有灌缝、喷雾封层、微表处以及热沥青混合料罩面等几种。在进行公路桥梁的预防性养护时，应该结合公路桥梁的实际状况进行养护技术的选择，采用合理的预防性养护技术对公路桥梁进行养护，从而节约养护成本，延长公路桥梁的使用寿命。因此，必须加强对公路桥梁预防性养护技术评估的研究。

2. 预防性养护最优时间的选择

在公路桥梁全寿命周期的预防性养护中，占据核心地位的就是预防性养护最优时间的选择，其对预防性养护经济性起着重要的作用。在进行公路路面的养护时，想要节约养护成本，将其降低到最低，就需要选择最优的预防性养护时间。在进行预防性养护最优时间的选择过程中，经常使用的方法就是寿命周期成本分析法，即寿命周期成本评价。在公路桥梁全寿命周期的预防性养护决策中，为了得到全寿命周期的最低成本方案，就需要在整个周期内进行养护技术措施的应用，在不同时间段内通过对比选择出最经济的成本方案，这也是预防性养护决策分析的特殊点。预防性养护最优时间的选择对公路桥梁全寿命周期具有非常重要的影响，必须加强对最优时间选择的研究。

三、公路桥梁养护全寿命周期对策

将公路桥梁全寿命周期中规划、设计、施工，运营、养护等各个环节通过充分的信息交流集成一个整体，使信息在各环节间能够准确、充分地传递，各阶段参与方能有效地沟通与合作。

公路桥梁设计时应提高安全系数，选材时应考虑耐久性及环境因素，施工时应保证工期。公路桥梁设计单位应附带提出对不可更换构件进行检查、维修的要求，不应将难题留给养护单位。公路桥梁养护单位应根据设计部门要求，认真落实不可更换构件的养护细则，并及时反馈问题。公路桥梁设计时易损构件应便于更换，如盆式橡胶支座，墩顶应预留千斤顶位置。在大型桥梁设计中，重要部件应让养护人员易于接近，箱梁构造应便于养护人员通过，主梁及墩台内部尺寸至少不应妨碍检测仪器、维修设备的运送与放置，桥面人行道应可供检查车行驶。国外将桥梁墩台做成空心以方便检查的方案值得我们借鉴。桥梁施工时应在梁侧及墩台上预设小孔，便于竣工后桥梁养护时悬挂脚手。公路桥梁施工时应在桥上预留养护便道，便于竣工后桥梁检查、检测、维修等工作的开展。目前，全寿命周期理念已经体现在公路桥梁养护工作的各个方面。

第五章　公路养护技术

第一节　公路路基养护

路基是公路的重要组成部分，是路面的基础，它与路面共同承担车辆荷载。路基的强度和稳定性是保证路面结构稳定、路用性能良好的基本条件。

路基养护工作的内容包括：维修、加固路肩、边坡；疏通、改善排水设施；维护、修理各种防护构造物；清除塌方、积雪，处理塌陷，检查险情，防治水毁；观察和预防、处理翻浆、滑坡、泥石流等病害；有计划、有针对性地对局部路基进行加宽、加高，改善急弯、陡坡和视距不良路段，使之逐步达到所要求的技术标准。①

路基养护工作的一般规定主要有以下几个方面。

路基养护范围应包括地基、路堤、边坡，以及结构物、排水设施等。

路基养护应经常保持路基整体处于良好技术状况，路肩、边坡和支护结构完好稳定，排水设施排水通畅。

路基日常养护应加强路基日常巡查和保养工作，及时清除零星塌方、碎落石、积水和杂物等，及时修剪杂草，疏通排水系统，定期整理路肩、边坡、排水系统及结构物泄水孔，及时维修路肩、边坡、排水设施和各类结构物的局部轻微损坏。

路基养护应加强预防养护工作，结合日常巡查和各类检查及监测，及时排查病害及灾害等隐患。当路基及结构物技术状况为优良，但有局部轻微损坏或病害迹象时，应适时采取预防性养护措施，防止或延缓病害的发生和发展。

当路基及结构物出现明显病害或较大损坏时，应及时组织专项检查和评定及必要的工程勘查，采取相应工程措施，并应符合下列规定：路基及结构物技术状况等级为中，或出现局部损坏时，应实施修复养护工程，及时处治或加固；路基

① 沈艳东，李月姝．公路养护 [M]. 北京：北京理工大学出版社，2019.

及结构物技术状况等级为次及以下，路基整段出现大范围病害，或重要结构物出现较大损坏时，应实施专项养护工程，及时处治、加固或改建。

一、路肩养护

各级公路横断面组成中都包括行车道及路肩。路肩指的是位于行车道外缘至路基边缘，具有一定宽度的带状部分。

道路设置路肩的主要目的：保护行车道等主要结构的稳定；为发生机械故障或遇到紧急情况的车辆临时停车提供位置；提供侧向余宽，有利于安全，增加舒适感；可供行人、自行车通行；为设置路上设施提供位置；作为养护操作的工作场地；在不损坏公路构造的前提下，也可作为埋设地下设施的位置；改善挖方路段的弯道视距，促进交通安全；使雨水能够在远离行车道的位置排放，减少行车道雨水渗透，减少路面损坏。

路肩养护工作的重点是减少或者消除水对路肩的危害。

（一）路肩养护的要求及内容

1. 养护要求

路肩平整顺适。硬路肩应与路面横坡相同，植草的路肩应略大于路面横坡。路肩横坡度过缓，不利于排水，影响路基稳定；横坡度过大，易被雨水冲刷。

路肩的宽度应符合现行《公路工程技术标准》的规定。路肩应经常保持平整坚实，不应积水、淤泥和出现坑槽、车辙与缺口。路肩上不应堆放任何杂物或养护材料。路肩应尽量与环境协调，尽可能使之美观。

高速公路通常铺设硬路肩，根据设计要求铺设沥青混凝土或水泥混凝土的面层，并铺砌路缘带。此时，路肩的养护遵照同类型路面的养护原则。

2. 养护内容

路肩清扫。路肩清扫包括机械清扫和人工清扫。进行路面清扫、保洁时，必须对硬路肩同时进行清扫和人工保洁；雨后路肩如有积水，应及时排除。

车辆在高速公路上行驶，如果出现故障，要停在紧急停车带进行检查、处理。特别是重型车辆，当它停下来使用千斤顶进行处理时，常常会给停车带的沥青路留下难以恢复的千斤顶坑迹；同时，在修车过程中，个别车辆会在停车带上漏下柴油，侵蚀沥青混凝土路面，造成停车带沥青路面松散。随着时间的推移，这些被腐蚀的地方就会发展成坑槽。由于这种情况长期存在，既影响停车安全，又影响路肩的排水功能，并且会使路面水渗入基层影响路基，因此，要及时地对停车带上的坑迹和腐蚀处进行处理，确保路肩表面平整，横坡适度，边缘顺直。这些坑迹和腐蚀的处理办法，可参照沥青路面坑槽处理办法，也可在路面坑槽修补时一同进行。

护栏、路肩边缘的杂草修剪、清理。这项工作主要清理路面与硬路肩接缝、硬路肩与土路肩接缝、硬路肩与桥台搭板接缝之间的杂草。杂草清理后，应及时用 M7.5 砂浆或沥青灌缝料予以灌注，防止雨水渗入。

路肩与路面边缘产生裂缝。清理裂缝，保持裂缝干净无杂物，用 M7.5 砂浆或沥青灌缝料灌注裂缝，防止雨水渗入。

硬路肩病害的维修。硬路肩如出现沉陷、缺口、车辙、坑槽、横坡不够等病害，应尽快组织维修。高速公路路肩应根据设计要求铺设沥青混凝土或水泥混凝土面层，并铺砌路肩边缘带，此时路肩的养护工作将转变成同类型路面的养护工作。

路肩水的处理。路肩松软，多由水的作用造成。所以，路肩养护与维修工作的重点就是减少或消除水对路肩的危害。路面范围的地表水通过路肩排出，必须经常保持路肩的横坡平整顺适。高速公路路肩与路面横坡相同。当路肩过高妨碍路面排水时，应铣刨整平，达到规定要求。对于因路肩湿软而经常发生啃边病害的路段，可在路肩内缘铺设排水盲沟以及时排除由路肩下渗的积水。盲沟的构造可采用无纺布包裹双壁波纹塑管的形式，这种形式施工便捷，造价低廉。

陡坡路段的路肩，易被暴雨冲成纵横沟槽，甚至冲坏路堤边坡，为此可采取下列防护措施：设置截水明槽。自纵坡坡顶起，每隔 20m 左右两侧交叉设置 30 ～ 50cm 宽的斜向截水明槽，并用碎（砾）石填平，同时，在路肩边缘处设置高 10cm、顶宽 10cm、底宽 20cm 的拦水土塔，在每条截水明槽处留淌水缺口，其下边的边坡用草皮或砌石加固，使雨水集中在截水明槽内排出。

用粒料加固土路肩或有计划地铺筑硬路肩，在陡坡路段的路肩和边坡上全范围人工植草。

路肩的硬化。公路路肩应根据设计要求硬化，并砌筑路肩边缘带。在铺筑硬路肩有困难的路线或路段，可种植草皮或利用天然草来加固路肩。种植草皮应选择适宜当地土质、易于成活和生长的草种，成活生长后定期进行维护和修剪，草高不得超过规定值（15cm），并随时清除杂草和草丛中积存的泥沙杂物，以利于排水，保持路容美观。

（二）路肩养护的类型及方法

1. 保持路肩整洁

保持硬路肩的整洁。加强日常巡查，若发现路肩上出现泥沙杂物，应及时清扫，以保护路肩的整洁。清扫路肩时应洒水，避免造成扬尘污染。排除积水、积雪、积冰、积沙，拦水带（路缘石）的刷白、修理。

保持土路肩的整洁。对于土路肩上出现的车辙、坑洼，用与原路肩相同的土填平夯实，恢复原有状态；雨后必须及时排除积水、清理淤泥，以保持路肩的整洁；对于植草皮或利用天然草加固的路肩，定期进行维护和修剪，草高不得超过15cm，并随时清除杂草和草丛中积存的泥沙杂物，以利于排水，保持路容美观。

路肩上严禁种植农作物和堆放任何杂物。对于养路材料，应在公路以外相连路肩之处，根据地形情况选择适宜地点，设置堆料台，堆料台的间距以200～500m为宜。

2. 路肩加固

采用粒料加固路肩。为防止雨中会车时的泥泞陷车，可采用粒料加固，将砾石、风化石、炉渣、碎砖等粒料掺拌黏土铺筑加固层，其厚度不小于15cm，应尽量采用挖槽铺压；也可在雨后路肩湿软时，直接将粒料（不加黏土）撒铺到路肩上，并进行碾压，分次将粒料铺压进路肩土中加固。

种植草皮加固路肩。对于交通量不大或铺筑硬路肩有困难的路线或路段可种植草皮或利用天然草来加固路肩。

采用路缘石加固路肩。混凝土应按试验确定的配合比进行拌制及预制，路缘石的质量应符合图纸规定要求；路缘石埋设的槽底基础和后背填料应夯击密实，压实度应符合图纸要求；安砌缘石时应钉桩拉线，务必使顶面平整，线条直顺，曲线圆滑美观，埋砌稳固。

混凝土预制块加固土路肩。施工前应按图纸逐桩测量其施工标高及应有宽度；不符合图纸规定时，应进行修整。土路肩的压实度，需满足重型击实标准的95%以上，同时，路基边坡整修应符合图纸要求。经监理工程师检查同意后，方可分段进行预制块的铺砌加固作业。

混凝土预制块应按图纸要求的尺寸在预制场集中预制，经检验合格后方可使用，预制块在运输时应轻拿轻放，避免损坏，不得野蛮装卸。

铺砌预制块时，首先应按图纸要求设置垫层或整平，然后将块件接缝处用水湿润，并在侧面涂抹水泥砂浆。砌块落座时应位置正确、灰缝挤紧，但不得碰撞相邻砌块。灰缝宽度不大于 10mm。

铺砌段完成后即进行养护，在砂浆强度达到图纸规定要求前，禁止在其上行走或碰撞。

现浇混凝土加固土路肩。施工前应按图纸逐桩测量其施工标高及应有宽度，当不符合图纸规定时，应进行修整；土路肩的压实度，需满足重型击实标准的 95% 以上，同时，路基边坡整修应符合图纸要求。经监理工程师检查同意后，方可分段进行现浇水泥混凝土加固作业。

模板应采用钢板材料制成，所有模板均不应翘曲，并应有足够强度来承受混凝土压力而不发生变形。所有模板应处理干净，涂上经批准的脱模剂，并按图纸尺寸对换混凝土全深立模，然后浇筑混凝土。

混凝土应按试验确定的配合比进行拌和及浇筑。按图纸要求的厚度，浇筑在模块内的混凝土宜用振动器振捣或监理工程师认可的其他方法捣固。模板应留待混凝土固结后才可拆除，拆模时应保证棱角不受损坏，混凝土应按规定刮平成形，然后用木抹子将其抹饰平整。经监理工程师允许后可采用其他抹面方法，但不允许粉饰。抹饰平整后即进入养护阶段。

砂石加固硬路肩。砂石加固硬路肩包括泥结碎石、稳定类路肩，如石灰土、二灰碎石等。

综合结构硬路肩。如在基层上做沥青表面处治的综合结构路肩。

二、边坡养护

边坡是指为保证路基稳定，在路基两侧做成的具有一定坡度的坡面。

（一）边坡的分类

公路边坡的分类标准很多，在公路边坡工程中，往往同时按多个标准分类，如岩石高边坡、失稳土质边坡开挖陡坡等。相对于其他用途的边坡而言，公路路基边坡根据路面与天然地面的相对位置，可分为路堤边坡和路堑边坡。当路基面高于天然地面时，用土石方填筑起来的路基斜坡称为路堤边坡；当路基面低于天然地面时，将天然地面挖开做成的路基斜坡称为路堑边坡。

（二）边坡及结构物养护的一般规定

路基边坡养护应保持坡面与坡体稳定，支护结构满足承载能力、结构安全和抗灾能力的要求。

当路基边坡出现冲刷、风化剥落或碎落坍塌等浅表病害时，应及时清理和整理坡面，可采取生态防护、工程防护或冲刷防护等坡面防护措施。

当路基边坡出现明显病害时，应根据检测和专项评定结果等，采取修复或加固措施。对于适修性很差的原有结构物，应拆除重建。

当路基边坡经专项评定或风险评估确认需要进行加固，或出现下列情况时，应进行加固：边坡失稳或出现失稳迹象，支护结构及构件有损坏，因路基拓宽改造可能影响边坡安全，遭受灾害损坏或已发生过安全事故。

路基边坡加固方法应根据病害类型、成因和规模等，选用一种或多种组合方法，并应符合下列规定：边坡工程变形及失稳与地表水或地下水直接相关时，应采取截排水等工程措施。路堑边坡整体稳定性及支护结构稳定性等不满足要求时，可选用削方减载法或堆载反压法。牵引式斜坡和膨胀性土体不宜采用削方减载法。发生较大变形和开裂的边坡，或支护结构承载能力、抗滑移或抗倾覆能力等不满足要求，且有锚固条件时，可选用锚固法。边坡整体稳定性或支护结构稳定性不满足要求，且嵌岩段地基强度较高时，可选用抗滑桩法。抗滑桩可与预应力锚杆联合使用，并与原有支护结构共同组成抗滑支护体系。支护结构、构件或基础加固，可选用加大截面法。支护结构地基土、岩土边坡坡体、抗滑桩前土体或提高土体抗剪参数值的加固，可选用注浆法。当采用组合加固法时，各支护结构的受力和变形应相互协调。

路基边坡加固设计应采用动态设计法，应按有关规定进行结构强度、承载力和整体稳定性等验算，并应符合下列规定：加固范围应根据专项评定结果及设计分析确定，可对边坡工程整体、区段、支护结构或排水系统进行加固处理，但均应考虑边坡工程的整体性。原支护结构及构件的几何尺寸应根据实测结果确定。原支护结构及构件的材料强度，当现场检测数据符合原设计值时，可采用原设计标准值；当检测数据与原设计值有差异时，应采用检测结果推定的标准值。新增支护结构与原结构组合时，新增支护结构或构件的抗力和原支护结构或构件的有效抗力，应根据专项检查、勘查和评定结论及加固措施等确定。地震区支护结构或构件的加固，除应满足承载力要求外，还应复核其抗震能力，并应考虑因支护结构刚度增大和结构质量重分布而导致地震作用效应增大的影响。

边坡加固施工除应满足现行国家有关标准的要求外，还应满足下列要求：施工过程中可能出现大变形或塌滑的边坡工程，应先采取临时性加固措施，再实施永久性加固。当支挡结构物发生倾斜、滑动或下沉时，应先卸载，再维修加固。对施工过程中可能引发较大变形的边坡和支护结构，应在施工期间进行监测。

（三）边坡破坏的几种形式

受外界不利因素的影响，自然边坡、人工开挖或者填筑的边坡，都有可能发生滑动、倾倒等形式的失稳性破坏。边坡失稳不仅会毁坏坡面植被，还会因严重的工程事故而造成巨大的经济损失，甚至危及人身安全。因此，修筑公路边坡，首先要判断边坡的稳定情况，并对潜在的失稳破坏边坡采取必要的工程或生态防护措施，以保证边坡稳定和行车安全。

1. *深层破坏*

公路岩质边坡和土质边坡的失稳形式各不相同。其中，平面破坏、楔形破坏和曲面破坏是一种深层失稳破坏，一般是在坡面 2m 以下深处沿滑移面产生剪切滑移破坏，滑移面是平面、楔形面或曲面。这种破坏滑下的土石方量大，有时可达数万方，造成的危害极大。公路土质边坡深层破坏一般是圆弧滑动模式。

公路边坡破坏基本上分为滑体整体旋转运动和非整体旋转运动两类。在这个意义上，可以将公路边坡失稳类型分为圆弧状滑动和平板状滑动。无论是圆弧状滑动还是平板状滑动，除后缘开明缝外，还必然存在左右两侧侧壁裂缝。圆弧状滑动易发生在由均质土和风化岩构成的边坡或节理细而发育的岩石边坡等处。地层中存在节理、断层、层理等构造软弱线，或者存在软弱夹层或古滑移面等不连续面，且呈顺坡倾向临空面时，则沿不连续面易发生平板状滑动。

2. *浅层破坏*

公路边坡浅层破坏一般发生在坡面的表层或坡面下不足 2m 的范围内。虽然滑下的土石方量很小，但是它严重破坏了坡面的植被，对于这种破坏也应有足够的认识。

剥落。剥落发生在容易风化的岩土坡面，如红层岩坡或膨胀土边坡，这些边坡开挖后如果不及时防护，坡面将发生风化，岩土体风化成散粒状后，将顺坡滑落下来。在这种坡面上，如果方法不当，风化的坡面会造成植被的破坏。

落石。落石发生在块状结构、碎裂状结构的岩坡或者土石混合的土坡中。这可能是坡面受雨水冲刷或风化作用，浅层岩石局部松动后，在重力作用下从坡面落下所造成的破坏。对这种坡面应先清除或加固危石。

崩塌。斜坡上的岩体，在重力或其他外力作用下，突然向下崩落的现象，叫作崩塌。崩塌的发生往往与斜坡陡峻、岩性坚硬、地质构造发育有关的地貌地质条件相联系，崩塌落石可能发生在开挖的人工边坡上，也可能发生在开挖边坡的自然山坡上，而较大规模的崩塌多发生在开挖边坡陡峻的自然斜坡上。对这种坡面应首先找出易崩塌处，然后予以加固。

堆塌。对于碎裂状结构、散体结构的岩坡，易风化的坡面，黏砂性的土坡等，在地表水顺坡流下时，会带走坡面松散、软弱的土颗粒，在坡面形成条条沟状，还会出现坡面沟蚀，有的地方被掏空后，还会出现局部滑塌，滑塌和沟蚀冲积物将堆积在坡脚，形成堆塌破坏。另外，对于节理发育或软质、风化的岩体，由于边坡的开挖过陡，在坡顶或边坡外缘产生拉张裂缝，并逐次向山侧发展而发生堆塌。堆塌体多呈半锥体形，堆塌直到稳定的安息角为止。在这些边坡上即使做了植被防护，如果方法不当，也会发生坡面沟蚀，从而破坏已做好的植被防护。

表层滑塌。坡体表面若分布有软弱岩土体或者一些破碎的硬质岩，在大气风化作用及水的侵蚀作用下，就有可能造成这些表层破碎的岩土体沿局部软弱面滑动坍塌。

风化剥落。风化剥落发生在容易风化的岩土坡面，如泥岩、砂岩、红层岩坡或土质边坡，这些边坡坡面开挖后，在雨水、日照等自然作用下，将发生严重的风化。坡体风化后在坡面形成一定厚度的松散层，在重力和雨水作用下，该松散层将顺坡滑落造成风化剥落破坏。对这种坡面须首先清除风化层，或者将风化层稳定于坡面。

错落。斜坡岩体在重力作用下，沿软弱面整体性快速下错的现象称为错落。其整个错动带的形状为折线形，后壁坡度较陡，下部坡度较缓；错动面出现在坡脚临空面以上，其错落体的垂直位移量大于水平位移量。对该类边坡应找出错落体并予以加固。

浅层滑坡。坡体浅层若分布有较软弱的岩土体或者破碎的硬质岩石，则在自然营力的影响下，易造成这些浅层岩土体在重力作用下沿其下一定的软弱面或带产生整体的以水平位移为主的向下滑动现象，此即坡面浅层滑坡。滑面埋深不大，滑体厚度较小，一般在 2m 以内。浅层滑坡将对坡面植被造成较大范围的破坏。

（四）路基边坡主要病害

1. 路基边坡滑塌

路基边坡滑塌是公路工程中最为常见的路基病害之一。其多是由于公路处于山谷或者河谷地区，其路堑边坡由膨胀土或碎石类等风化残积土组成，还有一种可能是由路堤边坡软质土料填筑而成，从而导致公路发生坍塌等病害。

2. 路基边坡冲沟

路基边坡冲沟多发生在汇水集中区或高填路段，诱发原因：急流槽位置或间距设置不当，边坡压实度不足，防护形式不当（多为分散排水时），边坡土质不良等。

3. 防护体滑落

防护体滑落的诱发原因：水毁，圬工砌筑质量不符合要求，勾缝不密，未设粗砂滤层或泄水孔，坡脚支撑不稳。

4. 植草枯死

植草枯死的诱发原因：土质、环境不适，草种不适，病虫害，寿命终止。

（五）路基边坡防护技术

1. 土质边坡工程防护技术

一般土质路堤边坡：边坡高度 $H \leqslant 4\mathrm{m}$，采用草皮护坡；边坡高度 $4\mathrm{m} < H \leqslant 8\mathrm{m}$，采用方格骨架内草皮护坡；边坡高度 $H > 8\mathrm{m}$，采用拱形骨架内草皮护坡。

一般土质路堑边坡：边坡高度 $H \leqslant 8\mathrm{m}$，采用生态防护；边坡高度 $H > 8\mathrm{m}$，采用拱形骨架内植草护坡。

对于特殊性土质，如红黏土、膨胀性土等，边坡如防护不当或不及时，将容易发生病害甚至破坏。红黏土、膨胀性土等边坡，应以柔性防护为主，采用骨架、土工合成材料、排水及生态防护等综合性防护措施，并具体情况具体分析。

坡脚挡墙。经调查分析，路堑边坡受雨水冲刷，坡脚是受冲刷最严重的部位。根据对边坡应力状态的多个方面分析，边坡应力集中部位为坡脚及坡顶，在坡脚处最大主应力显著增高，而最小主应力显著降低，坡脚处剪应力较大，形成剪应力增高带，故在坡脚处易产生剪切破坏。因此，在边坡坡脚增设挡墙，可减少应力集中，提高边坡坡脚抗冲刷能力。

骨架护坡。土质边坡可广泛使用骨架护坡，风化花岗岩边坡使用骨架护坡时，必须注意以下内容：骨架应与排水结合起来，骨架设计成排水沟形式；根据土中原生及次生裂隙的多少，主肋适当加粗到（60～100）cm（深）×60cm（宽），间距为4m；骨架形状可为拱形（拱高4m）、菱形、方格（间距3m）、人字（间距3m），骨架嵌入坡面深度为40cm；根据临界冲刷长度 $L<6m$，则骨架的间距应以6m为主。

边坡植物防护技术。主要包括：种草防护、铺草皮防护、种树防护、土工网植草防护、行栽香根草防护、蜂巢式网格植草防护、客土植生（客土喷播）植物防护、喷混植生植物防护、植生基质喷射防护。

2. 软质岩边坡工程防护技术

根据对大量边坡的调查及软质岩边坡的病害规律和风化机理分析，软质岩边坡的病害主要是边坡表面的风化剥落和边坡崩塌及滑坡破坏。因此，软质岩边坡的防治应从边坡的可能性破坏方面出发，其重点是防治边坡坡面，以使边坡不进一步风化。对不稳定边坡需要进行加固支护等，常用的支护处理方法如下：合适的边坡坡比设计；排水技术，常采用渗透式支撑肋、深层排水管及时排除地表与地下水；边坡支挡结构，适用的主要有重力式挡土墙、悬臂式挡土墙和扶壁式挡土墙、锚杆挡土墙、抗滑桩及桩板墙、锚固（预应力锚杆（索）、非预应力锚杆（系统锚杆））、土钉墙。针对软质岩边坡的主要病害，边坡防护的重点是防治边坡受雨水等外在因素的影响，植物防护、骨架植物防护、圬工防护等防护处理方法，均可用于软质岩边坡防护。目前普遍提倡的是生态护坡。水泥混凝土喷浆防护和护面墙护坡由于外观与效果不是很理想，在高速公路上使用较少，用得比较成功并普遍采用的是植物防护、骨架植物防护。考虑软质岩边坡较破碎，常采用锚杆骨架护坡，边坡防护与边坡加固相结合。在边坡不稳定的情况下，锚杆长度与间距根据计算分析确定；在边坡稳定的情况下，考虑软质岩的风化深度，距离边坡面4m以内的范围，温度变化相当显著，大部分温差都是在这段距离内完成的，因此需要采用4～6m的锚杆长度。由于软质岩风化严重，边坡节理裂隙发育、岩体破碎，锚杆骨架梁护坡方法的最大优点是锚杆主要起支撑混凝土骨架的作用，用锚杆加固后可使锚杆骨架梁与边坡岩体成为整体，骨架可采用混凝土或浆砌块（片）石，并与排水相结合，以减少雨水对边坡的冲刷。

3. 硬质岩边坡工程防护技术

硬质岩边坡的主要破坏类型是边坡崩塌落石，形成崩塌落石的条件包括地形、地貌、岩性及地质构造等。地形条件是陡峻的斜坡地形，地貌条件是陡峻的峡谷岸坡、山区河曲凹岸、冲沟岸坡和山坡陡崖处，岩性对崩塌落石起控制作用。影响崩塌发生的因素包括降水、地下水、地震、风化、植物以及人为因素。崩塌落石的防护，主要采用以下措施。

防崩遮挡建筑物：明洞和棚洞等。

防崩支撑建筑物：高支墙、明洞式支墙、柱式支墙、支撑挡土墙和支护墙。

防崩拦截建筑物：主被动柔性防护网、落石平台、落石槽、拦石堤、拦石墙。

加固措施：嵌补、锚杆锚索、灌浆等。

4. *石质边坡坡面防护*

石质边坡原则上全部采取生态防护。对边坡高度不大于 12m 的、岩石较完整的稳定边坡，采用一级生态防护；对边坡高度大于 12m 的，采取分级生态防护；对岩石易破碎、风化严重的边坡，采用锚杆式钢筋混凝土方格骨架内植草（灌木）护坡。

（六）路基边坡病害的治理措施

1. *植物防护*

植物防护可美化路容，协调环境，调节边坡土的湿度与温度，起到固结和稳定边坡的作用。它对于坡高不大、边坡比较平缓的土质坡面而言，是一种简易有效的防护设施。土质边坡防护也可采用拉伸网草皮固定草种布或网格固定撒种。采用土工合成材料进行土质边坡防护的边坡坡度宜为 1∶1.0 ～ 1∶2.0。

植物防护主要是种草、铺草皮、植树，采用植物覆盖层对坡面进行防护，工序简单，效果好。它可以减缓地面水流速度，调节表层水流状况；植物根系深入土层，在一定程度上对表层土起到固结作用。

植物防护的养护主要是植物进行养护，对草和树应适时浇水、施肥和除虫，保障植物正常生长。为了达到美化的效果，还应经常进行修剪、整形。对于草皮死亡、树木缺株，应针对情况进行补植。由于水流作用，植物根部被冲空，坡面及坡顶裂缝、隆起，坡面局部冲沟时，应针对病害情况进行维护或改变防护形式。

2. *石砌护坡*

石砌护坡主要有干砌块（片）石、浆砌块（片）石、护面墙、钢筋混凝土预制挂板等。当石砌护坡发生松动、下沉、隆起等病害时，应针对护坡破损的严重程度，采取恢复或拆除重建措施，或改为其他更有效的防护形式。护坡发生裂缝，可用水泥砂浆进行灌缝修补。泄水孔堵塞，墙内渗水，可疏通泄水孔，或在护坡的中、下部增设泄水孔，以排泄护坡背面的积水，减少渗透压力，保障边坡稳定。

3. 抛石防护

抛石主要用于受水流冲刷和淘刷的路基边坡和坡脚，最适用于沿河床路基的防护，且不受气候条件限制，对于季节性浸水和长期浸水的情况均适用。一般在枯水季节施工，附近盛产大块砾石、卵石及废石方较多的路段，应优先考虑采用此种防护措施。这是一种直接防护，它会将水与坡面隔离开。

4. 石笼护坡

对于笼筐破损，应及时采取换修笼筐、填足笼中石、封闭笼筐等措施。对于腐蚀严重的普通铁丝铁笼可更换为镀锌铁丝制作的铁笼。当石笼破损而无法修复时，石料被水流冲失，应视情况重新设置或改换其他有效防护措施。

5. 坡面处治

坡面处治包括抹面、喷浆、挂网喷护、勾缝灌缝、锚固等。对坡面处治应进行定期检查，发现风化、空洞、脱落等应进行维修养护。

6. 挡土墙

挡土墙是防止土体坍塌而修筑的，主要承受侧向土压力的墙式建筑物。其广泛应用于支撑路堤填土或路堑边坡，以及桥台、隧道洞口与河流堤岸。其技术状况的好坏对公路具有比较大的影响。

在路基遇到下列情况时，可考虑修建挡土墙：路基位于陡坡地段或岩石风化的路堑边缘地段；为避免大量挖方及降低边坡高度的路堑地段；可能产生塌方、滑坡的不良地质路段；水流冲刷严重或长期受水浸泡的沿河路基地段；为节约用地、减少拆迁或少占农田的地段；为保护重要建筑物、生态环境或其他特殊需要的地段。

挡土墙类型。公路上常用的挡土墙按其设置位置可分为路堑挡墙、路堤挡墙、路肩挡墙和山坡挡墙等类型；按墙体材料可分为石砌挡土墙、混凝土挡土墙、钢筋混凝土挡土墙、钢板挡土墙等；按结构形式可分为重力式、半重力式、衡重式、悬臂式、扶壁式、锚杆式、锚锭板式、加筋土式、桩板式和垛式等。

挡土墙检查。除应经常检查挡土墙有无损坏外，还应在每年春秋两季各进行一次定期检查，北方冰冻严重地区尤应注意，主要检查挡土墙在冰冻融化后墙身和基础的变化情况以及冰冻前所采取的防护措施效果。另外，在反常气候、地震或重型车辆通过等特殊情况后应进行及时检查，如发现裂缝、断裂、倾斜、鼓肚、滑动、下沉、表面风化、泄水孔堵塞、墙后积水、周围地基错台、空隙等情况，应查明原因，并观察其发展情况，采取相应的修理、加固措施，做好工作记录，建立技术档案备查。

挡土墙的养护要求。对挡土墙应加强检查，发现病害应查明原因，并观察其发展趋势，采取相应的修复、加固等措施，损坏严重时，可考虑全部或部分拆除重建。应保持挡土墙的泄水孔畅通，定期检查和维修，清理伸缩缝、沉降缝，使其正常发挥作用。重建或增建挡土墙，应根据公路所在地区地形及水文地质等条件合理选择挡土墙类型，并应符合现行《公路路基设计规范》和《公路路基施工技术规范》的有关规定。

挡土墙病害处治如下。

泄水孔堵塞。挡土墙背后填土潮湿，含水率大，但泄水管却长期不出水，周围块石表面干燥无水迹。其原因主要有泄水孔进水口处反滤材料被堵塞，因反滤层碎石含泥量大或反滤层外未包滤布，填土进入反滤层；反滤层设置位置不当，起不到排水作用；泄水孔被杂物堵塞。因此，应及时清理淤堵，并定期检查泄水孔是否通畅。

沉降缝不垂直。沉降缝不垂直或上下错位，缝宽不一致；有时表面虽垂直，但墙身内部块石相互交叉重叠，形成假缝。沉降缝不垂直应视现场挡土墙沉降情况，将影响沉降的块石拆除重砌；当条件允许或质量另有要求时应全部拆除重砌。

勾缝砂浆脱落。勾缝砂浆出现裂缝，继后起壳成块状或条状脱落。勾缝砂浆脱落的治理方法是将脱落的砂浆铲除，并将黏附在块石表面的砂浆清理干净，重新按施工规范要求勾缝。

挡土墙滑移。挡土墙整体外移，与相邻挡土墙产生错位，且上、下位移大致相等。挡土墙滑移的治理可将墙身后填土挖除，按规范要求重新分层填筑、分层压实，必要时采用稳定土或渗水材料作为回填材料；如条件允许，可增加墙前填土的高度，以增加挡墙的被动土压力。

挡墙倾斜。挡土墙整体前倾，与相邻挡土墙产生位移，且位移上大下小呈楔形。治理方法如下：①挖开墙后填土，重新按规范要求回填，改用稳定土或渗水材料回填。②套墙加固法，在原墙外侧加宽基础，加厚墙身，施工时，应先挖除一部分墙后再填土，减小土压力，同时应注意新旧基础和墙身的结合。其方法是凿毛旧基础和旧墙身；必要时设置钢筋锚栓或石榫，以增强联结，墙后回填土必须分层填筑并夯实。③增建支撑墙加固法，在挡墙外侧，每隔一定的间距增建支撑墙。

砌体断裂或坍塌。砌体产生较大的裂缝，整体倾斜或下沉，严重时砌体发生倒塌或墙身断裂。治理方法如下：①沉陷、倒塌的砌体在查明原因后，拆除重砌。②如果是基础原因，可挖开墙前基础加宽基础或打入基桩，但新基础必须与原基础连成一体。③较小的裂缝可采用墙体注浆办法解决。

三、路基排水设施的养护

路基排水设施是应用于路基的排水设施的总称。路基排水系统能否正常工作，直接影响路基的稳定性。

水是形成路基病害的主要因素之一，直接影响路基的强度和稳定性。影响路基的水分为地面水和地下水，因此，路基的排水工程可分为地面排水和地下排水。为了保证路基处于干燥、坚固和稳定状态，需将地面水拦截并排除到路基范围之外，防止漫流、聚积和下渗；将地下水截断、疏干，降低地下水水位，并引导到路基范围之外。

公路排水的类型包括以下几种。

路界表面排水。排除公路用地范围内的地表水，包括由落在路界范围内的降水形成的地表径流，可能进入路界的公路毗邻地带的地表水，以及由相交道路流入路界内的表面排水等。

横向穿越路界排水。公路跨越溪沟、河流、渠道、洼地时，将公路上游侧的地表水流穿过路基引排到公路下游侧。

地下排水。拦截、排除、降低、疏干可能危及路基稳定或影响路基路面结构强度和抗变形能力的含水层的地下水。

路面结构内部排水。排除通过裂缝、接缝、面层空隙下渗到路面结构（面层、基层和垫层）内部，或者由路基或路肩渗入并滞留在路面结构内部的自由水。

公路构造物排水。排除公路构造物（桥梁、隧道、支挡结构物等）的表面径流，或者渗入其内部的自由水。

（一）路基排水的任务和目的

路基排水任务是将路基范围的土基湿度降低到一定的限度，保持路基常年处于干燥状态，确保路基及路面具有足够的强度与稳定性。

路基排水目的是将降落在路基范围内的表面水有效地汇集并迅速排除出路基，同时把路基外可能流入的地表水拦截在路基范围外，以减少地表水对路基和路面的危害以及对行车安全的不利影响。

（二）路基排水设施养护的一般规定和要求

1. 一般规定

排水设施养护应保持排水系统及设施完善，排水通畅。当排水设施出现堵塞、损坏和冲刷时，应及时疏通、修复或加固。

对机械排水设施的排水泵、阀、动力设备和排水管道等，每月应进行 1 次定期检修，汛期和雨季前后应实施专项检修。

原有排水设施无法正常发挥排水功能时，应及时采取清理、修补、改造或增设等措施进行恢复和完善。

当土质边沟、截水沟、排水沟等出现冲刷或渗漏等病害时，应根据地形、地质和纵坡等条件，采取稳定土、碎砾石、干砌片石、浆砌片石或预制块等加固措施。

2. 要求

路基排水设施断面尺寸和纵坡应符合原设计标准规定。

对暗沟、渗沟等隐蔽性排水设施，应加强检查，防止淤塞。如有淤塞，应及时修理、疏通。

新增排水设施时，其设计、施工应符合现行《公路路基设计规范》和《公路路基施工技术规范》的有关规定。

（三）路基排水设施的类型

1. 常见的地面排水设施

常见的地面排水设施主要有边沟、截水沟、排水沟、跌水、急流槽等。

边沟。其用于汇集和排除降落在路基范围内以及流向路基的少量地表水。边沟的纵坡宜与路线纵坡一致，并不宜小于 0.3%，困难情况下可以减至 0.1%。单向排水长度：每 300 ～ 500m 设出水口。

截水沟。其用以拦截并排除路基上方流向路基的地面径流，减轻边沟的水流负担，保证挖方边坡和填方坡脚不受流水冲刷。截水沟一般布置在路堑边坡或陡坡路堤上侧，垂直于山坡水流方向或基本与等高线平行。视降水量情况不设或设计多道截水沟。

截水沟的纵坡不宜小于 0.3%，长度以汇水既不造成过大的冲刷又不淤积为原则。一般为梯形，沟的边坡坡度因岩土条件而定，一般采用 1：（1.0 ～ 1.5）。沟底宽度不小于 0.5m，沟深按设计流量而定，也不应小于 0.5m。

排水沟。排水沟可以将路基范围内各种水源的水流（如边沟、截水沟、取土坑、边坡和路基附近积水）引排至桥涵或路基范围以外的指定地点。

排水沟的布置应根据需要并结合当地地形条件而定，距离路基坡脚不宜小于 3 ～ 4m，平面上应力求美观大方，需要转弯时也应尽量圆顺，做成弧形，其半径不宜小于 10 ～ 20m，连续长度宜短，一般不超过 500m。

排水沟应具有合适的纵坡，以保证水流畅通，但不可流速太大而产生冲刷，也不可流速太小而形成淤积，宜通过水文水力计算而择优选定。一般情况下，可取 0.5% ～ 1.0%。

跌水。以在陡坡或深沟地段设置的沟底为阶梯，水流呈瀑布式跌落的沟槽称为跌水。跌水的作用是在较短的距离内，降低水流流速，消减水流能量，进而防止冲刷（用于坡度大于 10%，水头高差大于 1.0m 的陡坡地段）。

急流槽。急流槽是在陡坡或深沟地段设置的坡度较陡、水流不离开槽底的沟槽。急流槽的作用是在较短的距离内以沟渠的方式引排水流，降低水头，进而防止冲刷（可用于比跌水更陡的坡度）。

2. 常见的地下排水设施

路基地下排水设施包括暗沟（管）、渗沟、渗井等。

暗沟（管）。暗沟（管）用于排出泉水或地下集中水流，无渗水和汇水的功能。

暗沟横断面一般为矩形，泉井壁和沟底、沟壁用浆砌片石或水泥混凝土预制块砌筑，沟顶设置混凝土或石盖板，盖板顶面上的填土厚度不应小于 0.5m。沟底的纵坡不宜小于 1%，条件困难时也不得小于 0.5%；出水口处应加大纵坡，并应高出地表排水沟常水位 0.2m 以上。

渗沟。渗沟用于降低地下水水位或拦截地下水。当地下水埋藏较浅或无固定含水层时，宜采用渗沟。

根据构造的不同，将渗沟分为填石渗沟、管式渗沟、洞式渗沟。填石渗沟也称为盲沟，一般适用于地下水流量不大、渗沟不长的地段，但较易淤塞。管式及洞式渗沟，一般适用于地下水流量较大、引水较长的地段，条件允许时应优先采用管式渗沟。

渗井。渗井是竖直方向上的地下排水设备，穿过不透水层，将路基范围内的上层地下水，引入更深的含水层，以降低上层的地下水水位或全部予以排出。一般施工不易，造价高，土基含水量较大，导致强度降低，设计时应注意分析比较。

（四）路基排水设施养护作业

1. 地面排水设施养护

除坚持日常检查外，应加强汛前、雨中、暴雨后的检查，及时发现问题加以清除，保证路基各排水设施的正常工作。

各类地面排水沟渠，应保持设计断面形状和尺寸满足排水要求。

对各类地面排水沟渠，应保持沟外边坡的坡度，以防坍塌，阻塞边道。为保证沟渠迅速排水，应经常疏通，使沟底保持不小于 0.5% 的纵坡。

保证排水沟的水流在注入河流或其他沟渠时，应成锐角相交且不大于 45°，使水流通畅，避免冲淤。

2. 地下排水设施养护

应注意保持地下排水设施排水口的排水能力，防止堵塞。若地下排水设施破坏，则应及时维修或重修地下排水设施。

第二节　公路路面养护

路面养护，即根据交通运输部发布的《公路养护工程管理办法》和《公路养护技术规范》的规定内容进行养护。①

路面养护的要求如下：及时、经常地对路面进行保养和修理，防止路面松散、裂缝和拥包等各种病害的产生；通过对路面的保养和修理，保持和提高路面的平整度和抗滑能力，确保路面安全、舒适的行驶性能；通过对路面的修理和改善，保持和提高路面的强度，确保路面的耐久性；防止因路面损坏和养护操作污染沿线环境。

① 周爱成，马运朝 . 公路养护与管理 [M]. 重庆：重庆大学出版社，2022.

一、沥青类路面的养护

（一）沥青类路面的技术状况评定

1. 路面性能评价

路面性能评价包括路面破损状况、行驶质量、强度及抗滑系数。

2. 路面破损状况

路面破损状况采用路面状况指数（PCI）进行评价，路面状况指数由沥青路面破损率（DR）计算得出。

路面破损可分为裂缝类、松散类、变形类及其他类四种类型。

3. 行驶质量指数

路面的行驶质量采用行驶质量指数（RQI）作为评价指标。

4. 路面抗滑性能

路面抗滑性能采用抗滑系数作为评价指标，抗滑系数以摆式仪的摆值（BPN）或横向力系数（SFC）表示。

（二）沥青类路面的养护对策

沥青类路面的养护对策应根据公路等级、交通量及分项路况评价结果确定。分项路况评价指标包括路面强度、行驶质量、路面破损状况和抗滑性能等方面。路面综合评价指标用于对路面质量的总体评价。

公路养护管理部门可根据公路等级、交通量、分项路况的评价结果，结合养护资金情况，采取如下维修养护对策。

在满足强度要求的前提下（路面的结构强度系数为中等以上时），若高速公路及一级公路的路面状况指数（PCI）评价为优、良，或者二级及二级以下公路的路面状况指数评价为优、良、中，以日常养护为主，并对局部破损进行小修；若高速公路及一级公路的路面状况指数（PCI）评价为中及中以下，或者二级或二级以下公路的路面状况指数评价为次及次以下，应采取中修罩面措施。

在不满足强度要求的前提下（路面的结构强度系数为中等以下时），应采取大修补强措施，以提高其承载能力。

若高速公路及一级公路的行驶质量指数（RQI）评价为优、良，或者二级及二级以下的公路的行驶质量指数评价为优、良、中，以日常养护为主；若高速公路及一级公路的行驶质量指数（RQI）评价为中及中以下，或者二级及二级以下公路的行驶质量指数评价为次及次以下，应采取罩面等措施，提高路面的平整度。

高速公路及一级公路的抗滑能力不足（SFC < 40）的路段，或二级及二级以下公路抗滑能力不足（SFC < 30 或 BPN < 32）的路段，应采取加铺罩面层等措施以提高路面的抗滑能力。

若路面不适应现有交通量或载重的需要，应采取提高现有路面的等级或加宽等改建措施，以提高道路的通行能力和服务质量。

（三）沥青类路面的日常保养

保持路面平整、横坡适度、线形顺直、路容整洁、排水良好。

加强路况巡查，掌握路面情况，随时排除有损路面的各种因素，及时发现病害，研究分析病害产生的原因，并有针对性地及时对病害进行维修处理。

（四）沥青类路面常见病害的原因及处治

1. 路面裂缝的分类及处治

（1）路面裂缝分类。在沥青路面各类破损形式中，裂缝所占比重较大，也最为常见；在沥青路面养护维修工作当中，对裂缝破损的维修工作也最为普遍，而且频率最高，难度最大。裂缝破损对沥青路面的使用性能和使用寿命影响最大。按裂缝破损几何形状及成因，裂缝可分为以下几种。

①龟裂。此类裂缝形状呈一连串小多边形（或呈小网格状），一般其短边长度不大于 40cm，类似乌龟背壳上的花纹，故俗称为龟裂。龟裂是由于路面受交通荷载作用，其变形和挠度过大，在沥青路面的柔性不够及重载车辆的反复碾压下，因路面材料疲劳而形成的一种裂缝，有时亦将此类裂缝称为疲劳裂缝。龟裂可能是全面性的，也可能是局部性的，且大多数发生在行车道上。在龟裂的形成初期，由于裂缝轻微，对路面的服务水平影响不大，但路面有龟裂使得路表面的水渗入里层，造成底面层及路面基层强度减弱，这样便会加速龟裂面积的扩大以及裂缝的扩展，导致形成坑槽破损。

②块裂。此类裂缝形状呈不规则的大块多边形（或呈大网格状），其在形状上和尺寸上都有别于龟裂，通常其短边长度大于 40cm，长边长度小于 3m，且棱角较明显。块裂通常是由于铺设路面的沥青混合料采用了大量的低针入度沥青和亲水性集料，或沥青发生老化失去弹性，在交通荷载作用下发生脆裂；或在低温作用下沥青混凝土产生缩裂，有时亦将此类裂缝称为收缩裂缝。块裂在较开阔的广

场、停车场和城市道路上普遍发生。这类裂缝常会导致路表水渗入路基和路床，降低路面的结构强度而形成其他的损坏，如龟裂、车辙等。

③纵向裂缝：此类裂缝为沿路面行车方向分布的单条裂缝。一般成熟的纵向裂缝都较长，为 20 ～ 50m。在路表水渗入路堤下地基范围较小的情况下，可能仅在中央分隔带两侧行车道上，甚至接近硬路肩的一侧产生一条纵向裂缝；在路表水渗入路堤下地基范围较大的情况下，可能在中央分隔带两侧行车道上和超车道上产生两条纵向裂缝，少数路段甚至有三条纵向裂缝。特别是当路基边部压实不足，路堤边部会产生沉降，导致在距路边 30cm 左右处产生纵向裂缝。在沥青混合料摊铺时，由于纵向接缝处理不当，路面早期渗水或压实度未达到要求，在行车作用下亦会在纵向接缝处形成纵向裂缝。由于地基和填土在横向不可避免地存在不均匀性，特别是在有路表水渗入地基的情况下，沥青路面产生细而小的纵向裂缝也是不可避免的。但是路面产生纵向裂缝过多过早，裂缝宽度过大和过长，将严重影响其使用性能和寿命。

④横向裂缝。此类裂缝为与路面行车方向垂直分布的单条裂缝。由于地基或填土路堤纵向不均匀沉降，或由于沥青混合料摊铺时横向接缝处理不当，会产生横向裂缝，并伴有错台现象出现。在温度变化大的地区，夏季完好的路面到了冬季会因路面温度过低或温度变化过大，产生纵向近似等间距的横向裂缝，通常将这类横向裂缝称为温度裂缝。沥青路面出现的绝大部分横向裂缝是温度裂缝，该类裂缝一般从沥青面层表面开裂，逐渐向底面层和基层延伸、扩展，从而形成上宽下窄的裂缝。有的横向裂缝会贯通路面的一部分，而大部分横向裂缝则贯通整个路面宽度。一条沥青路面会有多条横向温度裂缝，其纵向间距为 5 ～ 10cm。

⑤反射裂缝。此类裂缝是由于下铺层的裂缝向上传递而导致沥青面层产生与下铺层相似的裂缝，一般多发生在加铺层上。由于旧有的水泥路面的接缝和裂缝，或旧有沥青路面的纵向裂缝、横向裂缝和块裂等，在加铺时，未加以适当的处理而导致加铺层产生与下铺层裂缝相似形状的反射裂缝。另外，在新建的半刚性沥青路面上，半刚性基层受温度变化引起的温缩裂缝或受外界环境湿度变化产生的干缩裂缝，也会向路表面扩展形成反射裂缝。底层或基层不连续处（接缝或裂缝）的水平运动或竖向运动，会使沥青路面的底面层产生较大的拉应力或剪应力，并最先开裂，然后裂缝逐渐向上延伸、扩展，并穿透整个面层，形成下宽上窄的裂缝。

⑥滑移裂缝。此类裂缝是在车辆刹车、转弯或加速时产生突然增大的水平力

作用下，在路表面上沿行车方向形成的一种新月形状的裂缝，又称为U形裂缝，裂缝的顶端常指向作用力的方向。滑移裂缝最常发生在车辆刹车、转弯或加速的位置。如果滑移裂缝由刹车引起，滑移裂缝的末端（U形裂缝的顶端）指向行车方向；如果滑移裂缝由车辆加速引起，滑移裂缝的末端（U形裂缝的顶端）则指向车的后方。滑移裂缝通常是由于沥青路面表面层与底面层或面层与基层的黏结性不好，同时表面层受到较大的水平外力，无法有效地传递给底面层，而使表面层单独承受，造成路表面被撕裂破坏。

（2）路面裂缝的处治。沥青路面产生裂缝，不仅影响路容美观和行车的舒适度，而且若不及时对裂缝进行填缝修补，路表水就会通过裂缝进入路面结构层内，导致路面承载能力下降，进而造成路面局部或成片损坏，大大缩短路面的使用寿命。对沥青路面裂缝进行填缝修补，其最终目的和效果可归纳为四个方面：恢复沥青路面行车的平顺性和舒适性，恢复沥青路面局部强度和承载能力，弥补裂缝处原有沥青路面的强度不足，避免沥青路面的进一步破坏。

①密封胶开槽贴缝法。针对沥青混凝土路面较明显的横缝和纵缝，一般以灌缝法进行修补。沥青路面裂缝用灌缝法修补的传统施工工艺，是直接灌注乳化沥青进行封闭处理。乳化沥青黏性较差，气温低时易变脆，气温高时易发生流动、溢出，使用寿命低，处理及时性差，维修裂缝的修补失效率半年内高达85%，1年后基本全部失效，需要重新灌注。这不仅会加大公路日常养护工作量，而且会大幅占用养护费用。

密封胶开槽贴缝工艺的质量检验标准是：密封胶基本与路面齐平；灌缝充分饱满，表面平整，无颗粒状胶粒；灌缝胶经碾压后不发生脱落变形，保持足够的弹性。

②表面封层技术防治裂缝。表面封层是一层用连续方式敷设在整个路表面上的养护层，封层材料可以是单独的沥青或其他封层剂，也可以是沥青与集料组成的混合料。表面封层用于解决的养护问题主要有：复原或延缓表层沥青材料的氧化（老化），重新建立路面的抗滑阻力；密封表面的微小裂缝，防止水从表面渗入路面结构层；防止集料从表面失落、崩解。目前，常用的表面封层技术有：雾层封层、还原剂封层、石屑封层、稀浆封层（微表封层）等。其中，稀浆封层在实际施工中使用较多。

③薄层罩面法。薄层罩面法是一种很早前就采用的传统预防性养护方法，它

是在原有路面上加铺一层厚度不超过 2.5cm 的热沥青混合料，薄层罩面法可以有效地防止品质正在下降的路面继续恶化，改善其平整度，恢复它的抗滑阻力，校正路面的轮廓，对路面也有一定的补强作用，但在多数情况下费用效益相比其他预防性养护方法较差。薄层罩面法在施工中最大的困难是由于层面较薄、容易冷却又不宜使用振动压路机，因而不易达到较高的密实度，因此，正确地进行混合料设计、温度控制、碾压工艺和压路机选型显得尤为重要。

采用改性沥青作为黏结剂铺筑的薄层罩面，在耐久性和抗滑性能方面都优于普通沥青的薄层罩面，但碾压温度要求更高，由于散热快而引起的压实困难更大。为了适应薄层罩面快速压实的需要，近年来出现了一些专为压实薄层路面而设计的高频振动压路机。此类振动压路机的振幅极低，只有 0.2mm 左右，但频率则高达 70Hz。这样匹配的振动参数，大大降低了振动冲击力，不仅可以避免压碎集料，而且能在较短的单位时间内输入被压材料的振动能量。

④沥青混凝土路面裂缝病害的其他修复措施。沥青混凝土路面裂缝其他的修补措施主要有压浆法、沥青灌缝等。

压浆法。这种方法是在路基填土层中利用设备压入纯净的水泥浆，以此有效地固结路基。水泥浆的选用需结合路基各项数据谨慎选择。压浆法修补沥青混凝土路面主要是从路基修补上进行作用，以防止沉降裂缝的产生。压浆法对机械化要求程度很高，费用也较高。

沥青灌缝。这是早期的一种沥青混凝土路面裂缝修补技术。其具体操作多是人工融化沥青后灌注入沥青混凝土路面裂缝中。这种方法操作简单、费用低，但是修补效果非常不好，难以达到路面裂缝修补的基本目标，是一种低端修补技术。目前，此技术已基本被淘汰。

2. 路面麻面、松散的处治

对大面积的麻面、松散路段，可在气温上升（10℃以上）后，清扫干净，重做喷油封层，喷布沥青 0.8 ～ 1.0kg/m^2 后，撒 3 ～ 5mm 石屑或粗砂（5 ～ 8m/1000m^2），用轻型压路机压实。

由于温度过高，沥青老化失去黏结性而造成松散，应将松散部分全部挖除后，重做面层。由于基层或土基软化变形而引起的路面松散，先处理基层或土基的病害，再重做面层。如因酸性石料与沥青黏附性差造成路面松散，应将松散部分挖除后，重做面层。重做面层的矿料不应再使用酸性石料，在缺乏碱性石料的地区，应在沥青中掺加抗剥离剂、增黏剂，改善沥青与矿料的黏附力，提高沥青混合料的水稳性。

3. 路面坑槽的分类及处治

坑槽是沥青路面最常出现的一种局部破损。坑槽修补也是沥青路面日常养护维修工作中一项难度很大、费工费时的工作，沥青路面出现坑槽，其引起行车颠簸、振动产生的冲击荷载是正常荷载的 1.5 ～ 2 倍。若不及时对坑槽进行修补和加强，在冲击荷载的作用下，坑槽破损会加快而连成一片，致使局部路段大面积损坏，严重影响路面的使用寿命和车辆行驶的安全性。

（1）坑槽按破损形式不同，可以分为以下几类。

①表面层产生坑槽。由于沥青路面局部表面层混合料空隙率较大、沥青与石料间的黏附力不强，路表水（雨水或雪水）进入并滞留在表面层沥青混合料中，在大量快速行车的作用下，一次一次产生的动水压力（孔隙水压力）使表面层的沥青从石料表面剥落下来，沥青路面便会出现局部松散破损，散落的石料被车轮甩出，路面自上而下逐渐形成坑槽。这类坑槽深度一般为 2 ～ 4cm，是各类坑槽中最早产生，也是产生数量最多的一类。由于沥青混合料的不均匀性，坑槽总是先在局部沥青混合料空隙率较大处产生，因此它常是随机分布的槽。这类坑槽在以半开级配沥青混合料为表面层的沥青路面上出现最多。

②表面层和中面层同时产生坑槽。当沥青路面表面层和中面层都是空隙率较大的半开级配沥青混合料，而底面层为空隙率较小的密级配沥青混合料时，路表的自由水较易渗入并滞留在表面层和中面层内；当表面层是半开级配沥青混合料、中面层为密级配沥青混合料时，降水时间较长或路表有积水，使自由水渗入表面层后有较长时间从表面层的薄弱处渗入中面层，并滞留在表面层和中面层内。大量快速行车使得此两面层内的沥青混合料中部分石料上的沥青剥落，沥青混合料失去黏结强度，导致路表面产生网裂、形变（局部沉陷）和向外侧推挤，并最终出现崩解（粒料分离），大量大块破碎料被行车带离，形成坑槽，此类坑槽完全形成后深度一般为 9 ～ 10cm。此类坑槽产生数量不是太多，但也不少见。

③底面层和基层间产生坑槽。路表水透过沥青面层（两层式或三层式）滞留在底面层和基层之间，在大量高速行车荷载（特别是重载车辆）作用下，自由水产生很大的压力并冲刷基层混合料表层细料，形成灰白色浆。灰浆又被荷载压挤，通过各种形状不同和宽窄不同的裂缝（横缝、纵缝、斜缝、网缝）到达路表面；行

车驶过后，部分灰浆和自由水又流回底面层和基层之间，如此一上一下，如挤筒的吸排水作用，反复冲刷裂缝，使裂缝两侧产生新裂缝及碎裂破坏，并出现以缝为中心的局部下陷形变。当挤出的灰浆数量大时，可能立即产生坑槽；在数量小时，可使路面形成网裂或局部变形，这样路表水更容易渗入基层顶面，并形成恶性循环，最终导致坑槽出现。这类坑槽完全形成后，通常深度都大于 10cm，并且绝大多数都出现在车流量较大的行车道上或重载车辆较多的道路上。

④刚性组合式路面（含桥面）上产生坑槽。在水泥混凝土板上铺筑薄沥青面层的刚性组合式路面也是沥青路面的一种，为降低噪声和改善雨天行车安全性，铺筑的薄沥青面层的厚度常为 3.5 ～ 4.0cm；而为了提高路面的平整度及改善行车舒适性时，其铺设厚度一般为 5 ～ 8cm。沥青面层与水泥混凝土板之间黏附性不太好，若路表水透过沥青面层滞留在耐水性较好的刚性板上，在车辆荷载作用下会产生挤水压力，使两者之间的黏附性变得更差，并出现分层。由于沥青混合料摊铺厚度的不均匀性，沥青面层局部厚度过薄（＜ 4cm），面层在车辆荷载的水平推力作用下推移而形成剥落和脱皮，最终产生坑槽。这类坑槽常出现在桥面上，且多数是成片出现。虽然桥梁、通道和立体交叉等构造物的总长度不长，沥青混合料面层铺装面积不大，但其单位面积出现坑槽的数量最多。

沥青路面产生坑槽破损不仅会严重影响路面的表面功能和使用性能，而且还会引发交通安全问题，并造成路面更严重的破损。对沥青路面坑槽进行修补，其最终目的和效果可归纳为四个方面：恢复沥青路面的表面功能，恢复沥青路面的局部强度和承载能力，弥补坑槽破损处原有沥青路面强度和耐水性的不足，避免沥青路面发生更严重的破损。

（2）坑槽修补主要是针对坑槽、局部网裂、龟裂等病害的修补和加强，同时，还可以对局部沉陷、拥包及滑移裂缝等病害进行修补。通常沥青路面坑槽修补的施工工艺为：测定破坏部分的范围和深度，按“圆洞方补”原则，画出大致与路中心线平行或垂直的挖槽修补轮廓线（正方形或长方形）。开槽应开凿到稳定部分，槽壁要垂直，并将槽底、槽壁清除干净。在干净的槽底、槽壁薄刷一层黏结沥青，随即填铺备好的沥青混合料；新填补部分应略高于原路面，待行车压实稳定后保持与原路面相平。坑槽修补的方法较多，一般有热补法、喷补法、热再生法 3 种。

①热补法。其修补工序是：首先用破碎工具铲除需补部位旧路面，然后喷洒

沥青黏结层，填充新的热拌沥青混合料，并摊平、压实。根据实际情况，部分高速公路在采用热补法之后使用抗裂贴，取得较好的使用效果。

②喷补法。此方法利用高压喷射方式，将乳化沥青经过喷管与输送来的集料相混合，通过控制喷管上的乳液、集料和压缩空气 3 个开关，将混合料均匀、高速地喷洒到坑槽中，达到密实的黏结效果，无须碾压，也无须沥青混凝土拌和厂配合，且不受气候变化影响。

③热再生法。其修补方法是：先将高效热辐射加热板放置到待补区域，使旧沥青罩面软化，然后喷洒乳化沥青使旧料现场再生，补充新沥青混合料拌和，并摊铺、压实。这种方法可对旧料进行现场再生利用，可减少环境污染、资源浪费，降低维修成本，并且进行修补作业时不受气候变化影响。

除上述几种坑槽修补方法外，还有一些特殊的或新近发展的方法。如采用沥青混合料预制块修补，沥青路面破损处开槽修补的尺寸应等于预制块的倍数，预制块之间的接缝用填缝料填塞。这种坑槽修补方法较为简单，修补料的配比容易控制，密实度能够得到保证。日本研究出一种名为“荒川式斜削施工法”的方法，此法是在返土、压平和补铺沥青混合料前，先将被切坑槽的边缘，用特制工具切成 45° 斜坡形，然后用喷燃器将边缘烧成粗糙形状，接着再铺压沥青混合料。这样可使新料和旧料紧密贴合在一起，不易出现裂缝。

4. 拥包的处治

由于基层原因引起的较严重拥包，先用挖补方法处理基层，待基层稳定密实后，再重做面层。

因施工时操作不慎，将沥青漏洒在路基上形成的拥包，将拥包除去即可。

因面层沥青用量过多或细料集中而产生的较严重拥包，或路面连续多次出现拥包且面积较大，但路面基层仍属稳定，则可用机械或人工将拥包全部除去，并低于路表面约 10mm。待扫尽碎屑、杂物及粉尘后，用热沥青混合料重做面层。

对已趋稳定的轻微拥包，应用机械刨削或人工挖除。

5. 泛油的处治

对于泛油路段，先取样做抽提试验，求出油石比，然后确定不同的处治措施。

严重泛油路段，先撒一层 10 ～ 15mm 粒径或更大的碎石，用压路机强行压入路面，等基本稳定后，再分次撒上 5 ～ 10mm 粒径的碎石，并碾压成形。

另外，还可将含油量过高的软层铣刨清除后，重做面层。

泛油较重路段，根据情况可先撒 5 ～ 10mm 粒径的碎石，用压路机碾压，待稳定后，再撒 3 ～ 5mm 粒径的石屑或粗砂，并用压路机或引导行车碾压。

轻度泛油路段，可撒 3 ～ 5mm 粒径的石屑或粗砂，用压路机或控制行车碾压。

施工要求：处治时间应选择在泛油路段已出现全面泛油的高温季节；撒料应顺行车方向撒，先粗后细，做到少撒、薄撒、匀撒、无堆积、无空白；禁止使用含有粉粒的细料；采用压路机或引导行车碾压，使所撒石料均匀压入路面；如采用行车碾压，应及时将飞散的粒料扫回，待泛油稳定后，清扫浮动的多余石料并回收。

6. 啃边的处治

挖出破损边缘，切成纵横规则断面，并适当挖深，采取局部加厚面层边部的办法修复。改善加固路肩或设硬路肩，使路肩平整坚实，与路基边缘衔接平顺，并保持路肩应有的横坡，以利排水。

在路面边缘设置路缘石，其顶面应与路面面层平齐，以防止啃边。平交道口或曲线半径较小的路基内侧，可适当加宽路面。

7. 脱皮的处治

由于面层与基层之间黏结不良而脱皮者，应先清除脱落和已松动部分的面层，清扫干净，喷洒透层沥青后，重新铺面层。

如沥青面层层间产生脱皮，应将脱落及松动部分清除，在下层沥青面上涂刷黏结沥青，并重做沥青层。

由于面层与上封层之间黏结不好，或初期养护不良而引起脱皮，应先清除脱皮和松动部分，清扫干净后，洒上黏层沥青，重新做上封层。

8. 路面沉陷的处治

因路基不均匀沉降而引起的局部路面沉陷，若土基和基层已经密实稳定，不再继续下沉，可只修补面层，并根据路面的破损状况分别采取下列处治措施。

路面略有下沉，无破损或仅有少量轻微裂缝，可在沉陷处喷洒或涂刷黏层沥青，再用沥青混合料将沉陷部分填补，并压实平整。

因路基沉陷导致路面破损严重，矿料已松动或脱落形成坑槽的，应按坑槽的维修方法处治。

9. 波浪、搓板的处治

因基层强度不足或稳定性差引起波浪时，应挖掉面层，补强基层后，再铺面层。

因面层和基层间有夹层而引起波浪时，应挖除面层、清除不稳定夹层后，喷洒透层沥青，重铺面层。

小面积面层搓板、波浪，也可在波谷内填补沥青混合料找平，但必须黏结牢固，稳定密实；起伏较大者，则铲除波峰部分，进行重铺。

严重的大面积搓板、波浪，应将面层全部挖除，重铺面层。

10. 翻浆的处治

因基层水稳定性不良或含水量过大造成的翻浆，应挖去面层及基层全部松软的部分。将基层材料晾晒干，并适当增加新的硬粒料（有条件时应换填透水性良好的砂砾或工业废渣等），分层（每层不超过 15cm）填补并压实，最后铺筑面层。

低温季节施工的石灰稳定类基层发生上层翻浆，应挖除到坚硬处，另换新料，修补基层和重铺面层；也可考虑采取短期封闭交通的办法，防止翻浆蔓延扩大。

对于因排水不良而造成的翻浆，可加深边沟，增设纵横盲沟，加速路基排水；或使用水稳定性好的垫层、基层，重修面层或增设隔离层。

（五）沥青类路面的预防性养护

沥青类路面罩面按其使用功能可分为普通型罩面（简称罩面）、防水型罩面（简称封层）抗滑层罩面（简称抗滑层）三种。

1. 罩面

适用范围。罩面主要用于消除破损，完全或部分恢复原有路基平整度，改善路基性能等修复工作。

材料要求。结合料宜使用性能较好的黏稠型道路石油沥青、乳化石油沥青、改性乳化沥青或改性沥青；宜选择耐磨、强度高的石料；高速公路、一级公路宜采用中粒式、细粒式密级配沥青混凝土或沥青玛蹄脂结构；二级及二级以下公路可采用热拌沥青碎石混合料结构；三级及三级以下公路可采用沥青表面处治层结构。

厚度要求。罩面厚度应根据所在路段的交通量、公路等级、路基状况、使用功能等综合考虑确定。

当路基状况指数、行驶质量指数为中、良等级，路面仅有轻度网裂时，可采用较薄的罩面层厚（1 ～ 3cm）。

当路基破损、平整度、抗滑性能三项指标都在中等级以下，又要求恢复到优、良等级时，应采用较厚的罩面层（3 ～ 5cm）。

高速公路、一级公路罩面宜采用 4 ～ 5cm 的厚度；其他公路可采用较薄的罩面层（1 ～ 4cm）。各级公路的罩面层厚度不得小于最小施工层厚度。

2. 封层

适用范围。封层主要用于提高原有路面的防水性能、平整度和抗滑性能的修复工作。

材料要求。封层的结合料宜采用乳化石油沥青、改性乳化石油沥青；矿料宜选用耐磨、强度高的石料；各种材料技术指标应符合有关规范规定；高速公路、一级公路可采用沥青稀浆封层养护，但宜采用粗粒式改性乳化沥青混合料，其他等级公路可采用乳化沥青混合料。

厚度要求。交通量较大、重型车较多的路段宜采用厚约 1.0cm 的封层；中等交通量路段宜采用厚约 0.7cm 的封层；交通量小、重型车少的路段宜采用厚约 0.3cm 的封层。

3. 抗滑层

适用范围。抗滑层适用于提高路基抗滑能力的修复工作。

材料要求。选用适合铺筑抗滑表层的材料和沥青混合料；高速公路、一级公路宜选用重交通道路石油沥青、改性石油沥青、改性乳化石油沥青作为结合料；选用抗滑耐磨的石料，磨光值应大于 42；所用材料技术指标应符合有关规范要求。

厚度要求。用于高速公路、一级公路时厚度不宜小于 4cm ；二级公路宜采用中粒、细粒式沥青混凝土结构，也可采用热拌沥青碎石或沥青表面处治结构，厚度不得小于最小施工层厚度；三级、四级公路可采用乳化沥青封层结构，厚度可为 0.5 ～ 1.0cm。

施工要求。按规范规定，施工时应符合下列要求：对确定罩面的路段，在罩面前必须完成各种病害的处治修复工作，并清除路面上的泥土及杂物；根据施工气温、旧沥青路面状况等因素采取相应的施工工艺措施，罩面前必须喷洒黏层沥青，确保新老沥青层的结合。有条件时，洒黏层沥青前最好用机械打毛处理；当气温低于 10℃或路面潮湿时，不得浇洒黏层沥青，并不得摊铺沥青罩面层；采用乳化沥青稀浆封层时，必须有固定的专业人员、固定的专业乳液生产和施工（洒布、摊铺）设备、专职的检测试验人员，并按有关规定进行检测和质量控制。稀浆封层洒布机在使用前，应根据稀浆混合料配合比设计，对集料、乳液、填料、加水量进行认真调试，调试稳定后，方可正式摊铺。

（六）沥青类路面的补强与加宽

1. 一般要求

当公路的交通量增大或重车增多，原有路基的宽度、厚度不能满足行车需要时，则应进行路基的加宽和加厚。在路基加宽时，根据路基情况可分别采用双侧或单侧加宽，在路堤加宽时，应注意新旧路基的结合，避免不均匀沉陷。在路堑加宽开挖进坡时，必须自上而下地进行，严禁采用大爆破，以免边坡失稳。

路基加宽时，一般可按原路基的分层结构、厚度、使用材料和操作方法进行铺筑。当采用单侧加宽时，应将原路基刮松，增做三角垫层，使加宽后的路拱左右对称。路基加厚时，应通过调查设计确定其厚度，但需注意应满足最小压实厚度的要求。当厚度大于最大压实厚度时，应分层铺筑。在路基开始加厚的接头处，在纵向可将原路基挖松 5 ～ 10m，挖松深度以不小于加厚路基材料的最大粒径为宜，做成缓坡搭接，以保证新旧路基搭接顺适，不致产生推移。

当路基既要加宽又需加厚时，应先进行加宽，然后进行加厚。待路基稳定后及时铺筑磨耗层和保护层。

2. 施工要求

加宽接槎一般采用毛槎热接法。施工时应使原路面露出坚硬的边缘，刨切时不使原路基面层与基层的粒料松动，使边缘保持垂直，清除干净后，先在接槎处均匀涂一层黏结沥青，然后沿边缘覆盖厚度为 10cm、宽度为 20cm 的热沥青混合料（石油沥青混合料 130℃～ 160℃，煤沥青混合料 90℃～ 120℃）预热路基边缘，待接槎处的沥青路基软化后，再将预热的混合料按厚度摊平，随即用热夯夯实，并用烙铁熨平，紧接进行碾压。

如原路基有路缘石，应将路缘石移栽至新加宽（或加厚）路基的外侧，并重新夯实路肩后，在路缘石里侧涂黏结沥青。

补强加厚路基时，原有沥青面层经检验调查并进行技术经济比较后，除需再生利用者外，一般可不铲除。在原有路基上加铺沥青补强层时，若原有沥青面层有不稳定软层则应予铲除，或在夏季气温较高时洒布粗矿料（粒径一般为软层厚度的 0.9 倍），采用重型压路机强行压入的方法使其稳定，并对原有路基的其他破损应先予处治，必要时可设平整层。

加厚路基的厚度高差不大，一般可不调坡。如厚度高差较大，则应统一调坡变更标高，使路基标高提高后的纵坡顺适，并与周围环境相协调。

加宽、加厚同时进行时，宜采用单幅施工、单幅通车的方式，一般不宜中断交通。

（七）沥青类路面的翻修与再生利用

为了节约能源，减少环境污染，合理利用筑路资源，少占筑路废料堆放用地和降低路面工程造价，在沥青类路面大修、改善工程中，推广采用旧沥青面层的利用技术。

旧沥青面层的利用，一般可分为两种情况：一是将旧面层的结合料、旧集料进行再生，组配成合格的再生沥青混合料供重新铺筑路面使用，叫作再生利用；二是旧面层在破碎后仅需掺加少量结合料或矿料后使用，叫作重复利用。再生利用按施工温度可分为热拌再生法和冷拌再生法两种。为了改善和提高再生混合料的路用性能，在加入的新沥青中可掺加诸如橡胶热塑性聚合物、硫黄等外掺剂。

不论采用何种利用方法，事先均应进行认真的调查、检测和详细的技术经济分析，因地制宜，量材使用。

其利用范围应符合以下规定：再生利用基本适合各种沥青路基结构的面层。重复利用仅限于用作面层下嵌锁型基层或联结层；或用作交通量较小路段的面层下层，但表面必须用新的沥青混合料做封层；也可在交通量不大的次要公路上直接用作面层以及用来作为改善高级、次高级路基的路肩或平交道口次要道路的路基和小面积破损的修补。

再生利用时使用外接剂或软化剂以及添加新的集料与旧沥青混合料的掺配，可按以下步骤进行。

首先应根据原路基的结构、材料情况，分段采样进行混合料的抽提试验，测定其沥青含量（油石比）以及沥青的针入度、软化点、延度、化学组分，有条件和需要时，还应测定沥青的绝对黏度、流变指数、沥青质和软沥青质的溶度参数等指标，并进行集料的筛分试验，以便有针对性地选用再生剂、掺入新的沥青和集料的品种与规格，为再生利用提供翔实、科学的设计依据。

按公路等级、交通量、施工条件等选定再生沥青路面结构类型、使用的层位和相应的沥青针入度指标，即再生沥青所需的针入度。

通过试验确定外掺剂或软化剂的种类和剂量。当旧沥青掺入新沥青及外掺剂或软化剂后，经试验取其针入度、延度和软化点符合要求者，即可作为选定的外掺剂或软化剂及其所需的剂量。

二、水泥混凝土路面的养护

（一）水泥混凝土路面的养护对策

水泥混凝土路面的养护对策应根据公路等级、交通量及路况评价结果确定。公路养护管理部门可根据公路等级、交通量、路况的评价结果，结合养护资金情况，采取如下维修养护对策。

高速公路及一级公路的路面破损状况等级为优和良，或者二级及二级以下公路的路面破损状况等级为中及中以上时，可采取日常养护和局部或个别板块修补措施。

高速公路及一级公路的路面破损状况等级为中及中以下，或者二级及二级以下公路的路面破损状况等级为次及次以下时，应采取全路段修复或改善措施，包括沥青混合料修补、板块破碎和碾压稳定、铺筑沥青混凝土或水泥混凝土加铺层以及修建纵向边缘排水设施等。

高速公路及一级公路的路面行驶质量、抗滑能力等级为中及中以下，或者二级及二级以下公路的行驶质量等级为次及次以下时，应采取刻槽、罩面或加铺层等措施，提高路面的平整度，提高路表面的抗滑性能。

路面结构承载能力不满足现有交通的要求时，应采取铺筑沥青混凝土或水泥混凝土加铺层措施，提高其承载能力。

（二）水泥混凝土路面的日常保养

水泥混凝土路面养护工作必须贯彻“预防为主、防治结合”的方针。根据路面实际情况和具体条件，以及水文、地质、气候、交通和公路等级等情况，采取预防性、经常性的保养和相应的修补措施，对于较大范围的路基修理，应安排大修、中修或专项工程，使路面处于良好的技术状况。

水泥混凝土路面应以机械养护为主，并积极采用新技术、新材料、新工艺。

水泥混凝土路面养护必须贯彻安全生产的方针，其安全技术、劳动保护等必须符合有关规定，做到安全生产、文明施工、保护环境。

（三）水泥混凝土路面常见病害的原因及处治

水泥混凝土路面损坏可分为面层断裂类、面层竖向位移类、面层接缝类、面层表层损坏类等类型。面层断裂类主要指纵向、横向、斜向裂缝、交叉裂缝、断裂板等；面层竖向位移类主要指沉陷、胀起等；面层接缝类主要指接缝填缝料损坏、纵向裂缝张开、板底脱空、错台、接缝碎裂、拱起等；面层表层损坏类主要指磨损、露骨、纹裂、网裂、起皮、粗集料冻融裂纹、坑洞、修补损坏等。

1. 水泥混凝土面层断裂类病害

纵向裂缝大多出现在路基横向有不均匀沉降的路段。横向或斜向裂缝，通常由于重载反复作用、温度或湿度梯度产生的翘曲应力或者干缩应力等因素单独或综合作用引起。在开放交通前出现的横向或斜向裂缝，则主要是由施工期间锯切缝的时间安排不当所造成。角隅断裂通常由表面水侵入，地基承载力降低，接缝处出现唧泥，板底形成脱空，接缝传荷能力差，重载反复作用等综合作用所引起。有裂缝板在基层和路基浸水软化及重载反复作用下进一步断裂，便形成交叉裂缝和破碎板。

根据混凝土路面板的裂缝情况，可以采用如下修理方法分别予以处理：对宽度小于 3mm 的轻微裂缝，可采取扩缝灌浆的方法，即顺着裂缝扩宽成 1.5 ～ 2.0cm 的沟槽，清洁后填入粒径为 0.3 ～ 0.6cm 的清洁石屑，将灌缝材料灌入扩缝内，养护至达到通车强度。

对贯穿全厚的 3 ～ 15mm 的中等裂缝，可采用条带单面进行补缝。其方法为先用锯缝机顺裂缝两侧各约 15cm，并沿横缝平行方向锯出两道深为 7cm 的缝口，凿除两横缝内的混凝土后，沿裂缝两侧 10cm 每隔 50cm 钻直径为 1cm，深为 5cm 的钯钉孔，洗刷干净、晾干后，在槽壁及其底部涂刷水泥浆或环氧水泥砂浆，并在孔内填满水泥砂浆，把钯钉插入安装孔内，随即浇筑混凝土，进行振捣并整平。

2. 水泥混凝土面层竖向位移类病害

沉陷是路面在局部路段范围内的下沉，主要由路基填土或地基的固结沉降或不均沉降所引起；胀起是混凝土路面板在局部路段范围内的向上隆起，主要由路基的冻胀或膨胀土膨胀所引起。

沉陷处理。为使沉陷的混凝土板恢复到原来的位置，可采用顶升施工法进行处治。面板顶升的基本要求如下：面板在顶升前，应用水准仪测量下沉板的下沉量，测量点距下沉处应大于 50m，并绘出纵断面，求出升起值。在混凝土面板上钻孔，孔深应略大于板厚 2cm，板块顶升宜采用起重设备或千斤顶。灌注材料可采用水泥砂浆。灌注材料压入后，每灌一孔应用木楔堵塞，压浆完毕后，应拔出木楔，宜用高强水泥砂浆堵孔。压浆材料的抗压强度达到 6MPa 时，方可开放交通。

胀起的处理。当板端胀起但路面完好时，可用锯缝机缓慢地将拱起处两侧板的 2 ～ 3 道横缝加宽、切深，通过释放其应力予以处理；或切开拱起端，将板块恢复原位，然后用填缝料填封接缝。

当板端拱起板块已经发生断裂或破损时，则应根据破损情况分别按前述裂缝修理的方法予以处理。

3. 水泥混凝土面层接缝类病害

纵向接缝张开病害是由于在纵缝内未按规定要求设置拉杆，相邻车道板块在温度和横向坡度的影响下出现横向位移，使纵缝缝隙逐渐变宽。

唧泥和脱空病害是指板接（裂）缝或边缘下的基层细粒料被渗入缝下并积滞在板底的有压水从缝中或边缘处唧出，并由此造成板底面向基层顶面出现局部范围的脱空，接缝填缝料失效。基层材料不耐冲刷、接缝传荷能力差和重载反复作用是唧泥的主要原因。

唧泥发生和发展过程中，基层顶面受冲刷，细料被有压水冲积在近板底脱空区内，使接缝或裂缝两侧板面出现高程差，形成错台病害。错台的处治方法有磨平法和填补法两种，可根据错台的轻重程度选定。高差小于或等于 10mm 的错台，可采用机械磨平或人工凿平。高差大于 10mm 的严重错台，可采用沥青砂或水泥混凝土进行处治。

由于接缝施工不当（包括传力杆设置不当）或者缝隙内进入不可压缩材料，邻近接缝或裂缝约 60cm 宽度范围内，出现并未扩展到整个板厚的裂缝，或者混凝土分裂成碎块或碎屑，这种损坏称作接缝碎裂病害。

拱起是指水泥混凝土路面在气温升高时，因胀缝不能充分发挥作用，造成板体向上隆起的现象。其处治方法同胀起。

4. 水泥混凝土面层表层损坏类病害

磨损、露骨主要是由于行车荷载的反复作用，以及混凝土的耐磨性差所造成的。混凝土面层表面水泥砂浆在车轮反复作用下被逐渐磨损，沿轮迹带出现微凹的表面。长期磨损使表层砂浆几乎全部磨去，粗集料外露，并且部分粗集料被磨光。

纹裂或网裂是在混凝土板表面出现的一连串细裂纹；起皮是板上部 3 ～ 13mm 深的混凝土出现脱落。这类病害主要是由于施工或材料问题造成的。

粗集料冻融裂纹是在混凝土表面接近纵、横向接缝、自由边边缘或裂缝处出现的许多密布的半月形细裂纹，裂纹表面常有氢氧化钙残留物，使裂纹周围变成暗色，并最终导致接缝或裂缝 0.3 ～ 0.6m 范围内的混凝土崩解。这种病害主要是由于某些粗集料的冻融膨胀压力所造成的，通常先从板的底部开始崩解。

由于冻融或膨胀，粗集料从混凝土中脱落出来而形成坑洞，其直径为 3 ～ 10cm。出现个别坑洞，不作为病害。

对于坑洞补修，应根据不同情况采取不同措施：对个别的坑洞，应清除洞内杂物，用水泥砂浆等材料填充，达到平整密实。对较多坑洞且连成一片的，应采取薄层修补法进行修补。切割面积的图形边线，应与路中心线平行或垂直；切割的深度，应在 6cm 以上，并将切割面内的光滑面凿毛；应清除槽内的混凝土碎屑，将混凝土拌和物填入槽内，振捣密实，并保持与原混凝土面板齐平；喷洒养护剂养护；待混凝土达到通车强度后，方可开放交通。

对低等级公路面积较大、深度在 3cm 以内、成片的坑洞，可用沥青混凝土进行修补。用风镐凿除一个处治区，其图形边线应与路中心线平行或垂直；凿除深度以 2 ～ 3cm 为宜，并清除混凝土碎屑；向凿除的槽底面和槽壁洒黏层沥青，其用量为 0.4 ～ 0.6kg/m^2；铺筑沥青混凝土并碾压密实平整。待沥青混凝土冷却后恢复通车时，应控制车速。

表面起皮（剥落、露骨）的处治，应根据公路等级和表面破损程度，采取不同的材料和施工方法。对局部板块表面起皮（剥落、露骨）的处治，应根据公路等级和表面破损程度，采取不同的材料和施工方法。一般公路可采用稀浆封层处治；高速公路可采用改性沥青稀浆封层或沥青混凝土处治；对于较大面积的水泥混凝土面板表面起皮（剥落、露骨），可采取稀浆封层及沥青混凝土罩面措施。

（四）水泥混凝土路面的改善

水泥混凝土路面出现较大面积的磨损、露骨，应采取铺设沥青磨耗层的措施，磨耗层可为沥青砂（厚度为 1.0 ～ 1.5cm）、稀浆封层或改性沥青稀浆封层；对局部路段出现路面磨光，应采取机械刻槽的方法，以恢复水泥混凝土路面的表面平整度和摩擦系数。对板面裂缝很多，或者表面磨损严重开始剥落的路段，可采取加铺面层的方法，以延长路面的使用寿命。加铺层可采用普通水泥混凝土、钢纤维混凝土、钢筋混凝土或沥青混凝土。

加铺面层的基本要求如下：加铺水泥混凝土面层之前应对旧混凝土路面病害进行处理。凿除破碎板，铺筑与旧板块等强度的水泥混凝土。清除干净旧混凝土面板表面杂物尘污，清除旧混凝土面板接缝杂物，灌入接缝材料，铺筑一层隔离层。隔离层根据所用材料不同，可分为沥青混凝土隔离层（厚度为 1.5 ～ 2.5cm）、土工布隔离层、沥青油毡隔离层。

铺筑混凝土加铺层，铺筑时应注意以下几点：加铺层厚度应通过计算确定，其计算应符合有关公路路面设计规范的规定。

加铺层最小厚度：当采用水泥混凝土、钢筋混凝土时应不小于 18cm；当采用钢纤维混凝土时可取普通混凝土路基板厚度的 0.65 倍，且不小于 12cm；当采用沥青混凝土时应不小于 7cm。

加铺层的纵、横缝应与旧混凝土面板一致，拆模时必须做好锯缝标记。钢筋混凝土板厚横向缩缝间距宜为 10m，并应设传力杆，其他缝的处理同普通混凝土板。路面加铺层的施工应符合公路路基有关施工规范的规定。

（五）水泥混凝土路面的翻修

水泥混凝土路面翻修前应根据面积、土基、面层情况、交通量等，分别选用水泥混凝土路面或沥青路面结构。在翻修施工中应注意以下几点：破碎原路基面时，应以一块路面板为最小单位。旧板凿除应注意对相邻板块的影响，尽可能保留原有拉杆，并及时清运混凝土碎块。应清除基层损坏部分，并将基层整平、压实，对强度达不到的个别板块基层宜用 C15 贫混凝土补强。在混凝土路面板接缝处的基层上涂刷一道宽 20cm 的沥青带。在路面排水不良地带翻修路面板时，应在路面板边缘及路肩设置路基纵、横向排水系统，以排除路面积水。在选用混凝土配合比及相应材料时，应根据路面通车时间的要求选用快速修补材料。

第三节　公路绿化养护

一、公路树木的栽植与管护

（一）公路树木的栽植

公路树木，要按规定栽植，公路路肩上不得植树。

公路上植树，乔木及灌木的株行距一般要根据不同树种和冠帽大小来确定：速生乔木，株距 4 ～ 5m，行距 3 ～ 4m；冠大慢生树种的株距 8 ～ 10m，行距以 4 ～ 6m 为宜；灌木的株行距以 1m 为宜，灌木球的株距以 6 ～ 8m 为宜。①

各类树木的行间，应以“品”字形交错栽植，同一树种的路段不宜过长。具体的栽植横断面可按规范选取。

行道树、防护林及风景林等，不宜全线（段）采用单一树种，要根据情况有计划地配置适宜树种，分段轮换栽植（每段至少 1km）。

栽植公路树木，应按公路绿化工程设计及任务大小，合理安排和组织劳力，做好整地、画线、定点、挖坑；及时选苗、起苗、运苗，在春秋适当时期，进行栽植。

行道树和风景林，一般用明坑栽植；属于无性繁殖的树种，可埋干栽植。

防护林的栽植，应坚持因地制宜、因害设防的原则。一般防洪、防雪林带应密植；防风、防沙林带，应留有适当通风空隙；防护路基边坡的灌木丛、经济林，一般应密植或与乔木混栽。

选苗应适应当地土壤、气候，选择速生和经济价值较大的树种及健壮优良的树苗。树苗要发育正常，有良好顶芽；根系发达，有较多的须根；苗茎、苗根未受虫害或有影响生长的机械损伤等。坑栽树木，挖坑坑径应比根幅大 5cm 以上，坑深比根长大 5cm 以上，以使苗根充分舒展。

移栽树木，应带原土栽植，土球直径一般为树木底径的 8 ～ 12 倍，尽量将土球削剪整齐，以保成活。

① 李果，杨坚强 . 公路养护技术与管理 [M]. 天津：天津科学技术出版社，2019.

（二）公路树木的管护

公路树木的管护是绿化工作中的一项重要工作，也是影响公路绿化成败的关键。检验公路绿化的指标有三项：成活率、保存率和修剪管护状况。成活率是指栽植后发芽、长叶至少在一个生长季节的苗木占总栽植量的百分比；保存率是指成活两年以上树木占总栽植量的百分比；修剪管护状况是指修剪是否整齐美观，病虫害是否得到及时防治。

要做好公路树木的管护，应着重做好以下几项工作：幼树要加强抚育管理，应及时检查、灌溉、除草、松土、施肥、修剪、防治病虫害和补植等。成林要及时修剪、抚育，以促进树木发育健壮，树形优美，透光通气，减少病虫害发生，适时开花结果。修剪应在秋季落叶后、春季萌芽前进行。修剪主要是把乔木、灌木的枯枝、病枝、弯曲畸形枝、过密的分枝，以及侵入公路净空，遮挡交通标志，影响视距的树枝及时剪除。交通比较繁忙以及风景游览区的行道树或风景林带，要根据不同树种及特性进行修剪，以使树木冠形相同，整齐美观。

每年秋季或春季，可在树干上距地面 1.0 ～ 1.5m 处，涂刷稀石灰浆、石灰硫黄浆或黏土硫黄浆，以防菌染腐烂并增加美观。

对靠近村镇、风景游览区和风沙较大路段的各种新植树木，应设置支撑架、杆、护栏架和包扎树干等，防止人畜损坏，以保证成活率和保存率。但应注意所采用的各种保护措施，都要与环境相协调。

防治树木病虫害，应以预防为主，采用生物化学防治与营林措施相结合的综合防治方法；要严格检疫制度，保持林地卫生，消灭越冬虫卵、蛹，烧毁落叶虫婴、虫茧，及时清除衰弱木、病虫木等。

1. 植物管护的一般方法

（1）植物灌溉

水是植物各种器官的重要组成部分，也是植物生长发育过程中必不可少的物质。依据植物在一年中各个物候期的需水特点、气候特点和土壤的含水量等情况，采用适宜的水源适时、适量灌溉，是植物正常生长发育的重要保证措施。灌溉的主要内容包括灌溉时期、灌溉量、灌溉次数、灌溉方式与方法以及灌溉用水。

灌溉时期。早春季灌溉：随着气温的升高，植物进入萌芽期、展叶期、抽枝期，即新梢迅速生长期，此时北方一些地区干旱少雨多风，及时灌溉显得相当重要。早春季灌溉不但能补充土壤中水分的不足，使植物地上部分与地下部分的水分保持平衡，也能防止春寒及晚霜对树木造成的危害。

夏季灌溉：夏季气温较高，植物生长处于旺盛时期，开花、花芽分化、结幼果都消耗大量的水分和养分，因此，应结合植物生长阶段的特点及本地同期的降水量，决定是否进行灌溉。对于一些进行花芽分化的花灌木要适当控水，以抑制枝叶生长，从而保证花芽的质量。灌溉时间应选在清晨和傍晚，此时水温与地温相近，对植物根系生长活动影响小。

秋季灌溉：随着气温的下降，植物的生长逐渐减慢，要控制浇水以促进植物组织生长充实和枝梢充分木质化，加强抗寒锻炼。但对于结果植物，在果实膨大时，要加强灌溉。

冬季灌溉：我国北方地区冬季严寒多风，为了防止公路植物受冻害或因植物过度失水而枯梢，在入冬前，即土壤冻结前应进行适当灌溉（俗称灌“冻水”）。随着气温的下降，土壤冻结，土壤中的水分结冰放出潜热从而使土壤温度、近地面的气温有所回升，植物的越冬能力也相应提高。灌溉时间应选在中午前后。

另外，植株移植、定植后的灌溉与成活关系较大。因移植、定植后根系尚未与土壤充分接触，移植又使一部分根系受损，吸水力减弱，此时如不及时灌水，植株因干旱致生长受阻，甚至死亡。一般来说，在少雨季节移植后应间隔数日连灌 2 ～ 3 次水。但对大树、大苗的栽植应注意不能灌水过多，否则新根未萌，老根吸水能力差，易导致烂根。

灌溉量。木本植物相对于草本植物较耐旱，灌溉量要小。植物生长旺盛期，如新梢迅速生长期、果实膨大期，灌水量应大些。质地轻的土壤如沙地，其保水保肥性差，宜少量多次灌溉，以防止土壤中的营养物质随灌水流失而使土壤更加贫瘠。黏重的土壤，其通气性和排水性不良，对根系的生长不利，灌水量要适当多些；盐碱地灌溉量每次不宜过多，以防返碱或返盐。

根据植物需水期的大气状况来确定灌溉量。春季干旱少雨时期，应加大灌溉量；夏季降雨集中时期，应少浇或不浇。

灌溉次数。一两年生草本花卉及球根花卉（如凤仙花、大花三色堇、郁金香、仙客来、马蹄莲等）容易干旱，灌溉次数应较宿根花卉和木本花卉（如万年青、大花君子兰、荷包牡丹、茉莉、变叶木等）为多。

北方地区公路沿路栽培的花木，入冬土壤封冻前要浇一次透水，以防止冬寒及春旱，春夏季植物生长旺盛期，一般每月浇水 2 ～ 3 次，阴雨或雨量充沛的天气要少浇或不浇，秋季要减少浇水量，如遇天气干燥，则每月浇水 1 ～ 2 次。

疏松的土质如沙土，灌溉的次数应比黏重的土质多。晴天风大时应比阴天无风时多浇几次。其原则是只要水分不足就要立即灌溉。

灌溉方式与方法。灌溉的方式与方法多种多样，一般根据植物的栽植方式来选择。在公路植被中常用的有以下几种。

单株灌溉。对于露地栽植的单株乔、灌木，如行道树、庭荫树等，先开堰，利用橡胶管、水车或其他工具，对每株树木进行灌溉。

漫灌。适用于在地势平坦的地方群植、林植的植物。这种灌溉方法耗水较多，容易造成土壤板结，注意灌水后及时松土保墒。

沟灌。在列植的植物旁边开沟灌溉，使水沿沟底流动浸润土壤，直至水分渗入周围土壤为止。

喷灌。用移动喷灌装置或安装好的固定喷头对草坪、花坛等用人工或自动控制方式进行灌溉。这种灌溉方法基本不产生深层渗漏和地表径流，省水、省工、效率高，且能减少低温、高温、干热风对植物的危害，提高植物的绿化效果。

灌溉用水。以软水为宜，避免使用硬水。自来水、不含碱质的井水、河水、湖水、池塘水都可用来浇灌植物。在灌溉过程中，应注意灌溉用水的酸碱度对植物的生长是否适宜。北方地区的水质一般偏碱性，对于某些要求土壤中性偏酸或酸性的植物种类来说，容易出现缺铁现象。

（2）植物施肥

植物施肥的方式与方法如下。

环状沟施肥法。在树冠外围稍远处挖 30 ～ 40cm 宽环状沟，沟深视树龄、树势以及根系的分布深度而定，一般深 20 ～ 50cm，将肥料均匀地施入沟内，覆土填平灌水。随树冠的扩大，环状沟每年外移，每年的扩展沟与上年沟之间不要留隔墙。此法多用于幼树施基肥。

放射沟施肥法。以树干为中心，从距树干 60 ～ 80cm 的地方开始，在树冠四周等距离地向外开挖 6 ～ 8 条由浅渐深的沟，沟宽 30 ～ 40cm，沟长视树冠大小而定，一般沟长的 1/2 在冠内，1/2 在冠外，沟深一般为 20 ～ 50cm，将充分腐熟的有机肥与表土混匀后施入沟中，封沟灌水。下次施肥时，调换位置开沟，开沟时要注意避免损伤大根。此法适用于中壮龄树木。

穴施法。在有机肥不足的情况下，基肥以集中穴施最好，即在树冠投影外缘和树盘中，开挖深40cm、直径50cm左右的穴，其数量视树木的大小、肥量而定，施肥入穴，填土平沟灌水。此法适用于中壮龄树木。

全面撒施法。把肥料均匀地撒在树冠投影内外的地面上，再翻入土中。此法适用于群植、林植的乔、灌木及草本植物。

灌溉式施肥。结合喷灌、滴灌等形式进行施肥，此法供肥及时，肥分分布均匀，不伤根，不破坏耕作层的土壤结构，劳动生产率高。

根外施肥。此法又称叶面追肥，指根据植物生长需要将各种速效肥水溶液喷洒在叶片、枝条及果实上的追肥方法，是一种临时性的辅助追肥措施。叶面喷肥，简单易行，用肥量小，发挥作用快，可及时满足植物的需要，同时，也能避免某些肥料元素在土壤中的固定作用。尤其在缺水季节、缺水地区和不便施肥的地方，都可采用此法。叶面追肥主要通过叶片上的气孔和角质层进入叶片，而后运送到植株体内和各个器官，一般幼叶比老叶吸收快，叶背比叶面吸收快。喷肥时一定要喷匀，叶片吸收的强度和速率与溶液浓度、气温、湿度、风速等有关。一般根外追肥最适温度为18℃～25℃，湿度较大效果较好，因此时间应选择无风天气的上午10：00以前和下午16：00以后。

施肥深度和范围。施肥主要是为了满足植物根系对生长发育所需各种营养元素的吸收和利用。只有把肥料施在距根系集中分布层稍深、稍远的部位，才利于根系向更深、更广的方向扩展，以便形成强大的根系，扩大吸收面积，提高吸收能力。因此，从某种角度来看，施肥深度和范围对施肥效果十分重要。

施肥深度和范围要根据植物种类、年龄、土质、肥料性质等而定。木花卉、小灌木如茉莉、米兰、连翘、丁香等和高大的乔木相比，施肥相对要浅，范围要小。幼树根系浅，分布范围小，一般施肥较中、壮龄树浅、范围小。沙地、坡地和多雨地区，养分易流失，宜在植物需要时深施基肥。

氮肥在土壤中的移动较强，浅施也可渗透根系分布层，从而被树木所吸收；钾肥的移动性较差，磷肥的移动性更差，因此应深施到根系分布最多处。由于磷在土壤中易被固定，为了充分发挥肥效，施过磷酸钙和骨粉时，应与厩肥、圈肥、人粪尿等混合均匀，堆积腐熟后作为基肥施用，这样的效果更好。

施肥量。施肥量受植物的种类、土壤的状况、肥料的种类及各物候期需肥状况等多个方面影响。施肥量根据不同的植物种类及大小确定，喜肥的多施，如梓树、梧桐、牡丹等；耐瘠薄的可少施，如刺槐、悬铃木、山杏等。开花结果多的大树较开花结果少的小树多施；一般胸径 8 ～ 10cm 的树木，每株施堆肥 25 ～ 50kg 或浓粪尿 12 ～ 25kg；10cm 以上的树木，每株施浓粪尿 25 ～ 50kg；花灌木可酌情减少。

（3）植物除草松土

植物除草松土一般同时进行。在植物的生长期内，一般要做到见草就除，除草即松土。

除草松土的次数要根据气候、植物种类、土壤等而定。如乔木、大灌木可两年一次，草本植物则一年多次。具体的除草松土时间可以安排在天气晴朗或雨后、土壤不过干和不过湿时，以获得最大的除草保墒效果。

除草松土时，应避免碰伤植物的树皮、顶梢等，生长在地表的浅根可适当削断。松土的深度和范围应视植物种类及植物当时根系的生长状况而定，一般树木在树冠投影半径的 1/2 以外至树冠投影外 1m 以内的环状范围内，深度 6 ～ 10cm；对于灌木、草本植物，深度可在 5cm 左右。

（4）植物管护的其他方法

覆盖法。在霜冻到来前，覆盖干草、落叶、草席、牛粪等，直至翌年春天晚霜过后去除。此法常用于两年生花卉、宿根花卉，以及可露地越冬的球根花卉和木本植物幼苗。

灌水法。北方一些地区在土壤冻结前，利用水热容量大的特点进行冬灌提高地面的温度，保护植物不受冻害。

培土法。结合灌冻水，在植物根茎处培土堆或壅埋、开沟覆土压埋植物的茎部来进行防寒，待春季萌芽前扒开培土即可。此法多用于花灌木、宿根花卉、藤本植物等。

涂白或喷白。用石灰加石硫合剂对树干涂白，不但能减少树干的水分蒸腾，还可防止昼夜温差大对植物造成的危害，并兼有防治病虫害的作用。对一些树干怕日灼和不能埋土防寒的落叶乔木适用此法。

包扎法。对一些大型的观赏植物，在气温很低的时候或地方，用稻草绳密密地缠绕树干来防寒，晚霜过后及时拆除。

设风障。对一些耐寒能力较强，但怕寒风的观赏植物，在来风的方向用高粱秆、玉米秆等材料捆编成的篱设风障防寒，也可用编织袋和竹竿、木棍搭成风障。

2. 公路树木的修剪与整形

狭义的修剪是指对树木的某些器官（如枝、叶、花、果等）加以疏除或短截，以达到调节生长、开花结实的目的；广义的修剪包括整形。所谓整形是指用剪、锯、捆扎等手段，使树木长成栽培者所期望的特定形状。现习惯将两者统称为整形修剪。

整形修剪的意义如下。

促进生长。剪去不需要的部分，使养分、水分集中供应留下枝芽，促使局部的生长。但修剪过重，则对整体又有削弱作用，这被称为修剪的双重作用。

培养树形。因审美需要，将树整修成规则或不规则的特种形体。一些工程设施复杂，常受树木影响。例如，上有架空线，下有管道、电缆等，有些树会触挂电线，这就要靠修剪来解决。

减少伤害。通过修剪可以剪去生长位置不当的密生枝、徒长枝及带有病虫的枝条，以保证树冠内部通风、透光，也可避免相互摩擦而造成的损伤。

促使开花结果。对于观花、观果或结合花、果生产的花树种，可以通过修剪，调节营养生长与花芽分化，促使其提早开花结果。

整形修剪原则。公路树木整形修剪受树木自身和周围环境等许多因素的制约，是一项理论与实践结合性很强的工作。整形修剪不仅要遵循自然规律，适应树木的自然树形及其分枝习性，还要坚持艺术原则，使树木的姿态、形状符合公路景观的需要。

修剪分为休眠期修剪与生长期修剪。休眠期修剪应在树液流动前进行。除常绿树和不宜冬剪树木外，都应在休眠期内进行一次整形修剪。其中，有伤流的树应避开伤流期；抗寒力差的，宜在早春修剪；易流胶的树种，如桃、槲等，不宜在生长季修剪。

公路树木修剪整形的方法及注意事项如下。

剥芽。在树木萌芽的生长初期，徒手剥去树干无用的芽叫剥芽（又叫抹芽、摘芽）。剥芽时，应注意选留分布和方向合适的芽。对有用的芽进行保护，不可损伤。为了防止留下的芽受到意外的损伤，影响以后发枝，每枝条应多保留 1 ～ 3 个后备芽，待发芽后，再次选择疏剪。

去蘖。除去主干或根部萌发的无用枝条叫去蘖。在蘖枝比较幼嫩时，可徒手去蘖。已经木质化的，则应用剪刀剪或平铲铲除，但要防止撕裂树皮或是留枯桩。

去蘖应尽早。

疏枝。把无用的枝条齐着生部位剪去，称疏枝。乔木疏枝，剪口应与着生枝干平齐，不留残桩；丛生灌木疏枝应与地面平齐。簇生枝及轮生枝需全部疏去者，应分次进行，即间隔先疏去其中的一部分，待伤口愈合后，再疏去其他的枝条，以免伤口过大影响树木生长。

短截。截去枝条先端的一部分或大部分，保留基部枝段的剪法叫短截。剪去的部分与保留部分比例，根据不同需要而定，剪口的位置应选择在适合的芽上约0.5cm处，空气干燥地区应适当长留，湿润地区可短留。剪口应成斜面，并要平齐光滑。剪口下第一芽发枝弱，而剪口下第二芽发枝强，以后芽发枝依次减弱。在树木生长时期，除去枝条先端嫩梢，称摘心，也属于短截范围。

锯截大枝。对于比较粗大的枝干，进行短截或疏枝时，多用锯进行，锯口应平齐，不劈不裂。在建筑及架空线附近，截除大枝时，应先用绳索，将被截大枝捆吊在其他生长牢固的枝干上，待截断后，慢慢松绳放下，以免砸伤行人。基部突然加粗的大枝，锯口不要与着生枝平齐，而应稍向外斜，以免锯口过大。较大的截口，应抹防腐剂保护，以防水分蒸发或病虫及腐朽滋生。

抹头更新。对一些无主轴的乔木，如柳、槐等，若发现其树冠已经衰老，病虫严重，或因其他损伤已无发展前途，而主干仍很健壮者，可将树冠自分枝点以上全部截除，使之重新发枝，叫“抹头更新”。此方法不适用于萌发力弱的树种。

二、公路草皮的种植及管护

（一）草皮种植技术

草皮在高等级公路及城市道路绿化中应用较多，主要应用于路肩、边坡、路堤、分隔带、交通岛及沿线空地等。公路种植草皮能防尘固沙，防止水土流失，巩固路基，调节气候，吸附有害物质，起到绿化、美化、净化公路环境的作用，从而有助于提供安全、舒适、优美的行车环境。

1. 草种选择

草种选择是种植草皮的关键。公路绿化草种的选择要因地制宜，宜路适草。一般来说，本地草种适应能力强，故应首选本地草种；如需从外地调用草种，则应尽量选用生态形式相同或相近的草种，但要先进行引种试验，待引种试验成功后再推广。

通常适合公路种植的草种应具有易繁殖、耐修剪、耐践踏、生长迅速、生长期较长、抗旱、抗热、耐寒、耐潮湿等特点。

2. 种植技术

目前种植公路草皮的方法有三种：播种法、播茎法和铺植法。

播种法。草皮种子（或种子与细土混合均匀）采用撒播或条播的方式，一般在春季或秋季进行。播种量可根据经验确定，如狗牙草每亩 0.5kg，假俭草每亩 5 ～ 7kg，结缕草每亩 6 ～ 7kg。

播茎法。凡匍匐茎发达的草种，如细叶结缕草、狗牙根草等，可采用播茎法，就是将草皮铲起、抖落或用水冲掉根部附土，分开根部，用剪刀剪成小段，每段至少具有一节，一般每小段长为 4 ～ 10cm，将茎的小段均匀撒播，覆压 1cm 厚的细土，稍予填压，及时喷水，以后每天早晚各喷一次，待生根后，逐渐减少喷水。播茎一般在春季发芽开始时进行。

铺植法。铺植草皮在公路绿化中较为常见，主要有密铺、间铺、条铺、点铺几种方式，基本步骤是：掘起草皮，取一定宽度的木板放于草皮上，沿木板边缘切取草皮，厚度一般为 3 ～ 5cm，然后将草皮卷起捆扎好。运输草皮时，要用湿布覆盖草皮。按设计要求铺植草皮，草皮铺植完毕后，在草面上用木板或滚轴压紧压平，使草面与四周土面相平，这样可使草皮与土壤密接，以防干旱，在铺植草皮前或铺植后应充分浇水。草皮的铺植一般在春秋两季进行，雨季铺植最易成功。

（二）草坪的施工与管理

1. 草坪整地

草坪整地的主要操作内容包括挖（刨）松土、整平、清理、施肥等，必要时还应换土。对于有特殊要求的草坪，还应设置地下排水设施。

土壤准备。草坪植物根系分布的深度一般为 20 ～ 30cm。如果土质良好，有时草根可以深入地下 1m 以上，在这种条件下，地上部分自然表现良好。种植草坪的土壤，厚度不宜少于 40cm，必须耕翻疏松，为草坪植物的生长创造良好的生活条件。同时，要把影响草坪建植的岩石、碎砖瓦块等清除掉。

施底肥。在土壤养分贫乏和酸碱度不适时，为提高土壤肥力，在种植前要施用底肥和土壤改良剂。底肥主要包括磷肥和钾肥，有时也包括其他中量和微量元素，最好使用优质有机肥料做基肥。

施肥量：每亩可施农家肥 2500 ～ 3000kg，或麻渣 1000 ～ 1500kg。如需施磷肥，可每亩施过磷酸钙 10 ～ 15kg。无论是何种肥料，都应粉碎，撒匀或与土壤搅拌均匀，撒后翻入土中。

防虫。为防治地下害虫，保护草根，可于施肥的同时，施以适量农药，必须注意撒施均匀，避免药粉呈团块状，影响草坪植物成活。

整平。完成以上工作以后，按设计标高将地面整平，并注意保持一定排水坡度（一般采用 0.3% ～ 0.5% 的坡度）。场地当中，千万不可出现坑洼之处，以免积水。最后用碾子轻轻碾压一遍。

2. 草坪播种

大部分冷季型草能用种子建植法建坪。暖季型草坪草中，假俭草、野牛草和普通狗牙根草等均可用种子建植法建植。种子建植法的优点是比其他繁殖方法快；缺点是杂草容易侵入，养护管理要求较高，形成草坪的时间比其他繁殖方法要长。

播种时间。主要是根据草种与气候条件来决定。播种草籽，自春季至秋季均可进行。冬季不过分寒冷地区，以早秋播种为最好，此时土温较气温高，根部发育好，耐寒力强，有利于过冬。以北京地区为例，以夏末秋初（8 月下旬至 9 月上旬）播种最适合，此时雨季刚过，气温尚高，有利于草籽发芽，而且一般杂草都已发芽，可于播种前将其清除，以免和草坪竞争；草籽出芽后还有一段生长时间，次年开春就能迅速萌发盖满地面，很快形成草坪。而其他时间都有些不易解决的问题。如春季，天气干旱，土壤湿度小，气温低，不利于草籽发芽，且和野草共生，管理难度增加；而雨季高温多雨，虽有利于草籽发芽，但遇暴风雨会冲刷草籽造成出苗不匀的现象。如播种过晚（迟于 9 月中旬），因生长期太短，不利于越冬，影响来年的生长发育。由于各地气候条件不同，应因地制宜地选择本地区最适宜的播种时间。草坪在冬季越冬有困难的地区，只能采用春播的方式。但春播苗多易直立生长，故播种量应稍多些。

播种量。播种所遵循的一般原则是要保证足够量的种子发芽，每平方米出苗应在 10000 ～ 20000 株。影响种子播种量的因素有种子的发芽率、幼苗的活力、所播草坪草的生长习性、要求的建坪速度、种子价格、杂草竞争能力、潜在的病害和建坪后的栽培管理制度。一般草坪的播种量在 25 ～ 40g/m^2，可以参考种子的说明书。

播种。草坪草播种的要求是把大量的种子均匀地播撒于种床上，并把它们混入 6 ～ 10mm 深的表土中。播得深或者没把它们混入土壤中都会导致出苗减少。

如播得过深，在幼苗进行光合作用和从土壤中吸收营养元素之前，胚胎内储存的营养不能满足幼苗的营养需求而导致幼苗死亡。播得过浅，没有充分混入表土的种子会被地表径流冲走，或发芽后干枯。

表土疏松，播种后易于把种子混入土壤中，发芽出苗均匀一致。播种后，应对坪床滚压，以便使种子与土粒接触。如不进行滚压，则应覆盖地面覆盖物，以减少水分损失，防止发生土壤侵蚀。

播种的关键技术是把种子均匀地撒于坪床上，只要能达到均匀播种，用任何播种方法都可以。很多公路草坪是采用人工播种的方法建成的。但是，这要求播种者技术熟练。这种方法适宜小面积地播种。大面积播种应借助机械来完成，这样质量才能得以保证，效率才能得以提高。

虽然下落式播种机播种时受风及种子的影响小,但效率低于旋转式播种机。大面积的播种最好使用大型播种机，不但效率高，播种质量高，还能实现播种、滚压一次完成。

喷播。喷播是一种把草坪种子加入水流中进行喷射播种的方法。喷播机上安装有大功率、大出水量单嘴喷射系统，能够把预先混合的种子、黏结剂、覆盖材料、肥料、保湿剂、染色剂和水的浆状物，通过高压喷到土壤表面。施肥、覆盖与播种一次操作完成，特别适宜陡坡场地，如高速公路、堤坝等大面积草坪的建植。该方法中，混合材料选择及其配比是保证播种质量效果的关键。喷播使种子留在表面，不能与土壤混合和进行滚压，因此通常需要在上面覆盖秸秆或无纺布才能获得满意的效果。当气候干旱，土壤水分蒸发太大、太快时，应及时喷水。

植生带。草坪植生带是指把草坪草种子均匀固定在两层无纺布或纸布之间形成的草坪建植材料。有时为了适应不同的建植环境，还加入不同的添加材料，如保水的纤维材料、保水剂等。生产植生带的材料为天然易降解有机材料，如棉纤维、木质纤维、纸等。植生带具有无须专门播种机械、铺植方便、适宜不同坡度地形、种子固定均匀、防止种子冲失、减少水分蒸发等优点。但其缺点是费用较高；小粒草坪种子（如剪股颖种子）出苗困难；运输过程中可能引起种植脱离和移动，造成出苗不齐；种子播量固定，难以适应不同场合等。

3. 草坪营养体建植

用于建植草坪的营养繁殖方法包括铺草皮、直栽法、插枝条和匍茎法。除铺草皮外，以上方法仅在强匍匐茎和强根状茎生长习性的草坪繁殖建坪中使用。营养体建植与播种相比，其主要优点是见效快。无论是种子建植还是无性建植，草坪草的健壮生长都要求良好的土壤通气条件、水分和矿物质。因此，无论采用何种建植方法都应细心准备坪床。

铺草皮。铺草皮是最昂贵的建植草坪方法，它在一年中任何时间内都能生成“瞬时草坪”。新铺的草坪不能承受踏踩或娱乐活动，需要几周或几个月的时间重新扎根生长。

铺草皮时，要求坪床潮而不湿。如果过于干燥，特别是在高温下，即使铺后立即灌水，草坪草根系也会受到伤害。草皮应尽可能薄，以利于快速扎根。搬运草皮时要小心，不能把草皮撕裂或过分拉长。铺设时应把所铺的草皮块调整好，使相邻草皮首尾相接，并轻轻压实，以便与土壤均匀接触。当把草皮铺在斜坡上时，要用木桩固定，等到草坪草充分生根，并能够固定草皮时再移走木桩。

草皮之间和各暴露面之间的裂缝应用过筛的土壤填紧，这样可以减少新铺草皮的脱水问题。填缝隙的土壤应不含杂草种子，这样可以把杂草减少到最低限度。

直栽法。直栽法是快速种植草坪的方法。最常用的直栽法是栽植正方形或圆形的草坪块，也可以把草皮切成大小不等的草坪块，按一定的间隔尺寸栽植，还可以采用在果岭通气打孔过程中得到的多匍匐茎的草坪块（如狗牙根和匍匐剪股颖）来建植草坪。把这些草坪块撒在坪床上，经过滚压使草坪块与土壤紧密接触，使坪面平整。由于草坪块上的草易于脱水，因而要经常保持坪床湿润，直到草长出足够的根系为止。

插枝条法。插枝条法主要用来建植有匍匐茎的暖季型草坪草，但也能用于匍匐剪股颖。通常，把枝条种在条沟中，相距 15 ～ 30cm，深 5 ～ 7cm。每根枝条要有 2 ～ 4 个节，栽植过程中，要在条沟中填土后使一部分枝条露出土壤表层。插入枝条后要立刻滚压和灌溉，以加速草坪草的恢复和生长。也可用机械来栽植枝条，把枝条（而非草坪块）成束地送入机器的滑槽内，并且自动地种植在条沟中。有时也可直接把枝条放在土壤表面，然后用扁棍把枝条插入土壤中。

匍茎法。匍茎法是指把无性繁殖材料（草坪草匍匐茎）均匀地撒在土壤表面，然后覆土和轻轻滚压的建坪方法。一般在撒匍匐茎之前应先喷水，使坪床土潮而不湿。接着用人工或机械把打碎的匍匐茎均匀地撒到坪床上，然后覆土，使草坪草匍匐茎部分覆盖，或者用圆盘犁轻轻耙过，使匍匐茎部分插入土中。轻轻滚压后立即喷水，保持湿润，直至匍匐茎扎根。

第六章　桥梁的养护与维修

第一节　桥梁检查、技术状况评定与检验

一、桥梁检查

桥梁检查分为经常检查、定期检查和特殊检查。①

（一）经常检查

经常检查也叫一般检查，主要对桥面设施和桥台附属构造的技术状况进行日常巡视检查，及时发现缺损，进行小修保养工作。桥梁的经常检查至少每月进行一次，汛期要加强检查。经常检查一般采用巡视目测方法，当场填写现行《公路桥涵养护规范》要求的“桥梁经常检查记录表”，登记检查项目的缺损类型、估计缺损范围及养护工作量，提出相应的小修保养措施，并组织实施。

（二）定期检查

定期检查也叫详细检查，桥梁的定期检查是桥梁养护管理系统中，采集结构技术状况动态数据的工作，为评定桥梁使用功能、制订养护计划提供基本数据。

按规定周期，由实践经验丰富的专职桥梁养护工程师参与，对桥梁主体结构及其附属构造物的技术状况进行全面检查。主要检查各部件的功能是否完善有效；构造是否合理耐用；及时发现需要大修、中修，改善或限制交通的桥梁缺损状况；同时检查小修保养状况。

定期检查以目测为主，辅以必要的测量仪器、望远镜、照相机、探查工具和现场器材等设备，必须接近或进入各部件，仔细检查其功能材料的缺损状况，并在现场完成以下工作。

现场校核桥梁基本数据并填写有关的表格、卡片，记录各部件缺损状况并做

① 苏贤洁 . 桥梁养护与维修 [M]. 成都：西南交通大学出版社，2010.

出技术状况评分。实地判断缺损原因，估定维修范围及方式。对难以判断损坏原因和程度的部件，提出特殊检查（专门检验）的要求。对损坏严重、危及安全运行的危险桥梁，提出暂时限制交通的建议。根据桥梁的技术状况，确定下一次的检查时间。

定期检查的时间应符合下列规定：新建桥梁交付使用 1 年后，进行第一次全面检查。桥梁检查周期一般为 3 年，可视被检桥梁技术状况确定每 1 ～ 5 年检查一次。临时桥梁每年检查不少于一次。在经常检查中发现的重要部（构）件的缺损明显达到三、四、五类技术状况时，应立即安排一次检查。

定期检查工作应按规范程序进行。桥梁定期检查后应整理提交检查文件，并符合下列要求。桥梁定期检查数据表：每天检查的桥梁现场记录，应在次日整理填写好每座桥梁定期检查数据表。典型缺损和病害的照片及附录说明：主要说明缺损的部位、类型、性质、范围、数量和程度等。每座桥梁应有两张总体照片，一张为桥面正面照片，另一张为桥梁上游侧立面照片。桥梁改建后应重新照一次。桥梁基本状况卡片：定期检查完成后，应将本次检查的桥梁各部件技术状况评定结果登记在桥梁卡片内。

提出定期检查报告，应包括下列内容：辖区内所有桥梁的保养小修情况；需要大修、中修或改善的桥梁计划，说明修理的项目，拟用修理方案，估计费用和实施时间；需要特殊检查的桥梁的报告，说明检验的项目及理由；须限制交通的桥梁的建议报告。

（三）特殊检查

桥梁特殊检查是根据桥梁破损状况和性质，采用适当的仪器设备，以及现场勘探、试验等特殊手段和科学分析方法，查明桥梁病害原因、破损程度和承载能力，确定桥梁的技术状态，以便采取相应的加固、改善措施。

桥梁特殊检查分为应急检查和专门检验两种方式。

1. 应急检查

桥梁遭受洪水、流冰、漂流物、船舶撞击、滑坡、地震、风灾和超重车辆通过之后，应立即对结构做详细检查，查明破损状况，采取应急措施，尽快恢复交通。应急检查通常由地（市）级公路管理机构的专职桥梁养护工程师主持。

2. 专门检验

对定期检查中难以判明损坏原因及程度的桥梁、提高载重等级的桥梁以及技术状况为四类的桥梁，针对病害进行专门的现场试验检测、验算与分析等鉴定工作，以便采取有效的养护措施。

专门检验通常由省级公路管理机构的总工程师或授权的专职桥梁养护主管工程师主持，委托公路桥梁检测中心或具有这种能力的科研设计单位、工程咨询单位，签订特殊检验合同后实施。

实施特殊检查前，应充分收集资料，包括计算书、竣工图、材料试验报告、施工记录、历次桥梁定期检查和特殊检查报告，以及历次维修资料等。原资料不全或有疑问时，可现场测绘构造物尺寸，测试构件材料组成及性能，勘察水文地质情况等。

特殊检查之后，应提交检查报告。检查报告包括以下内容：①概述检查的一般情况，包括桥梁的基本情况、检查的组织、时间、背景和工作过程等；②当前桥梁技术状况的描述，包括现场调查、试验与检测项目及方法、检测数据与分析结果和桥梁技术状况评价等；③详细阐述检查部位的损坏原因及程度，并提出结构构件和总体的修理、加固或改造的建议方案。

二、桥梁技术状况的评定

根据缺损程度（大小、多少或轻重）、缺损时结构使用功能的影响程度（无、小、大）和缺损发展变化状况（趋向稳定、发展缓慢、发展较快）等三个方面，以累加评分方法对各部件缺损状况做出等级评定。

重要部件（如墩台与基础、上部承重构件、支座）以其中缺损最严重的构件评分，其他部件根据多数构件缺损状况评分。

全桥总体技术状况的等级评定应采用考虑桥梁各部件加权系数的综合评定方法，亦可以重要部件最差的缺损状况评定，或对照桥梁技术状况评定标准进行评定。也可根据当地的环境条件和养护要求，采用专家评估法确定。

桥梁技术状况评定等级分为一类、二类、三类、四类、五类。

对于不同评定等级的桥梁，分别采取不同的养护措施：一类桥梁进行正常保养；二类桥梁需进行小修；三类桥梁需进行中修，酌情进行交通管制；四类桥梁需进行大修或改造，及时进行交通管制，如限载、限速通过，当缺损较严重时应关闭交通；五类桥梁需进行改建或重建，及时关闭交通。

三、桥梁检验

桥梁检验是对桥梁结构及部件的材料质量和工作性能方面所存在的缺损状况进行详细检测、试验、判断和评价的过程。检验的项目主要有以下两个方面：①结构材料缺损状况诊断，包括材料损坏程度检测，材料物理、化学性能测试及缺损原因的分析判断。②结构整体性能、功能状况鉴定，包括结构承载能力（强度、刚度和稳定性等）鉴定，桥梁抗洪能力的鉴定。

结构材料缺损状况的检测，宜根据缺损的类型、位置和检测的要求，选择表面测量、无破损检测技术和局部试样等有效可靠的方法。试样宜从有代表性构件的次要部件获取。检测与评定要依照相应的试验标准进行。采用没有标准依据的检测技术，应事先通过模拟试验，制定适用的检测细则，保证检测结果具有一定的可靠性。结构整体性能、功能状况鉴定可采用以下两种方法：根据实际的结构技术状况进行结构验算、水文和水力验算。当验算结果不满足功能要求或难以确定时，可采用承载力试验鉴定。

（一）桥梁检验的准备工作

检验前应尽量收集有关资料，并做好现场核对工作。

（二）桥梁结构验算

桥梁结构验算应按实际断面尺寸及缺损状况、材料的实际强度和弹性模量、地基实际容许承载力和水文条件进行计算，并按现行《公路桥涵设计通用规范》有关条文办理。

（三）桥梁静、动力荷载试验

静力荷载试验，按设计荷载或被控制的车辆荷载，并且冲击系数的结构件应作为最大试验荷载，同时量测结构控制截面和约束部位的位移、应变（或应力）和裂缝等结构力学性能参数。将实测数据与计算值或规范值进行比较，当各项实测参数均小于或等于规定值时，一般可认为结构承载能力满足使用荷载的要求。

动力荷载试验，通常采用一辆重车按 4 种以上车速进行往返行车试验，以及在跨中或 L/4 处进行跳车或制动试验，同时量测结构动力响应（位移、速度或加速度等参数的时间历程曲线），处理分析结构自振特性（振型、频率和阻尼系数）

和受迫振动性能（位移峰值、冲击系数与临界车速等），评定结构动力性能是否满足行车和行人安全舒适的要求。

承载力试验结果不满足的桥梁，在加固改善之前，应采取限载、限速或封闭交通的措施，并继续监测结构变化状况。

桥梁定期检查、特殊检查、养护对策和维修、加固或改造的设计、施工、竣工验收等有关技术文件，均应按统一格式完整地归入桥梁养护技术档案。

第二节　桥面系的养护与维修

一、桥面清洁与交通清障

每日巡查一次。桥面、路面、人行道应经常清扫、排除积水、清除泥土、杂物等，保持桥面平整、清洁。[①]

桥面通行车辆若发生故障，应及时将故障车辆清走，以免影响正常交通秩序。

如遇交通等突发性事故，应在保护事故现场的前提下，迅速与公安、交警部门联系妥善解决，并做好车辆疏通工作。

如遇交通等突发性事故对大桥及其附属设施造成损伤，应及时检查、现场取证，记录备案，并及时进行修复和加固。

二、桥面铺装层

桥面的养护应符合道路养护有关规范标准的规定；桥面不允许随意增加荷载，包括新增桥面铺装厚度、过江管线、大型装饰或广告等；桥面更新应使纵横坡及排水系统得到改善；严禁用沥青铺装层覆盖伸缩装置；在承载力允许的条件下，对于严重的大面积混凝土铺装层表皮脱落、麻面，可以铣刨后增做混凝土表层，也可加铺沥青面层，但伸缩装置必须重新设置；对轻微、局部表皮脱落、麻面和微裂缝，可不做处理。

对大于 1mm 的混凝土桥面裂缝，应查明原因。在确定无结构破坏和不延续发展的条件下，可灌缝处理；混凝土桥面出现断缝、拱胀、错台、露骨、坑洞等病

① 裴畅茂．公路桥梁养护与维修 [M]. 北京：人民交通出版社，2019.

害时，应及时处理。损坏面积较大时，应整块或整跨凿除，重铺新的混凝土；对于沥青混凝土桥面因长期含水浸泡造成的脱落、拥包，应切断水源清除损坏的部位，排水、晾干后修补。

沥青混凝土桥面出现泛油、塞包、裂缝、波浪、坑槽、断裂、车辙等病害时，应及时处理。损坏面较小时做局部修补；损坏面积较大时可整块清除后重铺。

防水层损坏应及时修复，防水混凝土的抗渗等级应高于P6。

人行道块件应牢固、完整，块件（地砖）表面应平整，无脱落、下沉、缺失；桥面路缘石应无撞坏、断裂、松动、错位、剥落。

护栏及栏杆的维护，应有可靠的安全技术方案。修复的护栏和栏杆在伸缩缝处应保证与梁体变位有相同的位移量。

桥上照明、反光块、标线、标牌、防眩板、防护隔离设施、航道灯标等各附属设施，应齐全、醒目、整洁、牢固，若有损坏应及时更换。

三、排水系统

桥面的泄水管、排水槽如有堵塞，应及时疏通。应保持井盖完整、无遗失和破损；水篦子应无遗失、破损和堵塞；桥面应保持大于1.5%的横坡，以利于桥面排水；桥梁上设置的封闭式排水系统，应保持各排水管道畅通，排水系统的设备如水泵等运行正常，但有堵塞应及时疏通，若有损坏应及时更换。

四、人行道、栏杆、护栏、防撞墙、中央分隔带

（一）人行道

人行道块件应牢固、完整、桥面路缘石应经常保持完好状态；若出现松动、缺损应及时进行修整或更换。

（二）栏杆

桥梁栏杆应保持完好状态。栏杆应竖立正直，扶手应无损坏、断裂，伸缩缝处的水平杆件应能自由伸缩。栏杆柱、扶手如有缺损，应及时补齐。因栏杆损坏而采用临时防护措施时，使用时间不得超过三个月。

钢筋混凝土栏杆开裂严重或混凝土剥落，应凿除损坏部分，修补完整。

钢质栏杆应涂漆防锈，一般每年一次。

（三）护栏、防撞墙

护栏、防撞墙应牢固、可靠，若有损坏应及时修理或更换。钢护栏与钢筋混凝土护栏上的外露钢构件应定期除漆防锈，一般每年一次。

桥梁两端的栏杆柱或防撞墙端面，涂有立面标记或示警标志的，应定期涂刷，一般一年一次，使油漆保持鲜明。

检查护栏、防撞墙是否有腐蚀、变形，若有应清查数量，查明原因，采取整治措施。如有断裂、撞坏，应及时采取简易防护措施及设立警示标志，保证行人及车辆行驶安全，并尽快修复被损坏部位，使其恢复正常。

（四）中央分隔带

检查中央分隔带盖板是否损坏、断裂、缺失，若有应清查数量，查明原因，采取整治措施。如有断裂、撞坏应及时采取简易防护措施及设立警示标志，保证行人及车辆行驶安全，并尽快修复被损坏部位，使其恢复正常。

五、伸缩装置

伸缩装置应伸缩自如、平整、无渗漏、无异响、不跳车；应经常清除缝内积土、垃圾等杂物，使其发挥正常作用，若有损坏或功能失效应及时修理或更换。

伸缩装置出现以下病害时，应及时处理：异形钢伸缩装置的密封橡胶垫损坏，应及时更换。弹性体伸缩装置出现严重变形、翘起、脱落时，应及时清除、更换。钢板伸缩装置或锯齿钢板伸缩装置的钢板变形，螺栓脱落，伸缩不能正常工作，应及时修复。当伸缩装置的损坏无法修复时，应整体更换。“U”形锌铁片伸缩装置的锌铁片老化、开裂、断裂，应及时更换。橡胶条伸缩装置的橡胶条老化、脱落，固定角钢变形、松动，应及时更换。板式橡胶伸缩装置的橡胶板老化开裂，预埋螺栓松脱，伸缩失效，应及时更换。

每年气温最高、最低时，应及时测量伸缩装置的间隙，且不得小于设计最小值和最大值；应随时对伸缩装置的水平错位、竖向升降进行观测和控制；更换的伸缩装置应选型合理，伸缩量应满足桥跨变形需要，安装应牢固、平整、不漏水；维修或更换伸缩装置时，应采取措施维持交通顺畅。

六、标志、标线和交通安全设施

桥上的交通标志应齐全、醒目、牢固，标志板应保持整洁、无裂纹和残缺。

若有损坏应及时整修。

交通标线应经常保持完好、清晰，定期进行标线重涂；桥上的防眩板应保持齐全、整洁，若有损坏应及时整修；桥上的防护隔离设施应完整、牢固，若有损坏应及时修理；桥上设置的航空灯、航道灯及供电线路、通信线路必须保持良好状态，若有损坏应立即修复；避雷设备要经常保持完好，接地电阻要符合要求，接地线附近禁止堆放物品，禁止挖取接地线的覆土；桥上灯柱应保持完好状态，如有缺损和歪斜，应及时修理、扶正；灯具损坏应及时更换，保证夜间照明。

七、桥头搭板

桥头搭板脱空、断裂或枕梁下沉引起桥路连接不顺畅，出现桥头跳车时，应进行维修处理。

八、桥梁观测设施

用于桥梁观测的标点、传感器、接线等应保持完好。若有损坏或故障应及时维修。

第三节　石拱桥的养护与维修

一、石拱桥病害客观因素分析

（一）主拱圈开裂

造成公路石拱桥主拱圈横向开裂的主要原因如下。

主拱圈厚度太薄或材料强度不够。石拱桥主拱圈内力分析表明，拱顶正弯矩最大，拱脚负弯矩最大，拱顶、拱脚为设计控制截面，若截面抗力小于设计荷载内力，将造成拱顶下部或拱脚上部开裂。①

基础沉陷，墩台移动。石拱桥多按无铰拱设计，为超静定结构，基础沉陷或墩台位移引起的主拱圈附加应力相当大。例如，某桥为 3 ～ 20m 石拱桥，因洪水冲空侧边孔桥墩基础，使墩台下沉引起拱圈严重开裂，最大缝宽 2 ～ 3cm，同时

① 侯孝斌，毛立军，杜菊平 . 公路桥梁养护维修技术 [M]. 长春：吉林科学技术出版社，2022.

造成其他两孔损坏。

拱圈受力不对称。主要发生在坡桥与弯桥上。有些坡桥坡度较大，而主拱圈设计采用平置，造成拱上建筑不对称，使拱圈受力不对称。车辆在弯桥上转弯时产生向心力，造成拱圈弯道外侧开裂。

设计时拱轴系数选择不当或施工造成拱圈变形，使荷载压力线与拱轴中心线偏离太大而开裂。

施工质量差。如砂浆不饱满、砌筑工艺不规范等。主拱圈纵向裂隙主要由施工引起。拱圈多采用分环砌筑，如在施工时未注意环与环交错搭接，则会在拱圈下部腹石上产生纵向裂缝。

（二）拱圈分条倒塌

造成公路石拱桥拱圈分条倒塌的主要原因是荷载作用下主拱圈受到过大的横向力作用。

（三）腹拱圈开裂

造成公路石拱桥腹拱圈开裂的主要原因如下。

若腹拱太坦，就会产生较大的腹拱推力，而施工质量较差，则不能满足设计要求。例如，某桥采用 1 ～ 50m 的石砌板肋拱，腹拱矢跨比为 1/15，腹拱圈设计为块石砌筑，但施工时多采用片石砌筑，因拱圈较薄，甚至还采用了小片石，造成腹拱圈开裂，且沿横桥向贯通，严重威胁桥梁的安全。

铰缝处理不当：石砌腹拱圈的铰石应选择石质坚硬且无裂纹的石料，铰石的接触面应较一般拱石多加修凿，以增大实际接触面积，如果施工未达到要求，会造成铰石破坏而开裂。

拱与拱上建筑的联合作用显著影响拱上建筑的内力，拱上建筑刚度越大，影响就越大。考虑拱上建筑与拱共同工作，所计算的内力与分开计算的结果可能迥异，如构造处理不妥而按分开计算设计，则拱上建筑可能严重开裂，甚至破坏。

腹拱的开裂造成桥面破坏，加上养护不到位，引起桥面渗水，进一步加剧了腹拱圈的开裂。

（四）拱墙突出

桥梁所受荷载过大而填筑物内摩擦角又较小，拱墙承受较大的横向力导致拱墙突出变形。

（五）桥面破损

引起公路石拱桥桥面破损的主要原因如下：实腹式拱桥多采用柔性填料（沙砾或碎石），柔性填料在车辆荷载作用下的不均匀压缩变形或台后排水处理不当造成填料积水，填料强度降低，引起路面破坏。空腹式拱桥由于腹拱铰的存在，为适应变形的需要，侧墙与桥面结构需相应设置伸缩缝或变形缝；由于缝的存在，构造上又不进行改善，易引起桥面从变形缝处开始破坏。桥面伸缩缝设置构造过于简单，不能满足桥面变形的需要，造成桥面破坏。

（六）防水层破坏或失效

引起公路石拱桥防水层破坏或失效的主要原因如下：实腹式拱桥多采用胶泥或三合土做防水层，在施工现场纯黏土很难找到，施工时用一般亚黏土代替，防水效果不佳；胶泥和三合土的水固比难把握，特别是在填料夯实过程中，容易破坏或开裂。如桥面有渗水，胶泥或三合土易软化而失效；空腹式拱桥多采用沥青、油毛毡防水层，油毛毡容易老化，特别是变形缝处，很难保证沥青麻絮密实。

二、石拱桥病害主观因素分析

（一）理解上的偏差

在石拱桥设计、施工、管理中，人们普遍存在轻视和误解，认为石拱桥设计与施工技术已经相当成熟，一般技术人员都能设计和施工，导致桥梁建设中技术人员不够重视。事实上，这种技术的成熟只是相对于专业工程技术人员而言的，尤其是路桥结构工程师，而非所有技术人员。

（二）设计层面问题

1. 设计粗糙

有些石拱桥设计图纸相当简单。有些拱桥设计图纸中甚至未提及拱桥的四个控制高程、拱轴系数、地基承载力要求、施工加载程序、拱架卸架要求等，设计说明也非常简单。

2. 误套标准图

现行的石拱桥标准图，主要适用于桥宽为净—7 和净—9，设计荷载为汽—10、汽—15、汽—20 的石拱桥。随着公路等级的提高，桥面宽度、荷载等级也相应增大，尤其是汽—超 20 级或公路Ⅱ级，目前的标准图和设计手册中都没有给出拱圈厚度的近似计算公式。设计能力较差的单位参照标准图拟定一个高度，又未做强度和稳定性验算，给桥梁结构和安全埋下隐患。例如，有些石拱桥，跨度不大，但桥面很宽，甚至比桥跨还大，若盲目套用标准图的几何尺寸和构造，将主拱圈宽度做成设计桥宽，忽略温度变化等因素影响，就有可能在拱圈中产生纵向裂缝。

3. 拱轴系数选择不当

众所周知，拱轴系数是拱桥最重要的技术参数。不同的拱轴系数，对拱圈截面的内力分布和应力调整是不同的，不加验算地选取一个拱轴系数，势必造成设计缺陷。

4. 构造处理不当

桥上部构造比较简单，除了汽—超 20 级外，基本上可以套用标准图设计，而下部构造与地质、地形、水文等有关，若设计时处理不当，就会导致施工过程和运营阶段桥梁结构开裂、变形。

5. 未做地质钻探或钻探深度不够

石拱桥对地质要求较高，因此只能修建在地质较好的地区。然而，有时为节省造价，常常省略地质钻探这一重要环节。有些地区地质条件复杂，但钻探没有达到设计要求的深度，这在工程建设中并不少见。

（三）施工层面问题

1. 施工技术力量薄弱

由于思想上的轻视，认为石拱桥施工简单，因此，常由当地施工单位来建设，也有个别较强实力的施工企业中标，但仅派几个一般技术人员来管理，具体由当地的建筑企业或工人来施工，削弱了施工的技术力量。

2. 没有按加载程序施工

拱桥对施工加载程序的要求很高，对不同跨径的拱桥，其加载程序都有严格的规定，但有些石拱桥并没有按照加载程序施工。

3. 砌筑质量差，施工质量不稳定

石拱桥是通过砌筑拱石而成的桥梁，因此，砌筑质量的好坏直接影响拱桥的安全使用。目前，石拱桥施工中普遍存在以下几个方面的问题。

砌筑用砂浆强度偏低：砂浆强度直接关系拱圈的承载能力和拱圈变形，有些施工单位为降低施工成本，通过少放水泥、多放砂子等方式降低了砂浆的强度，一旦遇到洪水浸泡，砂浆很容易松软掉落。

砂浆缝不饱满：有些石拱桥拱石之间的砂浆非常不饱满，有些拱石之间的砂浆已全部脱落。

拱石没有认真修正:《公路桥涵施工技术规范》对拱石修正提出了明确规定。某些施工单位为了图方便，稍做修正后就安砌，或干脆用砂浆来调平，影响了拱桥质量。

拱石之间不错缝：有些施工单位没有严格按照设计和施工技术规范要求对砌筑的拱石进行错缝。

基础和桥台施工不当：基础是桥梁结构的奠基物，肩负着将桥梁自重和车辆荷载传递给地基的重任，基础处理不当，将直接影响桥梁的正常使用。若将基础埋置在承载能力低的岩土上，会给石拱桥埋下了难以弥补的隐患。石拱桥由于自身重量大，由此产生的水平推力也大，因此，桥台尺寸往往较大。有些山区石拱桥不仅桥台长，而且高，如果不遵照分层砌筑、分层回填、分层碾压的原则施工，很容易造成桥台竖向开裂。高桥台还应遵循均衡对称的原则，一方面应与拱圈砌筑（甚至还与拱上建筑砌筑）相一致，另一方面还应与锥坡回填相协调，确保桥台受力基本一致，以避免在施工过程中桥台开裂。

（四）管理层面问题

由于中小跨径都有标准图可套用，因此施工单位往往忽视了对石拱桥设计图的审查，尤其忽视了对下部构造部分设计的审查。每一个特定的桥位，其地质条件和水文是不同的，下部构造处理不当，将直接影响桥梁的安全。许多石拱桥的病害正是由此引起的。此外，由于层层发包，工程建设费被留用，施工单位难以高质量地进行建设，只能偷工减料，这必然影响工程质量。

（五）养护层面问题

由于石拱桥材料来源丰富，而且养护费用也较低，人们往往疏忽了对石拱桥的养护管理。

三、日常养护与维修

经常清除表面污垢及圬工砌体因渗水而在表面附着的游离物。

经常疏通泄水管孔，保持桥面及实腹拱拱腔排水畅通。如发现拱桥桥面漏水应及时修补，空腹拱的主拱圈（肋）若发现渗水，应对拱背进行清理。清除可能积水的残渣、堆积物等,并用砂浆等材料抹平或堵塞裂缝。实腹拱若发现主拱圈渗水，应检查拱腔排水系统，必要时可开挖拱上填料，修补防水层，修理排水管道。

主拱及拱式腹拱的拱铰及变形缝应保持正常工作状态。清除弧面铰及变形缝内嵌入的杂物，保证其能自由转动、变形。填缝材料如油毛毡、浸润沥青的木板等，若有损坏应及时更换。

构件表面缺陷及局部损坏的修补，主要有以下几类：圬工砌体的边角压碎、砌块断裂，干砌石拱桥砌缝张口等，可用水泥砂浆修补。若个别块体压碎或脱落，应用新的块体填塞更换，更换时应保证嵌挤或填塞紧密。砌缝砂浆若发生脱离，应凿除后重新用干硬性砂浆或微膨胀砂浆填筑，表面重新勾缝。

实腹拱的侧墙若发生较大变形、开裂，应查明原因并做相应处理；若是填料不实，或拱腔积水，应挖开拱上填料，修补防水系统，拆除鼓凸部分侧墙后重新砌筑，重新回填拱上填料及重做路面。也可酌情换用轻质填料或加大侧墙尺寸。

若发现侧墙与拱圈之间脱开，或侧墙上有斜向（若是砌体通常沿砌缝成锯齿状）开裂，应检查墩台与主拱的变形。开裂轻微且不再发展的，可做一般修补裂缝处理。若开裂严重或裂缝在发展中，应考虑加固、改造方案。

四、加固方法及适用范围

目前，应用于公路石拱桥上部结构常用的加固改造方法主要有以下几种。

（一）主拱圈扩大截面加固法

主拱圈是石拱桥的主要承重结构，加强主拱圈是拱桥加固中最常用的方法。根据加固部位的不同，可采用由拱圈下部（拱腹）加固，由拱圈上部（拱背）加固或由拱圈上、下部同时加固的方法。

在桥下净空容许或根据水文资料桥下泄水面积容许缩小的情况下，可在原有拱圈下部增设拱圈，即紧贴原拱圈下面喷射钢丝网水泥拱圈或浇筑钢筋混凝土新拱圈。当石拱桥的拱圈内壁出现表层剥落、松散、老化等情况且不适应目前交通要求时，可采用钢丝网水泥拱圈内壁喷射加固的方法进行维修加固。这种方法也称为“拱下套拱”加固方法。由拱圈下部加固的方法，需要搭设支架，用锚喷混凝土加固，又需要空压机、喷射机等施工设备，增加了加固的费用。由拱圈上部加固时，则一般不需要搭设支架。由拱圈上部加固具有速度快、质量好、造价低的优点，这种方法也称为“拱上套拱”加固方法。

根据需要用钢筋混凝土或素混凝土由拱圈上、下部同时加固是拱桥的又一加固方法。某学院还提出了用钢筋混凝土套箍封闭主拱圈的方法加固石拱桥，该方法是通过增设环状钢筋混凝土套箍包裹拱肋，以提高原桥的抗力和拱肋的纵横向稳定性。在施工钢筋混凝土套箍之前，采用钢抓钉高强度等级砂浆锚固技术，对主拱圈裂缝进行锚抓处理，抑制裂缝的发展，然后用套箍封闭。这种加固方法，在提高拱圈强度的同时，还起到了保护原拱圈不受水蚀、风蚀的作用。

主拱圈扩大截面加固法可根据实际情况，采用不同的材料和不同的施工方法。

（二）减载加固法

当地基承载能力较低或桥台不够稳固时，可采用减轻拱上建筑自重的办法对拱桥进行改造，以降低对下部构造的要求，同时也可减轻主拱圈的负担。在确定改造方案时，可以考虑以下几种方法：采用轻质的拱上填料、纵向穿孔等方法，减轻拱上建筑的重量，对拱顶下沉过多或拱顶正弯矩过大可起到明显的效果。改变结构体系，变实腹式拱上建筑为梁板式拱上建筑，或变拱式拱上建筑为梁拱式拱上建筑等，以减轻拱上建筑的恒载重量，提高桥梁的承载力。应当指出，用上述方法减轻拱上建筑的重量时，应当注意拱中轴向力减小而恒载弯矩增加造成偏心力矩过大的问题，重视在施工时拱中弯矩的变化，切忌在施工过程中使某些截面受力过大，甚至造成桥梁在施工中垮塌等事故。

（三）粘贴钢板加固法

粘贴钢板加固法一般是用环氧树脂或建筑结构胶将钢板、型钢等抗拉强度高的材料粘贴在钢筋混凝土等构件的表面，并用对穿螺栓固定，使之与结构形成整体，使薄钢板与混凝土整体协同工作、共同受力，修补既有结构构件的缺陷，改善构件的薄弱部位，从而提高构件的抗弯、抗剪能力，同时也抑制构件裂缝的扩展。

（四）粘贴复合材料

随着应用于工程结构的复合材料越来越多，纤维复合材料，特别是碳纤维复合材料（CFRP）被应用于石拱桥的主要受力构件（主拱圈、桥墩）上。其因抗拉性能好，重量轻，且加固后与原结构共同受力的效果较好而得到广泛的使用。

（五）横向拉杆加固法

拱圈产生纵向裂缝时，在跨中、1/4 跨度处和拱脚附近做横向拉杆加固能有效防止裂缝继续扩展。

（六）配重加固法

配重加固法一般适用于原设计的压力线与拱轴线有一定偏差或者桥梁经过多年运营后压力线与拱轴线偏离的情况。

对于主拱圈变形过大的公路石拱桥，实际拱轴线与压力线的偏离较大，此时如果仅仅是采用对拱圈截面进行补强加固，已不能有效地改善主拱圈的受力状况，这就需要对拱轴线和压力线进行调整，使之尽量吻合以改善主拱圈的受力。一般通过采用不同单位重的拱上填料、改变拱上填料厚度或者在主拱拱背上增加配重等措施，改变实际压力线的位置，使其与拱轴线吻合。

第四节　桥梁基础的养护与维修指南

一、日常养护与维修

应界定桥梁保护区，使桥区河段的河床保持稳定，及时清理河床上的漂浮物和沉积物。不得在保护区内从事建筑、挖砂、采石和倾倒废弃物等活动。①

应采取措施保持桥梁墩台基础附近河床的稳定。桥梁上下游各 200m 的范围内（当桥长的 1.5 倍超过 200m 时，范围应适当扩大）应做到：适时地进行河床疏浚。每次洪水过后，及时清理河床上的漂浮物，使水流顺利宣泄。在桥下竖立警告示牌，禁止任何人或单位在上述范围内挖砂、取土、采石、倾倒废弃物，禁止进行爆破作业及其他危及公路桥梁安全的活动。不得任意修建对桥梁有害的建筑物，因抢险、防汛需要修筑堤坝、压缩或拓宽河床时，事先报经交通主管部门或公路管理机构同意，并采取有效的防护措施。发现任何有可能破坏桥梁安全的行为，及时制止。若基础冲刷过深或基底局部掏空，立即抛填块石；桥下河床铺砌出现局部损坏时，及时维修。若砌块损坏，可补砌或采用混凝土修补。经常检查、

① 黄延，夏俊吾，刘海涛．道路桥梁工程与维修养护 [M]．汕头：汕头大学出版社，2021.

维护桥边设置的防撞、导航、警示等附属设施，使其保持良好状态。

二、墩台基础的允许沉降

简支梁桥墩台基础的沉降和位移，超过以下容许值或通过观察裂缝持续发展时，应采取相应的加固措施：墩台均匀总沉降值（不包括施工中的沉降），2.0cm。相邻墩台总沉降差值（不包括施工中的沉降），1.0cm。墩台顶面水平位移值，0.5cm。

桩、柱式柔性墩台的沉降，以及桩基承台上墩台顶面的水平位移值，可视具体情况确定，以保证正常使用为原则。

当墩台变位所产生的附加内力影响到桥梁的正常使用和安全时，或桥梁墩台基础自身结构出现大的缺损使承载力不够时，必须进行加固处理。

三、加固方法及适用范围

（一）地基加固

当地基承载力不足时，可采用下列措施进行加固。

1. 重力式基础的加固

在刚性实体基础周围浇筑混凝土扩大基础。一般应修筑围堰，抽干水后开挖基坑，再浇筑混凝土。新旧基础（承台）之间可埋置连接钢筋，并将旧基础表面刷洗干净、凿毛，使新老混凝土连成一个整体。

当梁式桥桥台基础承载能力不足时，可在台前增加桩基及柱并浇筑新盖梁，增设支座。这时梁的支点发生变化，应根据结构受力变化对主梁进行验算及加固。

对于拱桥基础可在桥台两侧加设钢筋混凝土实体耳墙，并将耳墙与原桥台用钢销连接起来，增大桥台基础面积，提高桥台承载力。

当桥下净空允许时，可在台前加建新的扩大基础及台身，将主拱改建为变截面拱支承到新基础及台身上。新老基础之间用钢筋或钢销进行连接，有条件时可在台前新基础下增加短桩，以提高承载力。

2. 桩基础的加固

加桩。可用钻孔桩或打入桩增设基桩，并扩大原承台。

对单排架桩式桥墩采用加桩加固时，如原有桩距较大（4 ～ 5 倍桩径），可在桩间插桩。如原有桩距较小，但通航净空有富余，可在原排架两侧增加新桩，变为三排式墩桩。对于钻孔灌注桩桩身损坏、露筋、缩径等病害，可采用灌（压）

浆或扩大桩径的方法进行维修加固。

3. 人工地基加固

对墩台基础以下的地层，采用注浆、旋喷注浆或深层搅拌等方法，将各种浆液及加固剂注入或搅拌于土层中，通过浆液凝固，固结原来松散的土，使其成为有足够强度和防渗性能的整体。所采用的材料应通过试验确定。

（二）墩台基础防护加固

墩台基础局部被冲空时，可分情况采取下列加固措施：水深 3m 以下，可筑围堰将水抽干，以砌石或混凝土填补冲空部分。桥台基础采用上述方法加固时，还应修整或加筑护坡。水深 3m 以上，可在基础四周打板桩或做其他围堰，灌注水下混凝土。也可用编织袋装硬性混凝土（每袋装量为袋容积的 2/3），通过潜水作业将袋装混凝土分层填塞冲空部分，填塞范围比基础边缘宽 0.4m 以上。当基础置于风化岩层上，基底外缘已被冲空时，应先清除岩层严重风化部分，再用混凝土填补。对于基础周围的风化岩层，还应用水泥砂浆进行封闭。

当河床不稳定，基础埋置较浅，冲刷范围较大时，可采用平面防护加固，其范围要覆盖全部冲刷坑。方法如下：打梅花桩，桩间用块、片石砌平卡紧。用块、片石防护或用水泥混凝土板、水泥混凝土预制块防护。用铁丝笼、竹笼等柔性结构防护。墩台周围河床冲刷严重，危及基础安全时，除分别采用上述方法进行防护加固外，还应在洪水期过后，按现行《公路桥涵养护规范》的规定，采取必要的调治构造物防护措施，或按规定对河床采取防冲刷措施，以防再次被冲坏。

（三）桥台滑移、倾斜的加固

桥台发生滑移和倾斜时，应分析原因，根据不同情况采用下列加固方案。

梁式桥或陡拱因台背土压力过大，造成桥台向桥孔方向位移，可采用下列方法进行加固：挖除台背填土，改用轻质材料回填，减轻台后土压力，以使桥台稳定。拱桥在换填材料时，应维持与拱推力的平衡，如在桥孔设临时拉杆或在后台设临时支撑。挖去台背填土，加厚台身。

对于单跨的小跨径梁式桥，可在两桥台基础之间增设钢筋混凝土支撑梁或浆砌片石支撑板，支撑顶面应不高于河床。埋置式桥台可采用挡墙、支撑杆或挡块等进行加固。

拱桥桥台发生向台后方向位移，可根据不同情况采用下列加固方法：在“U”形桥台两侧加厚翼墙。翼墙与原桥台应牢固接合，增加桥台断面和自重，借以抵抗水平位移。若为一字形桥台，可增设翼墙变为“U”形桥台。

当桥台的位移尚未稳定时，可在台后增设小跨引桥和摩擦板，以阻止桥台继续位移。当桥下净空许可时，可在墩台之间设置拉杆承受推力，限制水平位移。对于多孔拱桥，要注意各孔之间的推力平衡。

拱桥在加固墩台时，必须保持推力平衡，注意操作安全。

（四）墩台基础沉降的加固

若桥梁墩台发生了较明显的沉降、位移，除按前述的方法加固外，还可采用下述方法使上部结构复位。

梁式桥上部结构状况基本完好，桥面没有损坏，下部地基较好时，可对上部结构整体或单孔顶升，然后加设垫块，调整支座。

梁式桥上部结构状况基本完好，但桥面损坏严重时，可凿除桥面及主梁之间的连接，将主梁逐一移位，加厚盖梁，重新安装主梁，并重新铺装桥面。

拱桥桥台发生位移，拱轴线变形较大，承载能力不足时，可采用顶推方法调整拱轴线，恢复其承载能力。

第五节　钢筋混凝土拱桥的养护与维修

一、日常养护与维修

经常清除表面污垢及圬工砌体因渗水而在表面附着的游离物。

经常疏通泄水管孔，保持桥面及实腹拱拱腔排水畅通。如发现拱桥桥面漏水应及时修补，空腹拱的主拱圈（肋）若发现渗水，应对拱背进行清理。清除可能积水的残渣、堆积物等，并用砂浆等材料抹平或堵塞裂缝。实腹拱若发现主拱圈渗水，应检查拱腔排水系统，必要时可开挖拱上填料，修补防水层，修理排水管道。①

① 刘传宝 . 公路桥梁与维修养护 [M]. 延吉：延边大学出版社，2019.

主拱及拱式腹拱的拱铰及变形缝应保持正常工作状态。清除弧面铰及变形缝内嵌入的杂物，保证其能自由转动、变形。填缝材料如油毛毡，浸润沥青的木板等，若有损坏应及时更换。

构件表面缺陷及局部损坏的修补，主要有以下几类：圬工砌体的边角压碎、砌块断裂，干砌石拱桥砌缝张口等，可用水泥砂浆修补。若个别块体压碎或脱落，应用新的块体填塞更换，更换时应保证嵌挤或填塞紧密。砌缝砂浆若发生脱离，应凿除后重新用干硬性砂浆或微膨胀砂浆填筑，表面重新勾缝。钢筋混凝土拱构件的表面缺损与裂缝修补参见钢筋混凝土梁桥有关部分。实腹拱的侧墙若发生较大变形、开裂，应查明原因并做相应处理；若是填料不实，或拱腔积水，应挖开拱上填料，修补防水系统，拆除鼓凸部分侧墙后重新砌筑，重新回填拱上填料及重做路面。也可酌情换用轻质填料或加大侧墙尺寸。

若发现侧墙与拱圈之间脱开，或侧墙上有斜向（若是砌体通常沿砌缝呈锯齿状）开裂，应检查墩台与主拱的变形。开裂轻微且不再发展的，可做一般修补裂缝处理。若开裂严重或裂缝在发展中，应考虑加固、改造方案。

二、加固方法及适用范围

（一）拱圈的主要病害

主拱圈抗弯强度不够引起拱圈开裂。裂缝主要发生在拱顶区段的拱圈下缘与侧面，拱脚处的拱圈上缘与侧面。

主拱圈抗剪强度不够引起拱圈开裂。裂缝主要发生在拱脚、空腹拱的立柱柱脚。

拱圈材料抗压强度不够，引起劈裂或压碎。

两拱脚墩台不均匀沉降引起拱圈开裂，一般出现在拱顶区段，横桥向贯穿全拱圈，裂缝宽度上下变化不大，且两侧有错动。墩台基础上、下游不均匀沉降引起墩台顺桥向裂缝。

拱上排架、梁、柱开裂，短柱的两端开裂，侧墙斜、竖方向开裂，以及侧墙与拱圈连接处开裂的主要原因为构造不合理，强度不够，施工质量不好，以及拱圈变形、墩台变位对拱上结构造成的不利影响。

预制拼装拱桥或分环砌筑的圬工拱桥，沿连接部位或砌缝发生环向裂缝。拱肋接头混凝土局部压碎；拱铰失效或部分失效，引起拱的受力恶化或开裂。桥面板（平板、微弯板等）开裂。引起开裂的原因，主要有局部承受车辆荷载强度不够，参与主拱受力后强度不够，肋片发生较大位移，板与肋连接破坏，或在施工中已开裂未予彻底处理等。

（二）加固方法及适用范围

拱桥的加固属于技术性要求较高的工作，需要详尽的检测、计算等作支撑，因此一般应委托专门的机构来进行。

从拱腹面加固时，可采用下列方法：粘贴钢板；浇筑钢筋混凝土加大拱肋截面；布设钢筋网，用喷射混凝土或水泥砂浆加大拱圈截面。

从拱背面加固时，可在拱脚区段的空腹段背面加大拱圈截面，或拆除拱上建筑，在全拱圈背面加大截面。一般使用混凝土或钢筋混凝土材料。

粘钢或复合纤维片材加固：拱肋、拱上立柱、纵横梁的构件损坏可用粘钢或复合纤维片材加固。粘钢时可粘贴钢板，也可在四角处粘贴角钢。

嵌入剪力键加固法：用嵌入剪力键的方法加固拱圈的环向连接。剪力键一般采用钢板或铸件，按一定间隔布置，其间的裂缝用环氧砂浆等处理。

用加大截面的方法加强拱肋之间的横向连接。

改变结构体系：改变结构体系以改善结构受力，如在桥下通航许可的前提下加设拉杆。

更换拱上建筑：减轻自重，将实腹拱的拱上填料更换为轻质填料。

桥面加固：更换桥面板，增加桥面铺装的钢筋网，加厚桥面铺装，换用钢纤维混凝土等方法维修加固桥面。

墩台加固：因墩台变位引起拱圈开裂时，应先维修加固墩台，然后修补拱圈。

加固注意事项：加固拱桥时，应注意恒载变化对拱压力线及引起的推力变化，对各施工工序进行检算，并进行详细的施工组织设计，严格按照设计的工序施工。

第六节　预应力连续刚构桥的养护与维修

一、常见病害及对策

梁体混凝土表面的空洞、蜂窝麻面、风化、剥落等可以用比原混凝土高一等级的混凝土或其他合适的材料修补。[①]

梁体保护层剥落、露筋等应视损坏面积大小，分别采用喷射高强混凝土或环氧混凝土、环氧砂浆等方式修补。

二、梁体裂缝的分析、判断及修补

梁体裂缝的类型、范围、部位及裂缝宽度各有不同，应分析原因，做出判断后提出合理的治理对策。

结构受力裂缝多发生在受拉、受剪区；表面温度裂缝及混凝土收缩裂缝多在较大结构面。连续刚构箱梁的跨中部位、0 号及附近节段、横隔板门洞、0 号节段底板及墩顶等部位受力复杂，应力较大，是裂缝的常见部位。

一般温度裂缝、混凝土收缩裂缝宽度不大，在规范规定值以内时，可进行环氧封闭或压力注胶处理。

对超出规范限值宽度的裂缝，属结构受力原因的，应进行材料和构件分析计算、试验，必要时进行结构分析计算或结构试验，做出判断后，采取针对性措施治理。对梁体因材料本身（如碱骨料反应）及环境原因造成局部超限的裂缝或损坏，应对裂缝进行压力注胶、修补、加固等处理；面积较大时，除以上处理外，还可考虑再做表面涂装处理。

梁体受压区出现裂缝时，应分析原因，如为结构受力破损性质，应封闭交通，做进一步检测、评估后治理。

三、预应力锚固封端维护

当预应力锚固封端混凝土出现裂缝、剥落、渗漏、锚具暴露时，应及时进行除锈、防护处理，并重做封锚。

四、梁体维护

梁体出现明显的损伤、变形、移位，跨中挠度变形超过允许值时，应进行特殊检测、评估，再按推荐方案治理。

五、梁体加固措施

梁体加固可采用的措施：加大受力截面，增加受力钢筋数量，粘贴钢板，粘

① 晁海龙．公路桥梁与维修养护 [M]. 天津：天津科学技术出版社，2018.

贴碳纤维布、特种玻纤布，增加体内或体外预应力，增加横隔板等。

第七节　涵洞的养护

涵洞是公路上数量众多、形式多样且分布很广的一种构造物，是保证公路畅通无阻的环节之一，因此必须认真做好涵洞的养护工作。

一、涵洞养护的要求与检查内容

（一）涵洞养护的要求

确保涵洞行车安全、排水顺畅和排放适当，保持涵洞结构及填土完好，维护涵洞表面清洁、不漏水。①

（二）涵洞检查内容

涵洞应定期进行检查。在洪水和冰雪季节前应对有缺陷和损坏的涵洞进行实地检查。主要检查下列内容：涵洞的位置是否恰当，孔径是否足够，洞内有无淤塞、冲刷；涵洞有无开裂或其他破损，填土有无沉陷，涵底、涵墙有无漏水，八字翼墙是否完整；进水口是否堵塞，沉砂井有无淤积，洞口铺砌有无冲刷、脱落；涵洞内有无积水、积雪，洞身有无冻裂；现有涵洞设备是否能满足需要，是否须新建涵洞。

二、涵洞日常养护

涵洞日常养护的主要任务与要求如下：及时清除洞口和洞内的淤积杂物和积雪，并将其抛弃到路基边以外的适当地点。洞口和洞底铺砌发生变形、沉陷、破损和漏水时，须及时修理，并整理上下游沟槽，使水流的坡度保持顺适。涵洞出水口的跌水、急流槽，若与洞口接合处发生裂缝时，应采用干燥麻絮浸透沥青填实；构件应根据损坏程度及时修理或更换，涵洞上的螺栓、铁件如有松动、锈蚀、掉落、损坏，应当及时拧紧、更换或补充齐全。倒虹吸管易破裂、漏水，应认真检查，若虹吸管顶面出现湿斑，应及时停止使用，挖开修理，更换软化的路基填土和破裂的管节，接头处必须填塞紧密。

① 刘月莲，林有贵．公路桥梁养护管理与维修加固 [M]．北京：人民交通出版社，2009.

管涵的接头处和四铰涵管铰点的接缝处，若发生填缝料脱落，应用干燥麻絮浸透沥青后填实，不得采用灰浆抹缝的办法修理。

砖、石涵洞的表面如发生局部风化、轻微裂缝，一般可用水泥浆或环氧树脂封闭。灰缝脱落，应及时修补。

涵洞上下游的路基护坡、引水沟、泄水槽、窨井和沉淀井如发生变形或沉陷，一般是设计和施工不良所造成的，必须认真修复。

砖石拱涵的洞顶漏水，应挖开填土，用高标号水泥砂浆修理损失部分，再衬铺胶泥防水层 10 ～ 15cm，或做油毡防水层（两层毡三层油），应认真重做，以防止渗漏。

对于涵洞的日常养护维修，在开挖修理时，必须开设便道或采取半幅施工，设立标志、护栏，保障施工和行车安全。

三、涵洞雨季养护

在一年四季中，涵洞均有可能不同程度地遭受暴雨、洪水、风沙、冰雪等自然灾害，尤以雨季最为严重。因此，涵洞养护应以雨季为重点。

（一）涵洞雨季养护的原则

涵洞雨季养护必须遵循“预防为主”的原则。因此，每年的汛前检查十分重要，必须认真做好涵洞的水毁预防。在检查中发现水毁隐患，应采取适当的工程技术措施，及时防治，并注意提高其抗御的能力，以减少水害。尤其是对于一些洞孔偏小涵洞，应验算其在设计洪水条件下是否具有充分的抗洪能力，作出评定，并提出处治办法。陡坡涵洞的上下游必须增设防护设施时，应采取适当的山坡排水工程技术措施。涵洞的孔径大多按无压力式计算，对于无压力式涵洞，可根据洞内顶点至最高流水面净高，作出抗洪能力的评定。

（二）涵洞水毁的主要原因

防治水毁要做到有的放矢。涵洞水毁的主要原因大致归纳如下：抗御洪水能力极差的危险涵洞；进水口或洞孔淤积严重，甚至堵塞；洞口、洞底铺砌层破损，易被洪水冲刷破坏，基础冲空；进水口或洞孔被漂浮物堵塞；遭受大型漂浮物、流冰或波浪冲击；涵洞位置不当（其主要原因有两个：一是设计、施工所致；二是后来沟床的不利演变，致使水流不顺畅，洪水冲击翼墙和周围路堤，进而造成水毁破坏）；洞孔偏小，或发生超过设计频率的洪水，造成过高的涵前壅水，从而产生过大的动水压力和浮力，乃至水过涵顶，致使涵洞推倒或冲移破坏；傍河路线上的涵洞，因河道的不利演变而造成水毁破坏。

（三）涵洞雨季养护注意要点

山区公路，因沟床坡度陡，流速大，洞口、洞底铺砌层和跌水、急流槽易受洪水或漂流的大块石冲击破坏；平原区公路，洞口、洞孔和上下游沟槽被泥沙杂物淤积，造成水毁；傍河路段的下游洞口易遭大河洪水冲击破坏。

（四）预防涵洞水毁的主要工作

在洪水来临之前，必须认真做好水毁预防，以保证涵洞良好的技术状况和抗洪能力。为此，必须做好以下工作：清除洞口和洞孔淤积杂物；整修沟床，使水道平整、顺畅，并注意清除涵洞上游有可能漂流的大块石，以免洪水冲击涵洞或堵塞洞孔；认真完成遗留病害的处治和拟建水毁预防工程；涵洞位置不当的，一般可改建上游沟槽，并用水泥砂浆砌片或混凝土预制加固沟底和沟壁，使水流顺适，不漏水；山区涵洞，必须增设上游或下游陡坡排水设施时，应力争在洪水来临前修建；孔径偏小的涵洞，应按汛前检查时验算的结果，根据地形、地质情况进行设计，采取一侧、两侧加孔，或扩大孔径（尽可能利用一侧涵台）的方式预防水毁。

（五）涵洞汛期养护

大雨或洪水期间，除组织昼夜巡视外，还必须有重点地加强养护。

洪水期间，有些沟谷往往有大量草木等漂浮物或漂流的大块石，在有些高寒地区会有流冰冲击或堵塞涵洞。傍河路线，因为河道的不利演变，洪水波浪和漂浮物也会冲击涵洞。

因此，在大雨或洪水期间应做好下列主要工作：在涵洞上游及时打捞清除漂浮物；洞口发生堵塞现象时，必须立即排除；洞口及其周围路堤发生被洪水破坏时，应立即用草袋、麻袋、编织袋装土石防护，以免扩大水毁范围；当涵洞发生局部和全部水毁，危及行车安全或阻车时，必须立即在其两端设立危险警告标志或停止通车标志，以保证行车安全。

每次雨后或洪水以后，都要立即进行检查、维修，以减免水害。检查、维修内容有：清除沟槽、洞口和洞沟淤积杂物，尤其是要清除涵洞上游沟床里的可能漂流的大块石；进出水口或洞身、洞底的水毁破损处，均要及时修补，以防扩大；若洞口、洞底已冲刷成深坑或基础冲空，应及时加固。一般可用拌成半干湿的混凝土装入麻袋或草袋（约 2/3），将冲空部位堆置密实，然后灌注混凝土。若冲空部位无水流或积水，可用片石混凝土（或混凝土）填实；傍河路线，因河道的不利演变，危及涵洞安全或造成水毁时，应立即用装土、石草袋（麻袋或各种编织袋）或石笼防护，待雨季过后再按设计增设防护工程，修复水毁涵洞。

（六）涵洞水毁抢修

涵洞的局部或全部遭受水毁破坏，危及行车安全或阻车时，必须立即组织抢修，并尽量缩短阻车时间。

根据“先抢通，后恢复”的原则，一般应采取以下抢修措施：开设便道或搭设便涵，以维持雨季交通；对于水毁破坏的部位，无法在雨季抢修恢复的，必须根据具体情况立即采取临时性的防护措施，以免继续扩大范围，如抛石、装土、石草袋（麻袋或各种编织袋）和石笼防护等；在降水量较少的地区，且地质情况较好的小涵洞，亦可在雨季抢修恢复，并采取雨季施工的必要措施，使其免遭水毁。

（七）涵洞水毁恢复

涵洞遭受局部或全部水毁破坏后，进行恢复时应有充分的科学依据。必须认真调查，分析发生水毁的原因，精心设计、精心施工，修一处、保一处，并提高其抗洪能力，逐步减少涵洞水毁。

四、涵洞的维护措施

（一）疏通清理

当涵洞进出口或洞身中淤积有泥沙或杂物、积雪时，应及时进行清理，疏通孔道，以保持流水畅通。洞底铺砌层、洞口上下游路基护坡引水沟、泄水槽、窨井（检查井）和沉砂井等处如发生淤积变形、塌陷，致使排水受阻，应及时清理，疏通所有排水设施，并对破损部分加以修理。

（二）堵漏和修理

涵底和涵墙、出水口的跌水设施与洞口接合处开裂，管涵的接头处及四铰涵管铰点接缝处出现裂缝或填料脱落而发生露缝，浆砌砖石涵洞洞（底）顶漏水，管涵的管节由于基础沉落发生严重错裂等破损现象时，应根据其具体情况，及时进行堵漏和修理。可以采用下述措施：疏整水道，使洞口铺砌与上下游水槽坡道平齐顺适；保持洞中底面平顺和一定纵坡，使水流不发生漩涡，并用水泥砂浆勾缝、铺底；衬砌胶泥防水层等。

（三）加固

对有些破损，必须采取加固措施。涵洞上的螺栓铁件如有遗失、损坏、松动、锈蚀，应分别拧紧或补充更新；有的部件损坏严重时应予更换；砖石、混凝土及钢筋混凝土端墙和翼墙，如有离开路堤向外倾斜或鼓肚现象，应视情况采取开挖填土更换，或加固基础等措施；管节因基础被压沉而发生严重错裂，则可采取挖开填土措施加固基础并重做砂垫层；砖石拱涵的加固，一般可采用拱圈上加拱的方法；对涵洞出水口处冲刷严重者，可采取浆砌块石铺底，并加水泥砂浆勾缝，铺砌末端设置混凝土或浆砌块石抑水墙，或在出口处加做缓流的消力槛、消力池等设施或做三级挑坎（栏）处理。

对涵洞进行开挖修理加固时，应采取边施工、边维持通车的方式，并应设立标志、护栏以确保安全。

参考文献

[1] 晁海龙 . 公路桥梁与维修养护 [M]. 天津：天津科学技术出版社，2018.

[2] 邓小军，李若军 . 公路施工技术 [M]. 沈阳：东北大学出版社，2014.

[3] 韩冰玉，尹锡军，魏道凯，等 . 桥梁施工技术 [M]. 沈阳：东北大学出版社，2014.

[4] 侯孝斌，毛立军，杜菊平 . 公路桥梁养护维修技术 [M]. 长春：吉林科学技术出版社，2022.

[5] 黄延，夏俊吾，刘海涛 . 道路桥梁工程与维修养护 [M]. 汕头：汕头大学出版社，2021.

[6] 季井满，张国忠，陈宝玺 . 公路与桥梁养护 [M]. 哈尔滨：哈尔滨地图出版社，2005.

[7] 康兰方 . 试论现代公路桥梁施工的养护与管理 [J]. 河北企业，2020（7）：29–30.

[8] 李果，杨坚强 . 公路养护技术与管理 [M]. 天津：天津科学技术出版社，2019.

[9] 李清莹 . 公路桥梁工程施工现场安全隐患分级排查治理研究 [D]. 武汉：华中科技大学，2020.

[10] 李涛，冯虎，王理民 . 公路施工与养护管理基础工作研究 [M]. 长春：吉林科学技术出版社，2019.

[11] 李燕鹰，张爱梅，钱晓明 . 公路桥梁工程施工与养护技术 [M]. 长春：吉林科学技术出版社，2021.

[12] 廖正环 . 公路施工技术与管理 [M]. 北京：人民交通出版社，2006.

[13] 林立宽 . 公路工程施工技术研究 [M]. 长春：吉林科学技术出版社，2021.

[14] 刘传宝 . 公路桥梁与维修养护 [M]. 延吉：延边大学出版社，2019.

[15] 刘月莲，林有贵 . 公路桥梁养护管理与维修加固 [M]. 北京：人民交通出版社，2009.

[16] 罗春德，尹雪云，李文兴 . 公路桥梁工程施工技术与养护管理 [M]. 长春：吉林科学技术出版社，2022.

[17] 裴畅茂 . 公路桥梁养护与维修 [M]. 北京：人民交通出版社，2019.

[18] 任传林，王轶君，薛飞 . 公路工程施工技术 [M]. 长春：吉林科学技术出版社，2019.

[19] 沈艳东，李月姝 . 公路养护 [M]. 北京：北京理工大学出版社，2019.

[20] 苏贤洁 . 桥梁养护与维修 [M]. 成都：西南交通大学出版社，2010.

[21] 王修山，王波，王思长 . 道路与桥梁施工技术 [M].2 版 . 北京：机械工业出版社，2022.

[22] 杨光耀，杨新，郑胜利 . 公路桥梁施工与维修养护研究 [M]. 长春：吉林科学技术出版社，2022.

[23] 张国祥，陈金云，张好霞 . 公路与桥梁施工技术及管理研究 [M]. 北京：文化发展出版社，2020.

[24] 张少华 . 公路桥梁工程与项目管理 [M]. 北京：北京理工大学出版社，2019.

[25] 周爱成，马运朝 . 公路养护与管理 [M]. 重庆：重庆大学出版社，2022.